蔡沈《朱文公訂正門人蔡九峯書集傳》的注經體式與解經特色

許華峰 著

臺灣 學生書局 印行

蔡沈《朱文公訂正門人蔡九峯書集傳》的注經體式與解經特色

目次

第一章　緒論

第一節　《書集傳》研究的三個方面與評價標準

　　經書在過去的地位極為崇高，經書的注解者，每每以慎重而嚴肅的態度，花費極大的心力與極長的時間來從事經書的研究與解釋。因此，經學史上流傳著數量極為龐大的經書注解。從事經學史的研究，應正視前人理解經書的方式與成果，才能建構合乎史實的經學史，提出合宜的解釋框架，說明經學之於思想文化的關聯與意義。要了解前人對經書詮釋與反省的成果，這些重要的經書注解雖然未必是唯一的依據，卻是最直接而重要的材料。尤其是一些公認具有重大影響力與價值的經注，早已成為歷來的經書研讀者閱讀經書、理解經旨的重要依據，是傳統讀書人文化、知識的共同背景，乃至價值觀的重要根源，實有必要進行精細的研究。現存眾多《尚書》注解中，南宋蔡沈的《書集傳》，便是《尚書》學史上公認具有重大影響力與價值之作。

　　蔡沈，字仲默，號九峰，福建建陽人。[1]父親蔡元定為朱熹的

1　古籍中，「蔡沈」之「沈」或作「沉」，「九峰」之「峰」或作「峯」。本書之正文一律作「沈」、「峰」，書名、篇名、引文則依所引據資料之寫法，不加改動。

重要弟子。蔡沈同時受到父親與朱熹的器重,傳二人之學,受師命注《尚書》,完成《書集傳》;受父命研究〈洪範〉數,寫成《洪範皇極內篇》(書名或作《洪範皇極內外篇》、《洪範數》)。[2]其中,《書集傳》的意義與價值,從相關研究的方向加以歸納,至少可以分成三個主要的方面:

　　一、《書集傳》作為《尚書》學史上的重要注解,如何理解並注解《尚書》?相較於之前的《尚書》注解,《書集傳》有何特色?

2　由於蔡沈在三十歲之後便絕意仕進,隱居著述,因此傳世的蔡沈生平資料並不多,相關內容大抵皆以真德秀的〈九峯先生蔡君墓表〉為據。真德秀曾向蔡沈問學,二人有過實際的接觸,蔡沈去世後,蔡沈的弟子黃自然將相關資料整編寫成行狀,再由蔡沈的長子蔡模提供給真德秀寫成〈九峯先生蔡君墓表〉。因此,這篇墓表是目前了解蔡沈生平最重要的依據。墓表說:「君名沈,字仲默,姓蔡氏,西山先生子也。先生嘗特召,堅辭不起,世謂之聘君。以師事朱文公,而文公顧曰:『季通吾老友也。』凡性與天道之妙,他弟子不得聞者,必以語季通焉。異篇奧傳,微辭突義,多先令討究而後親折衷之。故嘗輯其問答之辭曰《翁季錄》者,蓋引以自匹也。當是時,西山之名聞天下,君之昆弟嘗自勝衣趨拜,入則服膺父教,出則從文公游。文公晚年訓傳諸經署備,獨《書》未及為,環視門下生求可付者,遂以屬君。〈洪範〉之數,學者久失其傳,聘君獨心得之,然未及論著,亦曰:『成吾書者沈也。』君既受父師之托,廩廩焉常若有負,蓋沈潛反復者數十年然後克就。」(〔宋〕真德秀:《西山真文忠公文集》(景印明正德刊本,收於《四部叢刊》正編 61 冊,臺北市:臺灣商印書館,1979),卷 42,頁 6 左-7 右,總頁 640-641)從文中關於蔡元定的描述,可知一般雖將蔡元定歸入朱熹弟子之列,但朱熹與蔡元定的關係,實在師友之間。又《洪範皇極內篇》和《書集傳》二書,正是〈墓表〉所說,蔡沈受父師之託,辛苦經營數十年的成果。

二、《書集傳》作為朱子學派《尚書》學的代表作,能否適切地繼承與傳達朱熹《尚書》學的精神與內涵?

三、《書集傳》作為元、明、清三代科舉考試的標準本,意義與影響如何?

這三方面的問題雖然相關,但各有其欲解決的重心,不應混為一談。從研究基礎的建立而言,應以第一個方面,蔡沈如何理解並注解《尚書》的探討最為根本。因為研究者必須先對《書集傳》如何理解並注解《尚書》有適當的認識,進而說明相較於之前的注解,《書集傳》能否提出合宜的詮釋框架,以對《尚書》之中的種種問題提供更具深度的理解成果。以此為前提,才有可能對二、三兩方面所涉及蔡沈是否遵從或違背師說,《書集傳》之所以成為科舉考試的標準的原因,以及成為科舉考試標準後的影響為何等問題,提供討論的基礎。例如,研究朱子學派的經學,勢必要探討朱、蔡師弟子間的學問傳承關係是否能夠具體呈現在《書集傳》之中。相關的研究,又以實際比對現存朱熹與蔡沈《尚書》說的異同為最根本的方法。當文獻的比對出現朱、蔡《尚書》說不同的例證時,便牽涉到朱、蔡二人對《尚書》個別的解釋有所差異時,應當如何判斷與評價的問題。除非立足於極狹隘的朱子學派內部立場,以朱熹之說為唯一的「真理」,且無視於朱熹直至去世前,對《尚書》的理解尚未形成「定論」的事實,否則便不當以朱、蔡《尚書》說表面上的解釋差異,直接認定蔡沈不從師說。從朱、蔡理解《尚書》的根本態度與精神是否相違來進行探討,更能合宜地說明朱、蔡異同的問題。而且,即使可以確認蔡沈果真有不從師說的問題,亦不能由此

認定蔡沈對《尚書》的解釋有誤。因為對《尚書》理解的對錯與是否不從師說的判定，標準並不相同。[3]要適當地評價《書集傳》，仍得回到蔡沈如何理解與注釋的根本問題上。同理，在探討《書集傳》為何在元延祐開科時被定為科舉考試的標準，以及此書何以能夠歷經元、明、清三代，在官學上屹立不搖，其中雖然涉及官方政治現實的考量、學派勢力的發展等複雜的因素，卻也無法迴避《書集傳》的注解內容及其注經特色的根本問題。

這本是個顯而易見的道理，卻因為朱子學在元、明、清的官學身份，過去對《書集傳》的相關研究，經常將前述二、三兩方面問題與第一個方面《書集傳》內部的研究糾結在一起，將朱、蔡異同的探討，擴大為《書集傳》在《尚書》學史的地位與價值的判斷。而即使能夠跳脫朱、蔡異同問題的思考局限，著力於第一個方面探究的學者，在研究《書集傳》的注解時，仍然會受到研究者的特定學術立場以及長久以來《書集傳》作為科舉考試標準的特殊身分的干擾，而無法客觀地理解。如清代考據學家在進行《尚書》的訓詁研究時，對宋人的經注有較強烈的排斥感。《書集傳》更因作為科

3　朱、蔡異同的討論，見許華峰：《董鼎〈書傳輯錄纂註〉研究》（《中國學術思想研究輯刊》九編，第 11 冊，臺北縣：花木蘭文化出版社，2010），頁 31-90。按，《董鼎〈書傳輯錄纂註〉研究》原為中央大學中國文學研究所博士論文（2001 年 1 月），文字經修訂後，收於《中國學術思想研究輯刊》九編。本書凡引用《董鼎〈書傳輯錄纂註〉研究》之內容，皆依《中國學術思想研輯刊》九編所收的修訂本。又該論文完成於 2001 年，個人的觀點若無重大的修正與補充，為了避免重複與論述上的干擾，本書在相關的部分的引用，皆僅簡述其中的意見，並注明在《董鼎〈書傳輯錄纂註〉研究》的頁數。

舉考試的標準，經常成為被批評的對象。這種批評，往往不是出自於對宋人解經系統內部的相應理解與評論，而是立足於考據學者對經典語文的思考與理解框架下所提出的「系統外」的批判。由於清儒對經學研究的傑出成就，民國以來的《書集傳》研究，亦往往將之置於延續清代考據學所建立的學術框架中進行研究，忽略了蔡沈當時的注解傳統和思想體系，而對《書集傳》有許多不相應的批評。（詳本章第二節）在《書集傳》的官學光環已然退去，且清代考據學亦不再是經學研究唯一標準的今日，有必要重新對《書集傳》的內容作更相應而深入的探究。

　　研究首先要面對的，便是蔡沈所採用的注經體式以及此體式所連帶的經書理解問題。其中所涉及的，除了蔡沈如何理解《尚書》外，還包括了他對注經形式的設計安排，以及對所採用的注經體式背後可能孕涵的思想內涵。尤其是當注解者及其所歸屬的學派本身，對經注體式以及解經方法，乃至著作目標等有著明確的反省與共識時，研究注解者所採用的注經體式，對釐清該經注的特性，便極為重要。可惜的是，到目前為止，這些問題仍有相當大的探討空間。

　　個人的博士論文《董鼎〈書傳輯錄纂註〉研究》主要以宋末元初董鼎的《書蔡氏傳輯錄纂註》為根本材料，針對《書集傳》一書的成書經過，以及在宋末元初如何在朱子後學的努力下取得重要地位，有較詳盡的討論。研究的範圍，主要屬於上述二、三兩方面的課題。本書則希望能夠是接續博士論文的研究成果，回到《書集傳》的注解本身，對上述第一個部分，尤其是《書集傳》所採取的注經體式及其所涉及的相關問題進行探討。為了勾勒出本書的架構與思

路，本章第二節將舉例說明前述關於《書集傳》評述的問題，以突顯《書集傳》注經體式研究的必要性。然後在第三節以當前《書集傳》研究最重要的版本《朱文公訂正門人蔡九峯書集傳》中，蔡沈作《書集傳》的重要背景資料為基礎進行分析，重新從與蔡沈親近的學者的意見，建立本書的主要論述架構。

第二節　明代以來對《書集傳》評價的歧見

一、《四庫全書總目》對《書集傳》的評論

前人對《書集傳》的相關評價，影響清末以來經學史論述最大的，是清儒的見解。在清儒的見解中，又以具有官方色彩的《四庫全書總目》對後世的影響最大。因此，本節以《四庫全書總目》為起點，舉例說明前人對《書集傳》的評論中所隱含的問題。

自蔡沈《書集傳》問世，歷經朱子的二傳至四傳弟子們的努力，以及南宋理宗對朱子學地位的重新恢復、推崇，宋元之際《書集傳》已逐漸成為當時學者，尤其是朱子學派的學者研讀《尚書》的重要參考。故元延祐年間重開科舉，在《尚書》方面採《書集傳》作為標準，當是順應當時時勢與學術的實際狀況所作的決定。[4]自此以後，直到清末廢除科舉考試為止，蔡沈《書集傳》作為科舉考試《尚書》標準本的地位一直未有變動。在官方勢力的推動下，幾乎所有讀《尚書》的人，無論是否認同蔡沈的見解，大抵都曾讀過此書。

4　許華峰：《董鼎〈書傳輯錄纂註〉研究》，頁221。

然而，蔡沈雖奉朱子之命而作《書集傳》，且朱子生前曾與蔡沈商定體例與注解原則，卻因全書在朱子去逝之後才完成，未曾經過朱子的全面改訂，因而早在宋、元之際，朱子學派的內部，便已出現朱、蔡《尚書》說是否一致的討論。再加上《書集傳》的注解形式，一般不標明那些意見是朱熹之說，更使得朱、蔡《尚書》說的異同問題，長久以來一直是學者研究《書集傳》所關注的焦點。

宋代關於《書集傳》撰寫過程的記載極其有限，少數傳世且內含重要資料的宋版《書集傳》一直未能廣為流通。現存元、明、清的刻本雖多，但相關重要資料卻往往經過增刪，未能保存宋本的原貌。因此，大多數的討論，多以舉出朱熹《文集》、《語類》中與《書集傳》不一致的例證，來質疑蔡沈有不從師說之嫌。由於朱子學說長久以來具有官學的崇高地位，以致當學者發現朱、蔡說法不一致時，經常將問題指向於蔡沈《書集傳》的「注解錯誤」。這種評價方式，最具代表性的例子便是影響清代、民國經學史論述極大的《四庫全書總目》。《四庫全書總目》的實際學術立場偏向於漢學，卻公開宣稱其學術立場為「漢宋持平」。[5] 由於《總目》的特殊學術立場，其為《書集傳》寫的提要便頗堪玩味。《總目》說：

> 沈〈序〉稱二〈典〉、三〈謨〉經朱子點定，然董鼎《纂注》於「正月朔旦」條下注曰：「朱子親集《書》傳，自孔〈序〉止此，其他大義悉口授蔡氏，併親稿百餘段，俾足成之。」則〈大禹謨〉猶未全竣，〈序〉所云二〈典〉三〈謨〉，特

5　許華峰：《董鼎〈書傳輯錄纂註〉研究》，頁 1-30。

約舉之辭。[6]鼎又引陳櫟之言曰：「朱子訂《傳》原本有曰：『正月，次年正月也。神宗，說者以為舜祖顓頊而宗堯，因以神宗為堯廟，未知是否？「如帝之初」』等，蓋未嘗質言為堯廟，今本云云，其朱子後自改乎？抑蔡氏所改乎？」則<u>〈序〉所謂朱子點定者，亦不免有所竄易。故宋末黃景昌等，各有「正〔誤〕」、「辨疑」之作；陳櫟、董鼎、金履祥皆篤信朱子之學者，而櫟作《書傳折衷》，鼎作《書傳纂註》，履祥作《尚書表注》，皆斷斷有詞。明洪武中，修《書傳會選》，改定至六十六條，國朝《欽定書經傳說彙纂》，亦多所考訂釐正。</u>蓋在朱子之說《尚書》，主於通所可通，而闕其所不可通，見於《語錄》者，不啻再三，而沈於殷〈盤〉、周〈誥〉，一一必求其解，其不能無憾也固宜。然其疏通證明，較為簡易，且淵源有自，大體終醇。元與古注疏並立學官，而人置注疏肆此書；明與夏僎解並立學官，而人亦置僎解肆此書，固有由矣。[7]

6　按，〔宋〕蔡沈：《朱文公訂正門人蔡九峯書集傳》（中華再造善本影印宋淳祐 10 年上饒郡學呂遇龍刻本，北京市：北京圖書館出版社，2003），「三〈謨〉」作「〈禹謨〉」。《總目》之說，蓋因所據為清代之通行本。

7　〔清〕永瑢、紀昀等撰：《欽定四庫全書總目》（臺北市：臺灣商務印書館，1983），卷 11，頁 20，總頁 262。按，《總目》最早的刊本，為武英殿本（簡稱殿本）。這個刊本，與後來流通最廣的浙本或據浙本翻刻的廣本系統，文字頗有異同。（詳昌彼得〈跋武英殿本《四庫全書總目提要》〉，（《增訂蟫菴群書題識》，臺北市：臺灣商務印書館，1997），頁 99-119。）

雖有推崇《書集傳》「疏通證明,較為簡易,且淵源有自,大體終醇」之語,但在極長的文字篇幅裏所強調的卻是蔡沈其實不能篤守師訓,以致宋元之際的學者如張葆舒[8]《尚書蔡傳訂誤》、黃景昌《尚書蔡氏傳正誤》、程直方《蔡傳辨疑》、余芑舒《讀蔡傳疑》、金履祥《尚書表注》、陳櫟《書傳折衷》、董鼎《書蔡氏傳輯錄纂註》等,在元延祐開科之前,紛紛撰寫專著以指正《書集傳》的錯誤。即使在成為科考標準後,明代的《書傳會選》、清代的《欽定書經傳說彙纂》仍持續提出許多正誤的意見。類似的說法在《四庫全書總目》裏出現多次。這就使得《四庫全書總目》的讀者有了特殊的印象:《書集傳》因未能篤守師訓,故歷來學者競相指出書中之誤。[9]在《四庫全書總目》敘述方式的引導下,極易引起後人將《書集傳》「與朱子有異」以及「注經之失」兩個本來應當分別處理的問題連結起來。兩者交雜在一起,乃產生許多紛擾。

　　事實上,《總目》所列舉宋元之際的程葆舒、黃景昌等七位學者,據拙作《董鼎〈書傳輯錄纂註〉研究》的分析,發現他們大多為朱子學派的後學,亦皆共同承認《書集傳》的根本價值與地位。其對《書集傳》的正誤、辨疑,多是在認同《書集傳》足以作為朱子學派《尚書》研究的代表作的前提下,對朱、蔡異同問題與個別

本書引用《總目》,凡未特別說明版本的,皆指臺灣商務印書館影印的殿本《欽定四庫全書總目》。

8　程葆舒,《四庫全書總目》誤作「張葆舒」。見許華峰:《董鼎〈書傳輯錄纂註〉研究》,頁 189。

9　見許華峰:《董鼎〈書傳輯錄纂註〉研究》,頁 1-30。

解釋妥切與否的討論。[10]因此，這些著作對《書集傳》的辨疑雖涉及因朱、蔡異同所衍生出的「正誤」，卻不能認為《書集傳》中之誤，必然緣於蔡沈不守師說所致。

二、明太祖〈七曜天體循環論〉對《書集傳》的批評

以相關討論中，經常被提起的明代劉三吾《書傳會選》為例，《總目》對《書傳會選》的評論亦有類似的情形。《書傳會選》的編纂，肇因於明太祖在洪武十年（1377）與羣臣討論日月五星運行之道。明太祖根據自己對天文觀測得到的實際了解來駁正《書集傳》關於天體、日、月皆左旋的說法。其後，又進一步發現《書集傳》左旋之說與朱熹《詩集傳》不合，且其它注解亦有未安之處。故於洪武二十七年四月（1394），召羣臣訂正《書集傳》。至九月書成，賜名《書傳會選》。[11]關於洪武十年君臣之間的討論，明太祖特別寫了一篇〈七曜天體循環論〉紀錄其過程。文中對於《書集傳》的評論極可留意，全文如下：

> 洪武十年春，既暇，與翰林諸儒遊於殿廷，舊論乾旋之理，日月五星運行之道。

> 內翰林應奉傅藻、典籍黃鄰、考功監丞郭傳，人皆以蔡氏言為必然，乃曰：「天體左旋，日月亦左旋。」復云：「天健，

10　見許華峰：《董鼎〈書傳輯錄纂註〉研究》，頁 181-220。

11　關於《書傳會選》的成書經過、內容分析，可參考陳恆嵩：〈劉三吾編纂《書傳會選》研究〉（《經學研究論叢》第九輯，臺北市：臺灣學生書局，2001），頁 57-94。

疾日，日不及天一度。月遲於日，不及天十三度。謂不及天，為天所棄也。」有若是之云。

朕失讀《詩》、《書》，不知蔡氏若此，諸儒忽然論斯，吾將謂至罕矣。及至諸儒將《尚書》之注一一細為分解，吾方知蔡氏之謬也。

朕特謂諸儒曰：「非也！斯說甚謬。吾觀蔡氏之為人也，不過惟能文而已。夫文章之說，凡通儒賢智者，必格物而致知，然後以物事而成章。其非通儒賢智者，或以奇以巧，雖物事可書其的，而為文不順，則棄物事以奇巧而成者有之。或心不奇巧，其性僻而迂，意在著所聽聞以為然，著成文者有之。吾聽諸儒言蔡氏之論，甚以為不然。雖百餘年已往之儒，朕猶因事而罵之。」

時，令取蔡氏所注《尚書》試目之。見其序文理條暢，於內之說，皆諸書古先哲人之見話，於蔡氏自新之言頗少。然非聰明不能若此而類成，獨蔡氏能之。可謂當時過庸愚者，故作聰明以注《書》。及觀《書》注語，纏矣！所言乾旋之道，但知膚，不究其肌，不格其物以論天象，是以己意之順，亂乾道之順；以己意之逆，亂乾道之逆。

夫何云？蓋謂朕自起兵以來，與知天文、精歷數者晝夜仰觀俯察，二十有三年矣！知天體左旋，日月五星右旋，非此一日之辯辯，非尋常之機。所以非尋常之機者何？因與群雄並驅，欲明休咎，特用心焉，故知日月五星右旋之必然也。

今蔡氏以進曰退，以退曰進。朕謂諸儒曰：「何故？」典籍黃鄰代蔡氏曰：「以理若是。」曰：「理者何？」曰：「首以天疾行，晝夜三百六十五度，行健也。次以理，日當繼之，不及天一度。末以太陰之行，不敢過太陽，特不及天十三度。」此因意僻，著而為理，所以順亂逆、逆亂順是也。所謂蔡氏之僻者，但見日月在天，周流不息，安得不與天順其道而並馳？既馳，安得不分次序而進？此蔡氏之機理不見也。吾以蔡氏之說審慮之，知其不當。

其蔡氏平昔所著之書，莫不多差矣。夫日月五星之麗天也，除太陽陽剛而人目不能見，其行于列宿之間，所行舍次，盡在數中分曉。其太陰與夫五星，昭昭然右旋，緯列宿于穹壤。其太陰之行疾而可稽驗者，若指一宿為主，使太陰居列宿之西一丈許，若天晴氣爽，正當望日，則一晝夜知太陰右旋矣。

何以見？蓋列宿附天舍次，定而不動者，其太陰居列宿之西一丈，比月未入地時而行過列宿之東一丈曉然。今蔡氏所言，不過一晝夜一循環為之理，說差多矣。

且天覆地，以地上仰觀平視，則天行地上，所以行地上者，以十二方位驗之，定列宿之循環是也。其日月附于天，以天上觀之，以列舍不動之分，則日行上、天右旋驗矣。故天大運而左旋，一晝夜一周三百六十五度，小運之旋一晝夜西行一度，一年一周天，太陽同其數。太陰一晝夜行十三度，一月一周天。此日月細行之定數也。其日月一晝夜一周天，日

月未嘗西行也。乃天體帶而循環，見其疾速也。此即古今曆
家所言蟻行磨上的論。

吾為斯而著意，因蔡氏不窮稽于理，以郭傳、黃鄰務本蔡氏
之謬言，意在刑其人以誡後人，特赦三番入禁而又權釋之，
使習知天象而畢來告，故遣行焉。因為之論。[12]

文中所說的左旋、右旋，是指在天文觀測上，觀測者面對北方，所
見天體由東向西行謂之左旋；天體由西向東行謂之右旋。傳統的曆
法學家以及經書注解皆謂天左旋，日月五星右旋。[13]至宋儒張載才

12　〔明〕朱元璋撰，胡士萼點校：《明太祖集》（《安徽古籍叢書》，合肥
　　市：黃山書社，1991），卷10，頁218-221。按，此段引文，文字與分段
　　依胡士萼的點校成果。但因胡氏之標點有誤，故標點並未依胡氏。又末
　　段「因蔡氏不窮稽于理，以郭傳、黃鄰務本蔡氏之謬言，意在刑其人以誡
　　后人，<u>特敕三番入禁而又權釋之</u>，使習知天象而畢來告，故遣行焉。」之
　　文字，與「東京大學東洋文化研究所所藏漢籍善本全文影像資料庫」所收
　　錄的明嘉靖十四年序刊本《高皇帝御製文集》相同（卷10，頁20右）。
　　（http://shanben.ioc.u-tokyo.ac.jp/list.php）《四庫全書》本的文字則作「因
　　蔡氏不窮稽於理，以郭傳、黃鄰等務本蔡氏之謬言，意在刑其人以誡後人，
　　<u>特敕三番入禁而又權赦之</u>，使得知天象而畢各各親遵行焉。」（〔明〕明
　　太祖撰，〔明〕姚士觀、沈鈇編校：《明太祖集》（收於紀昀編《文淵閣
　　四庫全書》第1223冊，臺北市：臺灣商務印書館，1983），卷10，頁
　　21，總頁110-111）若依《四庫》本將「權釋之」作「權赦之」，變成強
　　調太祖以刑罰迫使郭傳等人改變相關論述，在文義上不如明嘉靖本作「權
　　釋之」，強調太祖親自為諸儒解釋，使諸儒「習知天象」，合乎明太祖以
　　第一人稱敘述此事的身分與語氣。當以「權釋之」為是。

13　《明太祖集》卷十〈敕問文學之士〉有：「朕嘗仰觀俯察，<u>知七曜律度於
　　穹壤，浮天而東行；天以健而不息，紀分野而遊乎地上而西馳。</u>山崇海凝，

提出日月五星亦左旋之說。[14]所以嚴格來說,《書集傳》日月五星左旋之說,並非蔡沈所獨創。而且,關於日月五星左旋抑或是右旋的問題,朱熹在《詩集傳》雖主日月五星右旋之說,但他晚年更認同左旋之說。如《朱熹集》卷六十五的〈堯典〉注,對這個問題的說法,便與蔡沈相同。《朱子語類》亦說:

> 天道與日月五星皆是左旋。天道日一周天而常過一度。日亦日一周天,起度端,終度端,故比天道常不及一度。月行不及十三度四分度之一。今人卻云月行速,日行遲,此錯說也。但曆家以右旋為說,取其易見日月之度耳。(至)[15]

> 天最健,一日一周而過一度。日之健次於天,一日恰好行三百六十五度四分度之一,但比天為退一度。月比日大故緩,比天為退十三度有奇。但曆家只算所退之度,卻云日行一度,月行十三度有奇。此乃截法,故有日月五星右行之說,其實非右行也。橫渠曰:「天左旋,處其中者順之,少遲則反右矣。」此說最好。《書》疏「璣衡」,《禮》疏「星回於天」,《漢志》天體,沈括〈渾儀議〉,皆可參考。(閎祖)[16]

雲飛星列,川流不止,淵清弗渾,四氣消長,欲原其造化何自,總未得人以明。今文士至朝,請陳理說。」(〔明〕朱元璋撰,胡士萼點校:《明太祖集》,卷10,頁205)可知明太祖所主張的「天體左旋,日月五星右旋」,即指天由東向西行,七曜由西向東行。

14　〔宋〕張載:《張載集》(北京市:中華書局,1978),頁11。

15　〔宋〕黎靖德編:《朱子語類》(臺北市:文津出版社,1986),頁14。

16　〔宋〕黎靖德編:《朱子語類》,頁13。

因此，我們並不能從《書集傳》與《詩集傳》之不同，便認定蔡沈不從師說。而且，姑且不論《書集傳》天體左旋之說是否有不從師說之失，以及明太祖的天象觀測是否正確無誤；明太祖在洪武十年尚未發覺《書集傳》之說異於《詩集傳》時，企圖從天象觀測的實際狀況來駁正《書集傳》，其所表現出來的問題意識是《書集傳》的傳文合不合乎天體客觀運行規則的問題，與立足於朱子學派內部所強調的朱、蔡異同的探討不同。[17]所以這篇文章的重點，在於明太祖通過自己長期觀測天文的經驗，指出《書集傳》相關說法的錯誤。源於此一目標所編纂的《書傳會選》，對《書集傳》的改訂，亦多涉及這一層次的注解對錯問題，在討論上應與蔡沈從不從師說的問題分開處理。於此，《四庫全書總目》的敘述方式卻如同前文所引的《書集傳》提要，說：

> 《書傳會選》六卷，明翰林學士劉三吾等奉勅撰。案，蔡沈書傳雖源出朱子，而自用己意者多。當其初行，已多異論。宋末元初，張葆舒作《尚書蔡傳訂誤》、黃景昌作《尚書蔡氏傳正誤》、程直方作《蔡傳辨疑》、余苞舒作《讀蔡傳疑》，遞相詰難。及元仁宗延祐二年議復貢舉，定《尚書》義用蔡氏，於是葆舒等之書盡佚不傳。陳櫟初作《書傳折衷》，頗論蔡氏之失，迨法制既定，乃改作《纂疏》發明蔡義，而《折衷》亦佚不傳。其自序所謂「聖朝科舉興行，書宗蔡《傳》

---

17 即使在後來進一步發現《書集傳》與《詩集傳》說法不同，因而將朱蔡異同問題引入相關討論，明太祖這篇文章的問題意識仍在於《書集傳》的注解合不合乎天體運行的實際情形。

固亦宜然」者，蓋有為也。至明太祖始考天象，知與蔡《傳》
不合，乃博徵績學，定為此編。凡蔡《傳》之合者存之，不
預立意見以曲肆詆排；其不合者則改之，亦不堅持門戶以巧
為回護。計所糾正凡六十六條。[18]

同樣先立足於朱、蔡異同的立場指出蔡沈「自用己意者多」，指責
《書集傳》有不能盡從師說之失。然後列舉宋、元之際曾出現的多
種「遞相詰難」之書，加強《書集傳》因不從師說而多有缺失的印
象，並指出延祐開科後，諸書「盡佚不傳」，強調官方勢力對《書
集傳》評價的影響。《總目》雖未明確說明到底這些著作所詰難的
內容為何，文脈上卻從朱、蔡不同轉移到《書集傳》注解有誤上。
最後才點出明太祖考察天象發現與《書集傳》之說不合，因而要求
編撰《書傳會選》糾正《書集傳》之誤。相關概念經此敘述的轉換，
極易使人將朱、蔡異同與《書集傳》注解是否有誤兩個不同層次的
問題混而為一。

三、陳澧對江聲排斥《書集傳》的批評

〈七曜天體循環論〉中，另一值得重視的內容在於明太祖對《書
集傳》注解性質的看法。雖然明太祖對蔡沈的評價語帶保留，認為
他「可謂當時過庸愚者，故作聰明以注《書》。及觀《書》注語，
繯矣。」但他說《書集傳》「於內之說皆諸書古先哲人之見話，於
蔡氏自新之言頗少」，明白點出《書集傳》「集注體」的特徵——

---

18 〔清〕永瑢、紀昀等撰：《欽定四庫全書總目》，卷 12，頁 11 右，總頁
274。

傳文的內容大多根據前人注解而來──的重要觀察。[19]此一觀察，頗與宋、元之際學者對《書集傳》的認知相符，卻為後來的研究者所忽略。（宋、元之際學者的看法詳第三節）清代之後的學者，或許緣於看重個人創見與研究成果的學術風氣，在述及《書集傳》時，常以一般傳注體經注的標準來看待這一部「集注體」的經注。如清代考據學家對《尚書》研究有重大的進展與成就，他們的見解亦經常為民國以來治《尚書》的學者所繼承、引用。可是，清代考據學家在注解《尚書》時，限於學派成見，常有刻意避免引用《書集傳》的傾向。[20]其中，最常被提及的例子，便是陳澧對江聲的批評。

　　江聲為清代吳派的重要學者，也是清儒第一位為《尚書》作新注疏的人。他在《尚書集注音疏》中完全未提及蔡沈或《書集傳》之名。他曾在與孫星衍的通信中表示，自己對於宋儒所喜言的「性理天道」完全沒有興趣，亦沒有了解。〈與孫淵如書一〉說：

> 《問字堂集》閱過一通，……至如〈原性篇〉，弟不能知其是，亦不欲議其非，蓋性理之學，純是蹈空，無從捉摸。宋人所喜談，弟所厭聞也。[21]

19　這應當是出自當時「翰林諸儒」所告知。

20　從影響的角度言，歷來引用、贊揚《書集傳》的著述甚多，這固然是受《書集傳》影響的結果；而刻意批評乃至隱沒《書集傳》成就的學者，何嘗不是受《書集傳》影響的一種表現。

21　〔清〕江聲撰，陳鴻森輯：〈江聲遺文小集〉（《中國經學》第 4 輯，彭林主編，桂林市：廣西師範大學出版社，2009），頁 23。

對於《尚書集注音疏》的注解原則,則強調自己以「搜拾漢儒之注」的方式作「集注」。他在〈尚書集注音疏述〉說:

> 聲竊愍漢學之淪亡,傷聖經之晦蝕,于是幡閱羣書,搜拾漢儒之注,惟馬、鄭、王三家僅有存焉。外此,則許叔之《五經異誼》載有今文、古文家說。然其書已亡,所存厪見。它如伏生之《尚書大傳》,則體殊訓注,間有解詁而已。爰取馬、鄭之注及《大傳》、《異誼》參酌而緝之,更傍采它書之有涉于《尚書》者以益之。其王肅注與晚出之孔《傳》,本欲勿用,不得已,始謹擇其不謬于經者間亦取焉。皆以己意為之疏,以申其誼,然猶僅得什之三四也。[22]

他所自陳的取材對象,最重要的為馬融、鄭玄之說,以及《尚書大傳》、《五經異誼》的相關內容。其次為先秦兩漢諸書中,與《尚書》相關的意見。至於魏晉時期的王肅注、偽孔《傳》,則在不得已的情況下,才謹慎地採用。宋代的《書集傳》並不在他所訂定的取材標準之中,故江聲的書中不直接引用《書集傳》,可能與他自己所定下的「集注」原則有關。然而,清末陳澧在《東塾讀書記》中指出,江聲《尚書集注音疏》有多處內容與《書集傳》之意見相近。陳氏說:

> 近儒說《尚書》,考索古籍,罕有道及蔡仲默《集傳》者矣。

22　〔清〕江聲撰:《尚書集注音疏》(《皇清經解》冊6,據清道光9年廣東學海堂刊咸豐11年補刊本影印,臺北市:藝文印書館,1959),卷402,頁13右,總頁4290。

然偽孔《傳》不通處，蔡《傳》易之，甚有精當者，江艮庭《集注》多與之同。〈大誥〉「若兄考，乃有友伐厥子，民養其勸弗救」，偽孔《傳》云：「以子惡故」。（孔《疏》云：「民皆養其勸伐之心不救之。」）此甚不通。蔡《傳》云：「蘇氏曰：『養，廝養也。』謂人之臣僕。言若父兄有友攻伐其子，為之臣僕者，其可勸其攻伐而不救乎？」江氏注云：「長民者，其相勸止不救乎？」（江訓「養」為「長」，與蔡異，然不及蔡引蘇氏訓為「廝養」也。）〈召誥〉「王敬作所，不可不敬德」，偽孔云：「敬為所不可不敬之德。」蔡云：「所，處所也。猶『所其無逸』之『所』。王能以敬為所，則無往而不居敬矣！」江云：「王其敬為之所哉！言處置之得所也。」〈召誥〉「我不敢知曰」，偽孔云：「我不敢獨知，亦王所知。」蔡云：「夏、商歷年長短所不敢知，我所知者，惟不敬厥德即墜其命也。」江云：「夏、殷歷年長短，我皆不敢知，惟知其皆以不敬德，故早墜其命。」〈君奭〉「襄我二人」，偽孔云：「當因我文武之道而行之。」蔡云：「王業之成在我與汝而已。」江云：「二人，己與召公也。」〈多方〉「我惟時其戰要囚之」，偽孔云：「謂討其倡亂，執其朋黨。」蔡云：「我惟是成，懼而要囚之。」江云：「戰，慂也。」〈康王之誥〉「惟新陟王」，偽孔云：「惟周家新升王位。」蔡云：「陟，升遐也。成王初崩，未葬未諡，故曰新陟王。」江云：「陟，登假也，謂崩也。成王初崩，未有諡，故稱新陟王。」〈秦誓〉「昧昧我思之」，偽孔云：「惟察察便巧，善為辨佞之言，使君子迴心易辭，

> 我前多有之。以我昧昧，思之不明故也。」蔡云：「昧昧而
> 思者，深潛而靜思也。」以「昧昧我思之」屬下文。江云：
> 「昧昧我思云者，是穆公自道思此一介臣，非謂前日之昧昧
> 于思也。此文當為下文緣起。」此皆蔡《傳》精當而江氏與
> 之同者。如為暗合，則於蔡《傳》竟不寓目，輕蔑太甚矣！
> 如覽其書，取其說，而沒其名，則尤不可也。孫淵如疏此數
> 條皆與江氏略同，惟「戰要囚」無說。王西莊《後案》、段
> 懋堂《撰異》皆無說，段惟以「昧昧我思之如有一介臣」二
> 句相連寫之，皆輕蔑蔡《傳》，不屑稱引之也。蔡《傳》雖
> 淺薄，亦何必輕蔑太過，不屑引之乎！清儒惟孔巽軒《公羊
> 通義》，引宋人之說甚多，最無門戶之見也。此皆蔡《傳》
> 精當，而江氏與之同者。如為暗合，則于蔡《傳》竟不寓目，
> 輕蔑太甚矣！如覽其書取其說，而沒其名，則尤不可也。[23]

陳澧所舉，計有七個例子。他指出，如果江聲真的未曾看過《書集
傳》，以至於對前人早已言及的意見無從了解，則江聲顯然因太過
輕視《書集傳》而造成學術上的嚴重障蔽。如果江聲曾看過《書集
傳》並用了其中的說法，卻刻意隱而不宣，則有剽竊的嫌疑。對於
一位講求實事求是，言必有徵的考據學家，後者的問題是極嚴重的。
尤其值得注意的是，陳澧於文末所強調的，清儒之注《尚書》者如
王鳴盛、段玉裁、孫星衍排斥《書集傳》的情形雖不如江聲明顯（他
們的書中皆曾引用蔡沈的意見），但他們皆有貶抑《書集傳》的情

23　〔清〕陳澧著，楊志剛編校：《東塾讀書記（外一種）》（香港：三聯書
　　店，1998），頁 96。

形。且不論江聲是否真的看過蔡沈《書集傳》卻故意隱而不宣,清代考據學家在他們的意識形態下,刻意與《書集傳》畫清界線,甚至貶抑《書集傳》的成就當是事實。這也連帶使受清儒影響的研究者,多輕忽《書集傳》的性質,而未能採取相應的評價方式來說明《書集傳》的注解成果。即使是陳澧本身,雖然立足於漢宋持平的立場為《書集傳》發言,從他將所列舉的例子全部歸之於蔡沈的意見,可知他其實是將《書集傳》視同為一般傳注體的經注。分析陳澧所指出的七個例子,其中出自〈多方〉、〈康王之誥〉、〈秦誓〉三篇的例子,《書集傳》未注明來源,在現存宋儒的《尚書》注解中亦未發現相關的出處。根據江聲的疏文,這些解釋皆有漢代以前的依據。如〈多方〉「我惟時其戰要囚之」,「戰」蔡沈解作「懼」,江聲解作「慴」。「慴」即是「懼」。江聲在疏中說:

> 戰慴,〈釋詁〉文。[24]

〈康王之誥〉「惟新陟王」之「陟」字,蔡沈解作「升遐也」,江聲作「登假也,謂崩也。」江聲在疏中說:

> 《禮記·曲禮》云:「告喪曰:『天王登假』」,是赴告之詞偁天子崩為「登假」也。「陟」之言「登」,故云「陟,登假」也。[25]

24　江聲:《尚書集注音疏》,卷 397,頁 31 右,總頁 4210。
25　江聲:《尚書集注音疏》,卷 398,頁 31 左,總頁 4234。

〈秦誓〉「昧昧我思之」，在斷句上，蔡沈、江聲皆與下文「如有
一介臣」連讀。江聲在疏中說：

> 偽孔氏以此文屬上為說，云：「我前多有之，以我昧昧思之
> 不明故也。」詳翫經文語意，實不然也。《公羊傳》：「而
> 況乎我多有之」之下即云「惟一介斷斷焉无它技」。「惟」
> 之言「思」，「惟一介」謂「思一介臣」也。且〈秦本紀〉
> 云：「以申思不用蹇叔、百里奚之謀，故作此誓。」則「昧
> 昧我思」云者，是穆公自道思此一介臣，非謂前日之昧昧于
> 思也。則此文當為下文緣起，故不從偽孔誼，而以「昧昧」
> 為深思之意也。蓋穆公追思而无及，則中心鬱結若昏昧不明
> 然，故言「昧昧」也。[26]

江聲這些說明，無異於為我們找出蔡沈傳文的依據。其餘四個例
子，江聲的疏文雖未明確注明文獻依據，但對比《書集傳》的傳
文，皆出自宋儒的意見，並非蔡沈首先提出。如〈大誥〉之例實
乃蘇軾《東坡書傳》之說。[27]〈召誥〉二例，「以敬為所」之說
出自張九成，[28]「夏、殷歷年長短」云云，出自王安石《尚書新

26　江聲：《尚書集注音疏》，卷399，頁32左，總頁4256。

27　〔宋〕蘇軾撰，舒大剛、張尚英校點：《東坡書傳》（《三蘇全書》第二
　　冊，北京市：語文出版社，2001），頁103。

28　〔宋〕黃倫《尚書精義》卷三十七引無垢（張九成）曰：「王以敬為所。」
　　（〔宋〕黃倫：《尚書精義》（收於《景印文淵閣四庫全書》第58冊，
　　臺北市：臺灣商務印書館，1983），卷37，頁9左，總頁547。）

義》。[29]〈君奭〉之例亦出自蘇軾《東坡書傳》。[30]換言之,陳澧所舉的例子,皆是蔡沈集自前人之說,並非蔡沈的創見。尤其值得注意的是,江聲注《尚書》亦採「集注體」。雖然與蔡沈所訂定的集注標準並不相同,對於經注體式的理念卻可能有相通之處。可見除了陳澧所懷疑的,江聲或有刻意隱沒蔡沈之可能外,江聲的表現方式,也有可能是堅守自己所訂定的集注原則的結果。這意味著,陳澧在進行此一論述時,恐怕亦未能正視《書集傳》注解體式的特質。江聲的疏文,無異於間接證明了蔡沈這些注解有更早的依據,同時亦說明了蔡沈之說,並非全然出於理學家的臆解。陳澧雖然為蔡沈發聲,但他恐怕並不能真正相應地理解蔡沈、江聲「集注體」經注的注解特質。

四、經學史著作對《書集傳》的評價

根據上文的舉證,可知對《書集傳》的評價,與研究者對《書集傳》注經體式的認知有密切的關聯。類似的情形,同樣表現在經學史專著之中。清末以來的經學史相關論述對《書集傳》的評論,大抵皆承認此書的重要地位與影響力。在實質的批評中,立場與清代考據學家相近的學者,多認為《書集傳》有疏於考求古義之失;對蔡沈的時空背景進行同情了解的學者,則較能正視《書集傳》集成

29　程元敏著:《三經新義輯考彙評(一)》(臺北市:國立編譯館,1986),頁 176。

30　〔宋〕蘇軾撰,舒大剛、張尚英校點:《東坡書傳》,頁 167。

諸家之說的價值。[31]如皮錫瑞在《經學歷史・經學變古時代》說：

> 《尚書》傳自伏生，今存《大傳》；而《洪範五行傳》專言
> 祥異，則《書》之別傳也。太史公當武帝立歐陽《尚書》之
> 時，所引《尚書》，必歐陽說，與伏《傳》多吻合。大小夏
> 侯出，始小異。古文說出，乃大不同。今考《五經異義》引
> 《古尚書說》，《五經疏》引馬、鄭遺說，如六卿、六宗、
> 廣地萬里、服十二章之類，多援《周禮》以解唐、虞。<u>夫《周
> 禮》即屬周公手定之書，亦不可強堯、舜下從成周之制，是
> 古文說已不可信矣</u>。偽孔《傳》出，王肅雜采今古，與馬、

31　一般經學史著作，對《書集傳》的著墨並不多。如何耿鏞《經學簡史》（廈
　　門市：廈門大學出版社，1993）、章權才《宋明經學史》（廣州市：廣東
　　人民出版社，1999）、吳雁南等主編《中國經學史》（福州市：福建人民
　　出版社，2001）、李威熊《中國經學發展史論（上）》（臺北市：文史哲
　　出版社，1988）葉國良等著《經學通論》（臺北市：大安出版社，2005）
　　第三篇〈經學簡史〉、許道勛等著《中國經學史》（上海市：上海人民出
　　版社，2006），以及〔日〕安井小太郎等著《經學史》（臺北市：萬卷樓
　　圖書有限公司，1996），諸書或未提及，或僅簡單提及而沒有對著作內容
　　進行評述。有所評述者，如甘鵬雲《經學源流攷》（臺北市：維新書局，
　　1983）、劉起釪《尚書學史》（北京市：中華書局，1989），主要觀點承
　　襲《四庫全書總目》之說。少數著作如姜廣輝主編的《中國經學思想史（第
　　三卷）》（北京市：中國社會科學出版社，2010）雖注意到《書集傳》之
　　義理特性，但亦忽略《書集傳》的注經體式，逕以思想性的著作評介其內
　　容。整體而言，真正立足於經學注解的立場進行評論的，以本節所引用的
　　皮錫瑞、劉師培、王國維、馬宗霍之說較為重要。另外，〔日〕本田成之
　　《中國經學史》（上海市：上海書店出版社，2001）於說明宋人解《尚書》
　　的共同立場，提及《書集傳》，較為重要，詳見第三節。

鄭互有得失。諸儒去古未遠，雖間易其制度，未嘗變亂其事實也。

至宋儒乃以義理懸斷數千年以前之事實，謂文王不稱王；戡黎是武王；武王但伐紂，不觀兵；周公惟攝政，未代王；無解于「王若曰孟侯朕其弟小子封」之文，乃以為武王封康叔；〈君奭〉是周公留召公；王命周公後是留後治洛；並與古說不合。

考之《詩》、《書》，皆言文王受命。伏《傳》、《史記》皆言文王稱王，以戡黎為文王事，非武王事。武王既可伐紂，何以必不可觀兵。伏《傳》言周公居攝；《史記》言周公踐位。又言武王時，康叔幼，未得封；《左氏傳》祝鮀明言周公封康叔，鮀以衛人說衛事，豈猶有誤！《史記》言〈君奭〉作于周公居攝時，非留召公。又言周公老于豐，薨于豐，未嘗留後治洛。唐置節度留後，古無此官名。皆變亂事實之甚者，孔《傳》尚無此說，故孔《傳》雖偽，猶愈于蔡《傳》也。[32]

按，皮錫瑞《經學通論·論宋儒體會語氣勝於前人而變亂事實不可為訓》條，也有類似的批評。[33]對照其中的文字，《經學通論》將

32　〔清〕皮錫瑞撰，周予同注：《經學歷史》（臺北：漢京文化事業有限公司，1983），頁 234-235。

33　〔清〕皮錫瑞著，周春健校注：《經學通論》（北京市：華夏出版社，2011），頁 132-135。

《經學歷史》這段文字中所舉「宋儒」解《尚書》與古說不合之例皆明指為「蔡《傳》」，可知這些例子皆出自蔡沈《書集傳》。又如劉師培在《經學教科書·第二十四課·宋元明之〈書〉學》說：

> 蔡沈述朱子之義，作《書集注》。元代之儒，若金履祥（《尚書表注》）、陳櫟（《尚書集傳纂疏》）、董鼎（《尚書輯錄纂注》）、陳師凱（《蔡傳旁通》）、朱祖義（《尚書句注》）說《書》，咸宗蔡《傳》，亦間有出入，<u>然不復考求古義</u>。[34]

皮錫瑞與劉師培二人的今古文經學立場雖然不同，所述亦有詳略之別，但皮錫瑞輯漢代以前的材料來批評蔡沈變亂舊說，正與劉師培「不復考求古義」的批評立場一致。

其實，皮錫瑞對所舉的七個例證，亦不免有批評過當之處。例如〈西伯戡黎〉之「西伯」，《書集傳》說：

> 「西伯」，文王也，名昌，姓姬氏。「戡」，勝也。「黎」，國名，在上黨壺關之地。按《史記》：文王脫羑里之囚，獻洛西之地，紂賜弓矢鈇鉞，使得專征伐為西伯。文王既受命，黎為不道，於是舉兵伐而勝之。祖伊知周德日盛，既已戡黎，紂惡不悛，勢必及殷，故恐懼奔告于王，庶幾王之改之也。史錄其言，以為此篇。誥體也。今文、古文皆有。○或曰：「西伯，武王也。《史記》嘗載：『紂使膠鬲觀兵，膠鬲問

---

34 劉師培著，陳居淵注：《經學教科書》（上海市：上海古籍出版社，2006），頁95。

之曰:「西伯曷為而来?」」則武王亦繼文王為西伯矣。」[35]

在蔡沈傳文之中,仍依傳統的說法,以西伯為文王。以西伯為武王,是其中所引的「或曰」(乃呂祖謙之說)。[36]依《書集傳》的注解形式,這裏的「或曰」,應當是存異說的情形。(詳第五章第一節)皮錫瑞《經學歷史》所批評的「戡黎是武王,……與古說不合」,《經學通論》所說:『西伯戡黎』,伏《傳》、《史說》皆云文王伐耆,黎即耆,西伯即文王。蔡《傳》獨為文王回護,以西伯為武王,其失一也。」[37]之批評,一方面顯示出他未站在《書集傳》「集注體」的注經體式來了解《書集傳》,一方面有過度擴大蔡沈之失的嫌疑。

又如〈洛誥〉「王曰:『公,予小子其退,即辟于周,命公後。』」蔡沈說:

> 此下成王留周公治洛也。成王言:我退,即居于周,命公留後治洛。蓋洛邑之作,周公本欲成王遷都以宅天下之中,而成王之意,則未欲捨鎬京而廢祖宗之舊。故於洛邑舉祀發政之後,即欲歸居于周,而留周公治洛。謂之「後」者,先成王之辭,猶後世留守、留後之義。先儒謂封伯禽以為魯後者,非是。考之〈費誓〉,「東郊不開」乃在周公東征之時,則伯禽就國,蓋已久矣。下文惟告周公「其後」,「其」字之

---

35 〔宋〕蔡沈:《朱文公訂正門人蔡九峯書集傳》,卷3,頁40右。

36 〔宋〕呂祖謙撰,陳金生、王煦華點校:《東萊書說二種》(《呂祖謙全集》第三冊,杭州市:浙江古籍出版社,2008),頁187。

37 〔清〕皮錫瑞著,周春健校注:《經學通論》,頁133-134。

義，益可見其為周公，不為伯禽也。[38]

蔡沈所作的解釋，發端於林之奇《尚書全解》。林之奇說：

> 先儒解釋此篇，文意多不聯屬，良由以「王命公後」為封伯
> 禽於魯，故其說不通。惟以「命公後」為留居于洛，以此而
> 反復經意，則首尾問答乃有條貫也。[39]

蔡沈補充，〈費誓〉作於三監之亂時，當時已是伯禽當國，可以證
明伯禽就國，並不是在周公治洛之時。周公尚未致政成王之前，伯
禽已先到封國上任。皮錫瑞認為此說「與古說不合」故不可信，在
《經學通論》更進一步說：

> 〈洛誥〉「王命周公後，作冊逸誥，在十有二月。惟周公誕
> 保文武受命惟七年。」言周公七年致政，當歸國，成王留公，
> 命伯禽就國為公後。蔡《傳》乃以為王命周公留後治洛，不
> 知唐置節度使乃有留後，周無此官。周公老于豐，薨于于豐，
> 並無治洛之事，其失四也。[40]

仍依舊說解釋為周公攝政七年，致政成王將歸封國，於是成王留周
公，命伯禽就國。皮氏此處將伯禽就國的時間繫在周公東征之後，

38　〔宋〕蔡沈：《朱文公訂正門人蔡九峯書集傳》，卷5，頁11右。

39　〔宋〕林之奇：《尚書全解》，（《索引本通志堂經解》，臺北市：漢京
　　文化事業有限公司，1980），卷31，頁20右，總頁6964。

40　〔清〕皮錫瑞著，周春健校註：《經學通論》，頁134。

致政之時，卻未正面回應《書集傳》引〈費誓〉證明三監之亂時，伯禽已就國的說法。參照皮氏在《今文尚書考證》之說：

> 伯禽就封於魯，在管、蔡流言時，史公之說明甚。而成王又於七年歸政時封伯禽為周公後者，〈周本紀〉云：「武王封弟周公旦于曲阜曰魯。」是魯於武王時已受封。其時周公在朝，使何人守國，不可考。至三監畔，乃使伯禽就封。然其時國猶周公之國，伯禽不過代攝國事。〔……〕其制猶後世之監國也。及公致政當就國，成王留公輔政，乃加封伯禽以大國，命公後。於是公不之魯，魯為伯禽之國。伯禽為魯始封祖，故伯禽稱魯公。[41]

他強調武王時，周公即已受封。〈費誓〉中的伯禽，係代攝國事。至平亂後，成王「命公後」，才正式封伯禽於魯。此說可視為對《書集傳》的回應。雖就皮氏的解釋系統言，可以自圓其說，卻未必足以全盤否決蔡沈的意見。而他所提唐代置節度使才有「留後」的官職，其實與《書集傳》之說並不相干。只能說，皮錫瑞企圖將蔡沈之說導向有誤用後世的官職來解釋《尚書》之失的印象。這種批評，未必可以完全令蔡沈心服。類似立基於不同的經學立場與解釋觀點所引起的解經差異，並不宜簡化為對《尚書》注解的對、錯問題。

41　〔清〕皮錫瑞撰，盛冬鈴、陳抗點校：《今文尚書考證》（北京市：中華書局，1989），頁 468-469。

相較於皮錫瑞的觀點，王國維認為《書集傳》集宋人注《尚書》大成之說，便相當值得注意。他在 1916 年所寫的《經學概論講義》說：

> 唐時學者，皆謹守舊注，無敢出入。宋劉敞、歐陽修、蘇軾、王安石等，始以新意說經。同時周（敦頤）、程（顥、頤兄弟）、張（載）、邵（雍）等，復為心性之學，至朱子而集其大成。朱子於《易》作《本義》，於《詩》作《集傳》，唯《尚書》注，以授其門人蔡沈。沈作《集傳》，朱子又作《四書集注》，皆與漢魏以來舊注不同；其說義理，或校〔較〕舊注為長。[42]

以《書集傳》與朱子之經注合論，而對其中義理之發揮，予以相當高的評價。王國維晚年（1927）為弟子楊筠如《尚書覈詁》一書所作的〈尚書覈詁序〉中更明白指出，歷代《尚書》注解中，曾出現的幾部集大成之作，蔡沈《書集傳》便是其中之一。王氏說：

> 古經多難讀而《尚書》為最。伏生今文之學，其傳為歐陽、大小夏侯，各有《章句》。而孔安國本傳伏生之學，別校以壁中古文，為一家。傳至賈、馬、鄭、王，各有修正。今、古文諸家之學並亡，然傳世之偽孔《傳》，殆可視為集其大成者也。然有今、古文之說，而經書之難讀如故也。偽孔之學，經六朝而專行于唐。而宋而歐陽永叔、劉原父始為新學；

42　收於虞坤林編：《王國維在一九一六》（太原市：山西古籍出版社，2008），頁 225-226。

而蘇氏之《傳》、王氏之《新義》、林氏之《集解》，皆脫
注疏束縛，而以己意說經，朱子艸創《書傳》，多採其說。
朱《傳》雖未成，而蔡氏《集傳》，可謂集其大成者也。蔡
氏之書，立于學官者，又數百年，然《書》之難讀仍如故
也。[43]

認為偽孔《傳》是集漢人《尚書》學大成之作，蔡沈《書集傳》則
是集宋人《尚書》學大成之作。這篇文章的重點雖然在於強調清儒
的《尚書》研究成果在王氏當時尚未出現總結而集其大成的著作，
以此來勉勵楊筠如在《尚書》研究上能深加研求，有所成就；但作
為當時古史研究的重要代表人物，王國維並未因襲清代以來深受考
據學思維影響的評價方式，亦未因蔡沈從理學家的立場注《尚書》
而加以輕視。王國維在當時的時空背景下，能夠擺脫清人的學術框
架，強調《書集傳》集宋人注《尚書》之大成，是極值得重視的。
另外，時間較王國維略晚的馬宗霍《中國經學史》亦予《書集傳》
較高評價。他說：

> 朱子……絕無門戶之見，是故從其游者，義理固涵泳，名物
> 詁訓，亦所兼撢。五經傳授，皆有專門，舉其著者，若……

---

43 王國維這篇序，有兩種版本。一是收錄在《觀堂別集》（與《中山大學語
言歷史研究所周刊》相同），為較早的版本。一是收在《尚書覈詁》書前，
為經過王氏修訂過的版本。見梁寯云：《楊筠如及其〈尚書覈詁〉之研究》
（高雄師範大學經學研究所碩士論文，2009），頁 75-77。這裏依據的是
《尚書覈詁》本。楊筠如著，黃懷信標校：《尚書覈詁》（西安市：陝西
人民出版社，2005），〈尚書覈詁王序〉，頁 1。

> 蔡沈撰《尚書集傳》，……皆能申述師說，自成一家，卓然
> 有以樹立于後。世謂朱子集宋學之大成，猶漢學之有鄭康成，
> 非過譽也。[44]

朱子集宋學大成，則受朱子之命作書的蔡沈，「能申述師說，自成一家」，自然亦有重要價值。比較上，王國維、馬宗霍對《書集傳》注經體式的認識，與明太祖乃至宋元時期學者的整體理解比較接近。他們都注意到《書集傳》的注經體式為「集注體」，然可惜的是這樣的認知在後來的經學史著作中，並未得到應有的重視，予以更深入的探究。

第三節　宋、元儒對《書集傳》的評論與本書的研究架構

一、《朱文公訂正門人蔡九峯書集傳》中的重要背景資料

《書集傳》研究的困難之一，在於現今所留存關於此書成書經過及蔡沈編纂此書的相關線索太少。過去的研究者大多只能依靠蔡沈〈自序〉以及《書集傳》的內容進行推論。因此，現存最早，且保存完整的宋刊本《朱文公訂正門人蔡九峯書集傳》對我們了解《書集傳》注解體式與刊行的大致過程，提供了極重要的參照資料。此版本所保存關於蔡沈著書的背景資料，在元代之後的版本，並未被

44　馬宗霍著：《中國經學史》（《中國文化史叢書》02，臺北市：臺灣商務印書館，2006），頁116。

重視，亦未完整保留。為了更適切地了解《書集傳》，這裏先就相關的背景資料進行說明。至於《朱文公訂正門人蔡九峯書集傳》的相關著錄、宋版《書集傳》的異文與研究版本的選擇問題，則在第二章處理。

《朱文公訂正門人蔡九峯書集傳》除了對《尚書》經文的正式注解，相關的背景資料包括：

卷首：

〈進書集傳表〉（蔡杭）

〈淳祐丁未八月二十六日（臣杭）面對延和殿所得聖語〉（蔡杭）

〈後省看詳〉（趙汝騰）

《書傳問答》：

贈太師徽國公朱（熹）與先臣（沈）手帖（朱熹）

陳淳安卿記朱（熹）語（未注明記錄者）

黃義剛毅然記朱（熹）語（黃義剛記）

書後（蔡杭）

〈九峯蔡先生書集傳序〉（蔡沈）

《書》〔輯孔安國〈尚書序〉、孔穎達《正義》並予以簡注〕

（蔡沈）

卷末：

《書序》〔辨《書序》之誤〕（蔡沈）

跋（黃自然）

謹誌（朱鑑）

跋（呂遇龍）

這些資料，可分成四組：

（一）淳祐七年（1247）蔡杭向朝廷進獻《書集傳》，並得到官方認可的相關文件。計有三種：〈進書集傳表〉（蔡杭）、〈淳祐丁未八月二十六日（臣杭）面對延和殿所得聖語〉（蔡杭）、〈後省看詳〉（趙汝騰）。

（二）蔡杭所輯，用以證明《書集傳》足以代表朱熹《尚書》說的《書傳問答》。據蔡杭〈書後〉說：

> 右贈太師徽國公朱（熹）與先臣（沈）手帖及問答語錄也。竊惟先臣（沈）奉命傳是書也，左右就養，逮啟手足，諸篇綱領，悉經論定，凡得之面命口授者，已具載《傳》中；其見於手帖、語錄者，僅止此。蒐輯披玩，不勝感咽，于以見一時師友之際，其成是書也不易如此。<u>謹附卷末，以致惓惓</u>

景仰孝慕之思云。臣（杭）百拜敬書。[45]

可知《書傳問答》的編輯者應當就是蔡杭。《書傳問答》的編輯目的，在為《書集傳》乃受朱熹之託而作一事提出佐證。《朱文公訂正門人蔡九峯書集傳》的刊刻時間為淳祐十年（1250），當時所能看到的語錄，有池州所刊《朱子語錄》（即《池錄》）、饒州刊《朱子語續錄》（即《饒錄》）和饒州刊《朱子語後錄》（即《饒後錄》）。蔡杭在淳祐九年（1249）曾作〈饒州刊朱子語後錄後序〉[46]，可知這幾部語錄，蔡杭應當皆曾寓目。對照黎靖德《朱子語類》的〈朱子語錄姓氏〉，出於《池錄》、《饒錄》和《饒後錄》的記錄者，已佔黎靖德《朱子語類》所載記錄者的絕大多數。如果《書傳問答》的目的在於完整的搜集朱熹論《尚書》的言論，不應只有少數材料被編進來。

　　《書傳問答》所收資料，除了朱熹回答蔡沈注《尚書》相關問題的親筆書信外，語錄部分收錄了陳淳、黃義剛和朱熹問答之語。這些資料都是朱熹託蔡沈作傳之後，與蔡沈作傳有直接關係的記錄，故蔡杭特別予以表露，以為蔡沈《書集傳》足以代表朱熹《尚書》說提供印證。蔡杭未將朱熹所有關於《尚書》的討論完整收錄，表示與元、明時期學者廣泛收集朱熹論《尚書》意見的目標不同。因此，這些資料提供了《書集傳》奉朱熹之命到朱熹去世一段時間師弟子間討論以及編書過程的研究依據。

45　〔宋〕蔡沈：《朱文公訂正門人蔡九峯書集傳》，問答，頁6右。
46　〔宋〕黎靖德編：《朱子語類》，頁4。

（三）蔡沈所作的〈九峯蔡先生書集傳序〉、《書》、《書序》，其中《書》、《書序》可視為《書集傳》正文的一部分。而與《書集傳》撰作相關問題最重要的資料為蔡沈〈九峯蔡先生書集傳序〉。此文作於「嘉定己巳三月既望」（1209），大約在朱子去世後十年。一般皆將這篇序文的寫作時間當作《書集傳》完成的時間。但根據蔡杭〈淳祐丁未八月二十六日（臣抗）面對延和殿所得聖語〉、真德秀〈九峯先生蔡君墓表〉皆指出，《書集傳》從撰寫到行世實經過了三十年之久。據拙著《董鼎〈書傳輯錄纂註〉研究》的探討，較合理的情況應當是「嘉定己巳」蔡沈作〈九峯蔡先生書集傳序〉時，《書集傳》只是初稿，後來又陸續修訂，至去世之年才正式問世。[47]這部分的資料，以〈九峯蔡先生書集傳序〉與了解《書集傳》注經體式的關係最為密切。

（四）蔡杭、黃自然、朱鑑、呂遇龍對《書集傳》編輯刊刻的相關說明。從這些資料可知蔡杭、黃自然、朱鑑諸人曾參與《朱文公訂正門人蔡九峯書集傳》的刊刻流佈。其中，蔡杭為蔡沈之子，黃自然為蔡沈弟子，而朱鑑則為朱熹之孫。除了刊刻者呂遇龍外，他們都是與蔡沈熟識、親近的人，對《書集傳》的說明自然具有重要的價值。這部分是蔡沈〈九峯蔡先生書集傳序〉之外，了解《書集傳》相關背景的重要資料。

47　許華峰：《董鼎〈書傳輯錄纂註〉研究》，頁 207-211。

二、相關資料對《書集傳》注經體式、內容的說明

上述篇章，除了蔡沈〈九峯蔡先生書集傳序〉外，最重要的是黃自然的跋文。黃自然字元輔，建寧府浦城人，嘉定十年（1217）進士。[48]他是蔡沈的弟子，又與真德秀相友好。這篇跋文，在《朱文公訂正門人蔡九峯書集傳》公開傳世前，未見流傳。文中涉及了對《書集傳》的成書時間、注解體式、蔡沈的創見與朱、蔡異同諸問題的說明。以之與真德秀為蔡沈所作的〈九峯先生蔡君墓表〉相參照，可代表蔡沈弟子輩對《書集傳》的根本認識。[49]下文即以黃自然的跋文為中心，配合蔡沈自序以及真德秀〈九峯先生蔡君墓表〉加以分析，以建立本書討論《書集傳》注經體式相關問題的綱領依據。

黃自然的跋文中，值得注意的地方有兩點：

（一）關於《書集傳》的注解體式，蔡沈自序說：

---

48 黃自然，《宋史》無傳。《南宋館閣錄・續錄》：「黃自然，字元輔，建寧府浦城人。嘉定十年吳潛榜進士出身，治《易》。三年十月，以宗學論召試。十一月，除。嘉熙元年三月，為校書郎。」（〔宋〕陳騤、佚名撰，張富祥點校：《南宋館閣錄・續錄》（北京市：中華書局，1998），頁349）

49 真德秀〈九峯先生蔡君墓表〉說：「君之言行，予友黃自然狀之，模（蔡模）復謂予表其墓，予不得辭也。故為序其梗概，俾刻之石，後之君子其尚有考於斯。」（〔宋〕真德秀：《西山真文忠公文集》，卷42，頁10右，總頁642。）黃自然於跋文中說：「曩不自揆，僭狀其行，以請銘于當世名卿，輒復敘次所聞，掛名《傳》末。」（〔宋〕蔡沈：《朱文公訂正門人蔡九峯書集傳》，集傳序，頁2左。）文中所說「當世名卿」，應當就是真德秀。

> （沈）自受讀以來，沈潛其義，參考眾說；融會貫通，廼敢
> 折衷；微辭奧旨，多述舊聞。二〈典〉、〈禹謨〉，先生蓋
> 嘗正是，手澤尚新，嗚呼，惜哉！《集傳》本先生所命，故
> 凡引用師說，不復識別。[50]

蔡沈的說明，要點有三：一是《書集傳》的注解內容乃參考、折衷
眾說而成。文中「微辭奧旨，多述舊聞」句，強調了此書大量引用
前人（包括朱熹）對《尚書》的理解成果。[51]表明了此書為「集注
體」。二是在折衷之前，他曾經過一番沈潛、融會的過程。但他並
未具體說明是如何沈潛、融會的，亦未說明如何折衷。三是強調朱
熹曾刪定部分內容，並指出《書集傳》凡引用朱熹之說，並不特別
注明。

　　黃自然的說明較蔡沈自序具體。他指出《書集傳》引錄諸家之
說的方式為：

> 其說出於一家，則必著姓氏。至於行有刪句，句有刊字，附
> 以己意，為之緣飾者，悉不復錄，用《詩集傳》例也。〔……〕
> 《傳》本文公所命，故不復表著師說。[52]

50　〔宋〕蔡沈：《朱文公訂正門人蔡九峯書集傳》，集傳序，頁1左。

51　此處「舊聞」，可理解為蔡沈接聞於朱熹的意見，亦可理解為蔡沈之前的
　　舊注。理解為蔡沈之前的舊注，符合《書集傳》為「集注體」的特徵，且
　　可以包涵朱熹的舊聞，較為合宜。

52　〔宋〕蔡沈：《朱文公訂正門人蔡九峯書集傳》，書跋，頁1右。

強調《書集傳》集諸家之說的形式乃仿照《詩集傳》而來，其對所用諸家之說的處理原則與蔡沈自序相符而更加詳細。主要內容可分為三項：

1.《書集傳》若完整引用某一家的意見，一定注明姓氏。

2.如果對所引諸說的文字有所改動，乃至加入自己的見解，則不注明姓氏。

3.書中用朱熹的意見，不特別注明。

從二人之說可知「集傳」乃集諸家之說而來，在本質上不同於「言必出於己」、「自成一家之言」的注解。蔡沈、黃自然並不避諱《書集傳》是「集注體」的經注。這是因為在蔡沈師弟子乃至朱子學派，本來就對他們所採取的注經體式有相當的自覺與共識。（詳第三章）蔡沈之後，宋元之際的學者提及《書集傳》時，往往透露出他們對此書以「集傳」的方式作傳的根本認識。[53]然由於其所採取的注經

---

53 如王柏〈書疑序〉說：「今九峰蔡氏祖述朱子之遺規，<u>斟酌群言，而斷以義理，洗滌支離，而一於簡潔</u>，……有害理傷道者，又辭而闢之，有考訂平易者，亦引而進之。」（〔清〕朱彝尊原著，許維萍等點校，林慶彰等編審：《點校補正經義考》第三冊（臺北市：中研院文哲所，1997），卷84書13，頁386）金履祥〈尚書表注自序〉說：「朱子傳注諸經略備，獨《書》未及。嘗別出〈小序〉，辨正疑誤，指其要領，以授蔡氏，而為《集傳》，<u>諸說至此，有所折衷矣</u>。」（〔清〕朱彝尊原著，許維萍點校，林慶彰等編審：《點校補正經義考》第三冊，卷84書13，頁391）陳櫟〈尚書蔡氏集傳纂疏自序〉說：「自有註解以來，三四百家，朱子晚年始<u>命門人集傳之</u>，惜所訂正三篇而止。」（〔清〕朱彝尊原著，許維萍

體式並不完全注明傳文所依據舊說的出處，在研究上，黃自然所指出的第 2 項，便成為判斷學者對《書集傳》的相關研究是否完善的重要部分。因為第 1 項的來源明確，可能引發的爭議最少。第 3 項亦有朱熹的《語類》、《文集》可供參照，雖間有朱、蔡異同的爭議，在資料上亦不難處理。最難處理的，當是第 2 項的部分。因《書集傳》明確注明出處的來源的，只佔了全書的小部分。如果只以這些注明出處的資料作為理解《書集傳》的基礎，根本無法呈現出《書集傳》「集注體」注經體式的真實面貌。因而，對第 2 項的考察與分析，便成為研究《書集傳》的相當困難卻重要的課題。

關於蔡沈折衷諸說前的沈潛與融會，黃自然說：

> 宏綱要指，奧辭突義，既飫聞而熟講之矣，又復玩心繹意，融會其歸，精思力踐，務造其極。文公既歿，垂三十年，而後始出其書，故其援據的確，訓釋明備，文從字順，了無可疑。[54]

他並不認為這類注解只是資料的剪輯，強調蔡沈在注書過程中，曾深入體會《尚書》的深旨，乃至親身實踐其中的義理以為驗證，因

等點校，林慶彰等編審：《點校補正經義考》第三冊，卷85書14，頁404）
董鼎〈尚書輯錄纂注自序〉說：「至宋諸儒數十家，而後其說漸備。又得文公朱子有以折其衷而悉合於古，雖集傳之功未竟，而委之門人九峰蔡氏，既嘗親訂定之，則猶其自著也。」（〔清〕朱彝尊原著，許維萍等點校，林慶彰等編審：《點校補正經義考》第三冊，卷85書14，頁406）諸家對《書集傳》的評價或有不同，但他們對《書集傳》為「集注體」經注，皆有共同的認識。

54 〔宋〕蔡沈：《朱文公訂正門人蔡九峯書集傳》，書跋，頁1右。

此經過了三十年才公諸於世。可知,蔡沈、黃自然師弟子皆認為《書集傳》的注解工作,不僅是文獻的考證、訓詁的問題,注解者對發掘自經書中的義理,應予以實踐驗證,然後才能保證注解趨近於聖人之意旨。這種要求,頗符合朱熹讀經的根本立場。朱熹認為,讀經的目的不僅是知識的累積,更重要的是了解聖人之教,進而趨近聖人,效法聖人。[55]所以注解經書,就注解者言,必須先對經義有深刻的體會與實踐,才能確保所作的注解對經書義理的闡發無偏差。不論這種方式對於《尚書》的闡發是否真的有所助益,蔡沈《尚書》研究的重點顯然不在文獻訓詁與史事的考證。訓詁、考證只能用來輔助闡發《尚書》的義理。

古人認為經書正是上古聖王所遺留下的言行記錄,又曾經過孔子的刪述,是了解聖人教化最直接而重要的依據。由於《尚書》乃經書之中,記載過去聖君賢相最重要的著作,因之,蔡沈對《尚書》的研究重心,便放在聖王之所以為聖,以及聖王如何以政治教化令人人皆成聖成賢上。這種研讀的目標,在南宋人對《尚書》理解中,早已形成共識。所以,他們每每欲從「人心之所同然」討論人之所以成聖成賢的可能,並據此來理解《尚書》。[56]《尚書》中與此有關的內容,便特別受到重視。

朱熹繼承此一解經共識,聖人之政治教化的地位,在他的理論系統中,極為重要。如他在〈大學章句序〉說:

---

55 許華峰:《董鼎〈書傳輯錄纂註〉研究》,頁 31-36。又相關的補充說明,見本書第五章第一節。

56 〔日〕本田成之著,孫俍工譯:《中國經學史》(上海市:上海書店出版社,2001),頁 225-228。

蓋自天降生民，則既莫不與之以仁義禮智之性矣。然其氣質之稟或不能齊，是以不能皆有以知其性之所有而全之也。一有聰明睿智能盡其性者出於其閒，則天必命之以為億兆之君師，使之治而教之，以復其性。此伏羲、神農、黃帝、堯、舜，所以繼天立極，而司徒之職、典樂之官所由設也。[57]

《大學章句》釋「明明德」說：

明，明之也。明德者，人之所得乎天，而虛靈不昧，以具眾理而應萬事者也。但為氣稟所拘，人欲所蔽，則有時而昏；然其本體之明，則有未嘗息者。故學者當因其所發而遂明之，以復其初也。[58]

《中庸章句》首章「天命之謂性，率性之謂道，脩道之謂教」之注解也說：

命，猶令也。性，即理也。天以陰陽五行化生萬物，氣以成形，而理亦賦焉，猶命令也。於是人物之生，因各得其所賦之理，以為健順五常之德，所謂性也。率，循也。道，猶路也。人物各循其性之自然，則其日用事物之間，莫不各有當行之路，是則所謂道也。脩，品節之也。性道雖同，而氣稟或異，故不能無過不及之差，聖人因人物之所當行者而品節之，以為法於天下，則謂之教，若禮、樂、刑、政之屬是也。

---

57 〔宋〕朱熹著：《四書章句集注》（臺北市：長安出版社，1991），頁1。
58 〔宋〕朱熹著：《四書章句集注》，頁3。

蓋人之所以為人，道之所以為道，聖人之所以為教，原其所
自，無一不本於天而備於我。學者知之，則其於學知所用力
而自不能已矣。故子思於此首發明之，讀者所宜深體而默識
也。[59]

朱熹之說，建立在肯定他所身處的儒學傳統，關於人在天地之中的
特殊地位與價值之說的前提上，對這些傳統予以整合與詮釋。所以
在他的相關討論中，可以看到他對三才、陰陽、五行、氣化宇宙論
等傳統思想內涵的回應與統整。他強調從「理」而言，萬物之「性」
皆有相同的本源。從天地化生萬物的立場言，此「性」乃得之於天
以「陰陽五行化生萬物，氣以成形」。就萬物的殊異言，朱熹從「氣
稟或異」的角度加以說明。他認為人與物的稟受有偏全的差異，因
此人得其全而為萬物之靈，足以與天地並列為「三才」。從理氣的
關係言，人因得其氣之全，故人人本具「健順」之德（所對應的為
「陰陽」之理），「五常」（仁、義、禮、智、信）之德（所對應
的為金、木、水、火、土「五行」之理）。而人之中，又因稟受之
氣有清濁之別，而有不同程度的障蔽，因此人有賢愚之分，在行為
的表現上則有過與不及之失。其中，朱熹特別標出聖人乃人中秉氣
之特出者，能夠突破先天氣質的障蔽，顯發此人人本具的仁義禮智
之性。所以，上天命之以為君、師，讓他們得以透過政治、教化，
建立制度、規範（「品節」之），以引導億兆之民，除其障蔽以發
露其本性。朱熹認為人之所以能夠「復其性」而成聖成賢，是因為

59　〔宋〕朱熹著：《四書章句集注》，頁 17。

人因得陰陽、五行之氣之全，因此人「心」有「虛靈洞徹，萬理粲然，有以應乎事物之變而不昧」的「明德」。[60]故「復其性」工夫

60　朱熹的相關闡發，最詳盡的文字當為《四書或問·大學或問上》說：「曰：『然則此篇所謂「在明明德，在新民，在止於至善」者，亦可得而聞其說之詳乎？』曰：『天道流行，發育萬物，其所以為造化者，陰陽五行而已。而所謂陰陽五行者，又必有是理，而後有是氣。及其生物，則又必因是氣之聚，而後有是形。故人物之生，必得是理，然後有以為健順仁、義、禮、智之性；必得是氣，然後有以為魂魄、五臟、百骸之身。周子所謂「無極之真，二五之精，妙合而凝」者，正謂是也。然以其理而言之，則萬物一原，固無人物貴賤之殊；以其氣而言之，則得其正且通者為人，得其偏且塞者為物，是以或貴或賤，而不能齊也。彼賤而為物者，既梏於形氣之偏塞，而無以充其本體之全矣。<u>唯人之生，乃得其氣之正且通者，而其性為最貴。故其方寸之間，虛靈洞徹，萬理咸備。蓋其所以異於禽獸者，正在於此。而其所以可為堯舜，而能參天地以贊化育者，亦不外焉。是則所謂「明德」者也。</u>然其通也，或不能無清濁之異；其正也，或不能無美惡之殊，故其所賦之質，清者智，而濁者愚；美者賢，而惡者不肖，又有不能同者。必其上智大賢之資，乃能全其本體，而無少不明。其有不及乎此，則其所謂「明德」者，已不能無蔽而失其全矣。況乎又以氣質有蔽之心，接乎事物無窮之變，則其目之欲色，耳之欲聲，口之欲味，鼻之欲臭，四肢之欲安佚，所以害乎其德者，又豈可勝言也哉。二者相因，反覆深固，是以此德之明，日益昏昧，而此心之靈，其所知者，不過情欲利害之私而已。是則雖曰有人之形，而實何以遠於禽獸；雖曰可以為堯舜而參天地，而亦不能有以自充矣。然而本明之體，得之於天，終有不可得而昧者，是以雖其昏蔽之極，而介然之頃，一有覺焉，則即此空際之中，而其本體已洞然矣。是以聖人施教，既已養之於小學之中，而復開之以大學之道。其必先之以「格物致知」之說者，所以使之即其所養之中，而因其所發以啟其明之之端也。繼之以「誠意、正心、修身」之目者，則又所以使之因其已明之端，而反之於身，以致其明之之實也。夫既有以啟其明之之端，而又有以致其明之之實，則吾之所得於天，而未嘗不明者，豈不超然無有氣

質物欲之累，而復得其本體之全哉？是則所謂「明明德」者，而非有所作為於性分之外也。然其所謂「明德」者，又人人之所同得，而非有我之得私也。』」（〔宋〕朱熹撰，朱傑人等主編：《四書或問》，（收於《朱子全書》（陸），上海市：上海古籍出版社，2002），頁 507-508）另外：《晦庵集》卷十五有朱熹在紹熙五年（1194）任侍講時所作的〈大學〉講義。其中闡發「明明德」之旨，說法亦與《或問》一致：「臣竊謂天道流行，發育萬物，而人物之生，莫不得其所以生者，以為一身之主。但其所以為此身者，則又不能無所資乎陰陽、五行之氣。而氣之為物，有偏有正，有通有塞，有清有濁，有純有駁。以生之類而言之，則得其正且通者為人，得其偏且塞者為物；以人之類而言之，則得其清且純者為聖、為賢，得其濁且駁者為愚、為不肖。其得夫氣之偏且塞而為物者，固無以全其所得以生之全體矣。<u>惟得其正且通而為人，則其所以生之全體，無不皆備於我，而其方寸之間，虛靈洞徹，萬理粲然，有以應乎事物之變而不昧，是所謂「明德」者也。人之所以為人，而異於禽獸者，以此；而其所以可為堯、舜，而參天地、贊化育者，亦不外乎此也。</u>然又以其所得之氣，有清、濁、純、駁之不齊也，是以極清且純者，氣與理一，而自無物欲之蔽；自其次者而下，則皆已不無氣稟之拘矣。又以拘於氣稟之心，接乎事物無窮之變，則其目之欲色，耳之欲聲，口之欲味，鼻之欲臭，四肢之欲安佚，所以害乎其德者，又豈可勝言也哉？二者相因，反覆深固，是以此德之明，日益昏昧；而此心之靈，其所知者，不過情欲利害之私而已。是則雖曰有人之形，而實何以遠於禽獸？雖曰可以為堯、舜而參天地，然亦不能有以自知矣！是以聖人施教，既已養之於小學之中，而後開之以大學之道。其必先之以格物、致知之說者，所以使之即其所養之中，而發其明之端也。繼之以誠意、正心、脩身之目者，則又所以使之因其已明之端，而致其明之實也。<u>夫既有以發其明之端，而又有以致其明之實，則吾之所得於天而未嘗不明者，豈不超然無有氣質物欲之累，而復得其本然之明哉？</u>是則所謂『明明德』者，而非有所作為於性分之外也。然其所謂『明德』者，又人人之所同得，而非有我之得私也。」（〔宋〕朱熹撰，朱傑人等主編：《晦庵先生朱文公文集》（壹），（收於《朱子全書》（貳拾），上海市：

的關鍵在於「心」。他在相關的討論中，特別重視《尚書·大禹謨》的「十六字心傳」，以之為上述理論的重要經典依據。在他的著作中，亦留下大量關於「十六字心傳」的討論。

宋人的《尚書》學，對這「十六字心傳」的解釋，往往與〈中庸〉相結合。朱熹於此，亦有重要的發揮。[61]他在作於淳熙十六年（1189）的〈中庸章句序〉說：

> 自上古聖神繼天立極，而道統之傳有自來矣。其見於經，則「允執厥中」者，堯之所以授舜也；「人心惟危，道心惟微，惟精惟一，允執厥中」者，舜之所以授禹也。堯之一言，至矣，盡矣！而舜復益之以三言者，則所以明夫堯之一言，必如是而後可庶幾也。蓋嘗論之：「心」之虛靈知覺，一而已矣，而以為有「人心」、「道心」之異者，則以其或生於形氣之私，或原於性命之正，而所以為知覺者不同，是以或「危」殆而不安，或「微」妙而難見耳。然人莫不有是形，故雖上智不能無「人心」；亦莫不有是性，故雖下愚不能無「道心」。二者雜於「方寸」之間，而不知所以治之，則「危」者愈「危」，

上海古籍出版社，2002），頁 693-694）其中，最可注意的是朱熹在這兩處文字中強調，人因得陰陽、五行之氣之全，因此人「心」有「虛靈洞徹，萬理粲然，有以應乎事物之變而不昧」的「明德」。這是人與禽獸最大的分別，也是人人皆可以為堯、舜的關鍵。

61 關於朱熹對十六字心傳的討論，可以參看謝曉東：《朱子道心人心思想探微》（陝西師範大學碩士論文，2003）以及李明輝，〈朱子對「道心」、「人心」的詮釋〉（蔡振豐編，《東亞朱子學的詮釋與發展》，臺北市：國立臺灣大學出版中心，2009），頁 75-100。

「微」者愈「微」，而天理之公卒無以勝夫人欲之私矣。「精」
則察夫二者之間而不雜也，「一」則守其本心之正而不離也。
從事於斯，無少閒斷，必使「道心」常為一身之主，而「人
心」每聽命焉，則「危」者安、「微」者著，而動靜云為自
無過不及之差矣。[62]

此文相當於對「十六字心傳」的闡發。所以他作於淳熙十五年（1188）
的〈戊申封事〉以相同的文字來說明「十六字心傳」。[63]上述理論
在朱熹的成熟思想中有著重要地位，所以他晚年注〈大禹謨〉「十
六字心傳」說：

「心」者，人之知覺，主於身而應事物者也。指其生於形氣
之私者而言，則謂之「人心」；指其發於義理之公者而言，

62　〔宋〕朱熹著：《四書章句集注》，頁14。
63　〈戊申封事〉說：「臣謹按：《尚書》舜告禹曰：『人心惟危，道心惟微；
　　惟精惟一，允執厥中。』夫『心』之虛靈知覺，一而已矣，而以為有『人
　　心』、『道心』之別者，何哉？蓋以其或生於形氣之私，或原於性命之正，
　　而得以為知覺者不同，是以或危殆而不安，或精微而難見耳。然人莫不有
　　是形，故雖上智不能無『人心』，亦莫不有是性，故雖下愚不能無『道心』。
　　二者雜于方寸之間，而不知所以治之，則『危』者愈『危』，『微』者愈
　　『微』，而天理之公，卒無以勝乎人欲之私矣。『精』則察夫二者之間而
　　不雜也，『一』則守其本心之正而不離也。從事於斯，無少間斷，必使『道
　　心』常為一身之主，而『人心』每聽命焉，則『危』者安、『微』者著，
　　而動靜云為，自無過不及之差矣。」（〔宋〕朱熹撰，朱傑人等主編：《晦
　　庵先生朱文公文集》（壹），（收於《朱子全書》（貳拾），上海市：上
　　海古籍出版社，2002），頁591）這段文字與〈中庸章句序〉完全相同，
　　但說明的對象卻是「十六字心傳」。

> 則謂之「道心」。「人心」易動而難反，故「危」而不安；
> 義理難明而易昧，故「微」而不顯。惟能省察於二者公私之
> 間以致其「精」，而不使其有毫釐之雜，持守於「道心」微
> 妙之本以致其「一」，而不使其有頃刻之離，則其日用之間，
> 思慮動作，自無過不及之差，而信能執其「中」矣。堯之告
> 舜，但曰「允執厥中」，而舜之命禹，又推其本末而詳言之。
> 蓋古之聖人，將以天下與人，未嘗不以其治之之法并而傳之，
> 其可見於經者，不過如此，後之人君，其可不深畏而敬守之
> 哉！[64]

特別發揮了這段經文的工夫論意義，強調必須使「心」精審地分辨發於「形氣之私」的「人心」與發於「義理之公」的「道心」，並持守「道心」。此一注解文字與〈中庸章句序〉的關係是顯而易見的。至於持守道心的綱領，則連接到《大學》的格物、致知、誠意、正心諸項目加以闡發。

---

[64] 蔡沈《書集傳》的注解文字與朱熹略有不同，但所想要表達的意義應無分別：「『心』者，人之知覺，主於中而應於外者也。指其發於形氣者而言，則謂之『人心』。指其發於義理者而言，則謂之『道心』。『人心』易私而難公，故『危』。『道心』難明而易昧，故『微』。惟能『精』以察之而不雜形氣之私，『一』以守之而純乎義理之正，『道心』常為之主而『人心』聽命焉，則『危』者安，『微』者著，動靜云為，自無過不及之差，而信能執其『中』矣。堯之告舜，但曰『允執其中』，今舜命禹，又推其所以而詳言之，蓋古之聖人，將以天下與人，未嘗不以其治之之法并而傳之，其見於經者如此。後之人君，其可不深思而敬守之哉！」（〔宋〕蔡沈：《朱文公訂正門人蔡九峯書集傳》，卷1，頁25右-25左。）

　　蔡沈繼承朱熹之說，亦以求二帝三王之「（道）心」為目標來研究《尚書》。蔡沈自序說：

　　鳴呼，《書》豈易言哉！二帝、三王治天下之大經大法皆載此書，而淺見薄識豈足以盡發蘊奧。且生於數千載之下，而欲講明於數千載之前，亦已難矣！然二帝、三王之治本於道，二帝、三王之道本於心，得其心，則道與治固可得而言矣。何者？「精一」、「執中」，堯、舜、禹相授之心法也。「建中」、「建極」，商湯、周武相傳之心法也。曰「德」，曰「仁」，曰「敬」，曰「誠」，言雖殊而理則一，無非所以明此心之妙也。至於言「天」，則嚴其心之所自出；言「民」，則謹其心之所由施。禮樂教化，心之發也。典章文物，心之著也。「家齊」、「國治」而「天下平」，心之推也。心之德其盛矣乎！二帝、三王，存此心者也。夏桀、商受，亡此心者也。太甲、成王，困而存此心者也。存則治，亡則亂，治亂之分，顧其心之存不存如何耳。後世人主有志於二帝、三王之治，不可不求其道；有志於二帝三王之道，不可不求其心。求心之要，舍是書何以哉！〔……〕文以時異，治以道同。聖人之心見於《書》，猶化工之妙著於物，非精深不能識也。是《傳》也，於堯、舜、禹、湯、文、武、周公之心，雖未必能造其微；於堯、舜、禹、湯、文、武、周公之書，因是訓詁，亦可得其指意之大略矣。[65]

65　〔宋〕蔡沈：《朱文公訂正門人蔡九峯書集傳》，集傳序，頁 1 右。

「精一」、「執中」、「建中」、「建極」之「心法」，指的是「聖人治心之法」。他認為，能夠通過適當的治心工夫，復其心之明德，則以記載聖人言行為主的《尚書》相關內容便可得到一貫而適當的理解。從唐、虞、夏、商、周帝王的表現言，因二帝、三王、夏桀、商紂、太甲、成王的氣稟各不相同，治心的工夫深淺亦有別，因此心與道合的程度便不相同。以此心治天下，乃有治亂的差異。蔡沈以求聖人之心為讀《尚書》的關鍵，與朱熹的理論一致。因此，真德秀〈九峯先生蔡君墓表〉說：

> 其於《書》也，考〈序〉文之誤，訂諸儒之說，以發明二帝三王群聖賢用心之要。[66]

除了指出《書集傳》不信《小序》，其所說「訂諸儒之說」的「集傳」特性，和「發明二帝三王群聖賢用心之要」所強調的重點，亦與蔡沈、黃自然所說一致。

（二）關於《書集傳》的評價，「集注體」主要集自前人的意見。要評價《書集傳》，便應當了解蔡沈如何抉擇諸家之說。因此，蔡沈提出特殊見解，並自述如何作傳的文字，便極為重要。真德秀〈九峯先生蔡君墓表〉曾列舉蔡沈有特殊見解的篇章。他說：

> 〈洪範〉、〈洛誥〉、〈秦誓〉[67]諸篇，往往有先儒所未及

66　〔宋〕真德秀：《西山真文忠公文集》，卷42，頁7右-7左，總頁641。

67　「〈秦誓〉」，《蔡氏九儒書》所收的真德秀〈九峯先生墓表〉作「〈泰誓〉」。（〔宋〕蔡元定等撰：《蔡氏九儒書》（臺北市：廣文書局，1994），卷6，頁70右。）按，〔宋〕李幼武《宋名臣言行錄外集》雖未明引此

·第一章 緒論·

者。[68]

雖然強調這些篇章的注解「有先儒所未及者」，但極可惜的是他未能提出進一步的說明，所以對解決問題的幫助不大。相較之下，黃自然之說，較為具體而重要。黃自然的意見，分為兩個方面：關於《書集傳》引用師說不特別注明的情形，他說：

> 《傳》本文公所命，故不復表著師說。若周公迪後，本以治洛，非封伯禽。秦穆悔過，在聽杞子，非為孟明。居東以避流言，則康成為是。作書以留召公，則蘇氏近之。他如此類，難徧數舉。[69]

所列舉的四個例子：「若周公迪後，本以治洛，非封伯禽」出自〈洛誥〉。「秦穆悔過，在聽杞子，非為孟明」出自〈秦誓〉。「居東以避流言，則康成為是」出自〈金縢〉。「作書以留召公，則蘇氏近之」出自〈君奭〉。與現存朱熹之資料相對照，〈洛誥〉之例，見《朱熹集》卷六十五之〈洛誥解〉。〈金縢〉之例，見蔡沈《朱

文，但在敘述蔡沈作《書集傳》時，文字皆與真德秀的文字相同。其文字作：「攷序文之誤，訂諸儒之說，以發明二帝三王羣聖賢用心。〈洪範〉、〈洛誥〉、〈秦誓〉諸篇，往往有先儒所未及者。」（〔宋〕李幼武：《宋名臣言行錄外集》（收於《景印文淵閣四庫全書》第449冊，臺北市：臺灣商務印書館，1983），卷17，頁11右，總頁838。）若依《書集傳》的具體注解內容以及真德秀敘述的篇章排序言，〈秦誓〉的可能亦比較高，當以〈秦誓〉為是。

68　〔宋〕真德秀：《西山真文忠公文集》，卷42，頁7左，總頁641。
69　〔宋〕蔡沈：《朱文公訂正門人蔡九峯書集傳》，書跋，頁1左。

文公訂正門人蔡九峯書集傳》中的〈書傳問答〉。〈君奭〉之例，
見《朱子語類》。只有〈秦誓〉之例，找不到對應的出處。不過，
從黃自然之說，可以確認〈秦誓〉傳文：

> 『誚言』，謂杞子。先儒皆謂穆公悔用孟明，詳其誓意，蓋
> 深悔用杞子之言也。[70]

乃出自朱熹的意見。這也提醒我們，對於《書集傳》在現存朱熹的
著作中未能找到與之相對應的說法時，不宜輕易斷定蔡沈不從師
說。

關於朱熹、蔡沈解《尚書》的異同，黃自然舉出嘉定十三年
（1220）他從蔡沈學《尚書》，並與蔡沈討論《書集傳》疑義的往
事。黃自然說：

> 獨「主善、協一」之旨，《語錄》所記，若有合於橫渠，《書
> 傳》之云，乃少異於文公。揆之內心，亦有未釋然者。間竊
> 從而質〔焉〕。[71]

蔡沈注〈咸有一德〉「德無常師，主善為師。善無常主，協于克一。」
與朱熹《語錄》用張載之說不同。黃自然用「獨」字，意味著在他
的理解裏，《書集傳》與朱熹《尚書》說絕大部分是一致的。蔡沈
對這唯一的一處疑義，提供了極有價值的說明。蔡沈的回答為：

> 「一」，以心言，純粹不雜之義。「一」，以理言，融會貫

70　〔宋〕蔡沈：《朱文公訂正門人蔡九峯書集傳》，書跋，頁 1 左。
71　〔宋〕蔡沈：《朱文公訂正門人蔡九峯書集傳》，書跋，頁 2 右。

通之名也。從《語錄》之說，逆上經文，既或未明；「協」下「克」字，復為長語。味《書傳》之訓，惟能合而一之，故始雖主於一善，終則無一之不善，自渙然而無疑矣。審乎此，則文公釋經不盡同於程子者，非求異也，〔意〕蓋有在也。[72]

認為「一」有「心」與「理」兩種不同的理解層次，蔡沈的注解實考慮了上下文脈，並將兩種「一」的不同層次的解釋「合而一之」，更貼近《尚書》的文義。蔡沈強調，此處之所以異於朱熹，是經過更周嚴的文義考量的結果。這一方面承認了蔡沈之注解與朱熹之說的確存在少數不一致之處，但也強調在基本精神上，《書集傳》並未脫離朱熹所訂下的規範。（詳細的討論，見第五章第二節。）

三、《書集傳》注經體式的研究成果述評與本書的目標

根據上文的分析，研究《書集傳》的注經體式，是適切了解《書集傳》的重要基礎。研究的內容，至少應涉及下列四個項目：

（一）《書集傳》注解體式的學派淵源

（二）《書集傳》所依據的資料

（三）《書集傳》的注解原則

（四）《書集傳》注解原則的實際表現

72　〔宋〕蔡沈：《朱文公訂正門人蔡九峯書集傳》，書跋，頁 2 右。

這些問題,在現存的研究成果中,大多未能得到應有的關注。以 1949 年以後的《書集傳》研究專著為例,目前為止,僅有三種學位論文:

> 游均晶:《蔡沈〈書集傳〉研究》(東吳大學中國文學研究所碩士論文),1996 年 7 月[73]
>
> 王春林:《蔡沈〈書集傳〉校注與研究》(中國人民大學哲學院博士論文),2009 年 5 月
>
> 劉　景:《蔡沈〈書集傳〉訓詁研究》(揚州大學碩士論文),2011 年 6 月

三人之著作,雖然皆提及《書集傳》曾參考前人之說,但所引用的例證大多為《書集傳》明確注明出處的材料,未能對《書集傳》「集注體」注經體式進行較全面而深入的探討。以致於在說明《書集傳》的特色時,每每將之視為一般傳注體的經注;在進行經注思想的探討時,則又習慣將《書集傳》當成思想專著,直接援引《書集傳》的傳文來說明蔡沈的思想。這樣的研究方式,忽略了《書集傳》作為經書注解,其中的傳文本出自於對經文的解釋,所闡發的經旨必然要受到經文限制,不可能只是蔡沈思想的直接闡述。從注解經典的立場言,注解者甚至要考慮到所注的內容對閱讀者如何發生影

73　此書後收錄於《中國學術思想研究輯刊》七編,因考慮游氏可能有所修訂,故本書引用游氏之意見,皆以此較晚出之本為據。游均晶:《蔡沈〈書集傳〉研究》(《中國學術思想研究輯刊》七編,第 6 冊,臺北縣:花木蘭文化出版社,2010)。

響。此影響未必是將經旨全然說盡，在很多地方，很可能還有指點、引導讀者自行發掘經義的目的。若不能考慮到注經體式的問題，便無法充分說明《書集傳》解經的表現，更不可能提出合宜的評價。

《書集傳》有極多的傳文是以引用前人注解的方式來注經，卻未明白注明出處。前述的研究著作對於《書集傳》具體的「集注」方式，則多僅論及蔡沈明確標注出處的資料，而未能深入探討書中未標明出處的注解內容。例如游均晶《蔡沈〈書集傳〉研究》第二章第三節專論《書集傳》之體例，其中「注文的體例」列出五點：（一）直釋其義，（二）總結文意，（三）案斷，（四）闕疑，（五）參酌眾說。[74]（一）至（四）點，應當是大多數經典注解所共有的形式。第（五）點，列舉了（甲）參酌本經，（乙）參酌他經，（丙）參酌他書，（丁）參酌他說，（戊）引文不注出處。其中，（甲）至（丁）四項，所舉的都是《書集傳》自行注明出處的例證。而（戊）則只簡單列舉〈堯典〉「九族」、「宅南交」、「慎徽五典」，〈舜典〉「肇十有二州」、「黎民阻飢」之例，指出這些地方的傳文：「皆不注所出，或因未及鈔錄出處，應非有意剽竊。」[75]其實，依《書集傳》的注經體式，本來就沒有剽竊的問題。王春林《蔡沈〈書集傳〉校注與研究》第三章亦討論了《書集傳》的解經特色。其中論及《書集傳》「博採眾說之長」，指出《書集傳》「參考了諸家之說，尤其對宋儒多家《書》解的博採其長，並加以融會貫通。」[76]

74　游均晶《蔡沈〈書集傳〉研究》，頁 34-49。

75　游均晶《蔡沈〈書集傳〉研究》，頁 48。

76　王春林：《蔡沈〈書集傳〉校注與研究》（中國人民大學哲學院博士論文，2009），頁 36。

又說:「蔡沈遵從師意,擇其精華,博採眾說,終使《書集傳》集宋代《尚書》之大成。」[77]然而,在具體的研究上,仍只以蔡沈注明出處的材料作為依據。如說:

> 宋儒中,以吳棫、王安石、蘇軾、林之奇、呂祖謙等幾大宋代《尚書》名家之注為多。其中,又以蘇軾的《東坡書傳》以及呂祖謙的《東萊書說》為多,均達四十多次。[78]

「四十多次」的表述方式,顯見王氏在這方面並未進行較精細的研究,而且這個數字應當只是蔡沈注明出處的情形。同樣地,劉景《蔡沈〈書集傳〉訓詁研究》第四章亦論及《書集傳》「博採眾說,擇善而從」,雖指出蔡沈「遵其師旨,博採眾說,使《書集傳》成為一部宋代《尚書》學的集大成之作。」[79]然而,所舉出的仍只限於蔡沈注明出處的例子。上述情形,使得現今的研究者對《書集傳》的認識,流於表面。我們雖然可以認定蔡沈看重這些他所引用的前人之說的意見,但在未能較充分地了解蔡沈用了他人見解的整體狀況下,實在不能認為已充分進行了研究。而且,如果研究《書集傳》的專著都無法適當處理注解體式的問題,在短篇論文有限的字數裏想要圓滿的處理,就更加困難。[80]

---

77 王春林:《蔡沈〈書集傳〉校注與研究》,頁 37。

78 王春林:《蔡沈〈書集傳〉校注與研究》,頁 37。

79 劉景:《蔡沈〈書集傳〉訓詁研究》(揚州大學碩士論文,2011),頁 74。

80 目前為止,個人所見 1949 年以來的研究成果中,只有蔡根祥《宋代尚書學案》(國立臺灣師範大學國文研究所博士論文,1994)第九章第二節真正論及這個問題。然很可惜的是,《宋代尚書學案》未能全面地進行研究,

　　從事經學史的研究，面對一部曾發生過重大影響的經書注解，應當考慮如何提出合理的評述，以闡發、評價其內容，並提出合宜的學術定位與批判。如果直接引述《書集傳》的注文說明其思想或注解的特色，雖可呈現書中的某些內容，卻難以突顯注解者如何思考以及採用何種思路來進行注解等較為細緻的層面。要避免此一缺失，我們應當認真面對《書集傳》所採取的注解體式的問題。尤其是此一體式屬注解者及其所屬學派自覺地、反省地被使用時，背後所透顯的意義，是幫助我們了解注解者對經典的思考的重要依據。故《書集傳》的研究，應考慮其文獻基礎，如《書集傳》作為一部《尚書》注解，我們應如何區分屬於《尚書》內部解釋傳統的內涵和屬於蔡沈個人獨特的思想內涵？如果直接引用《書集傳》的注解文字，便認定這是《書集傳》的思想內涵，便可能忽略了──經書注解自有其內在的解釋傳統，注解者在注解之中不可能無限制地發揮自己的思想。相對地，一個有創見的經書注解者，亦不可能不在他的經注之中融入自身獨特的思想成分。若無法較細緻地了解蔡《傳》作為《尚書》注解的種種問題，便難以相應地說明《書集傳》的思想。更何況，蔡沈選擇以「集注體」的注經體式為《尚書》作注這一件事本身，便具有思想意義。

亦不能站在「集注體」體式的立場來看《書集傳》未注明出處的傳文。詳細的討論，見本書第四章。又此書後收於《古典文獻研究輯刊》三編，因慮及作者可能有所修訂或增補，本書引用蔡氏之意見，皆以此較晚出之本為據。蔡根祥：《宋代尚書學案》（下）（《古典文獻研究輯刊》三編·第 13 冊，臺北縣：花木蘭文化出版社，2006）

　　為了說明蔡沈《書集傳》的注解體式以及此一體式所透顯的意義，然後由體式論及《書集傳》的注解特色，本書在緒論和結論之外，主要以下列四章構成：

　　第二章、研究版本的選定與宋版《書集傳》的異文

　　　　第一節、《朱文公訂正門人蔡九峯書集傳》的來源與價值

　　　　第二節、宋版《書集傳》的異文與後世對《書集傳》的改動

　　　　第三節、四種《書集傳》點校本的缺失

　　第三章、《書集傳》注經體式的淵源

　　　　第一節、「集注體」的特徵與傳統

　　　　第二節、朱熹、呂祖謙與「集注體」注經體式

　　　　第三節、蔡沈、陳大猷注經體式對朱熹、呂祖謙的繼承

　　第四章、《書集傳》的注解依據

　　　　第一節、前人的研究成果與問題

　　　　第二節、《書集傳》所引據的資料分篇整理

　　　　第三節、《書集傳》所引據的資料分析

　　第五章、《書集傳》的注經體式與解經特色

　　　　第一節、《書集傳》的注解形式

　　　　第二節、《書集傳》對諸家說法的抉擇原則

　　　　第三節、《書集傳》的解經特色

　　其中，第二章為對本書所選定的研究版本的說明，並指出現代《書集傳》相關整理本的缺失。第三章為對前述四個項目之（一）《書集傳》注解體式的學派淵源之說明。第四章為對（二）《書集傳》所依據的資料之呈現。第五章為對（三）《書集傳》的注解原則以及（四）蔡沈注解原則的實際表現的說明。

附錄

黃自然書後[81]

　　右《書傳》六卷，〈總序〉一卷，文公先生門人九峰蔡先生所集也。

　　始，《書》未有傳，分命門人纂集，莫可其意，乃專屬之九峰。其說出於一家，則必著姓氏。至於行有刪句，句有刊字，附以己意，為之緣飾者，悉不復錄，用《詩集傳》例也。宏綱要指，奧辭突義，既飫聞而熟講之矣，又復玩心繹意，融會其歸，精思力踐，務造其極。文公既歿，垂三十年，而後始出其書，故其援據的確，訓釋明備，文從字順，了無可疑。〈典〉、〈謨〉五篇[82]，則又文公未易簀前所定手畢也。西山先生謂：「攷〈序〉文之誤，訂諸儒之說，發明二帝、三王、羣聖賢之用心，有先儒所未及者。」[83]豈虛語哉！

81　按，這篇跋文原刊本的字體為行書，且其中部分文字略有漫滅。目前所見相關的整理成果，對這篇文字的轉寫有許多錯誤或缺字。現在重新加以校正，並加上簡注。其中，有疑義的字，加〔 〕。

82　按，此處說「五篇」，蔡沈自序作「二典禹謨」，一般皆理解為三篇。除非理解成「二典」「禹」「謨」才有可能是五篇。俗本作「二典三謨」五篇，似乎黃自然時已有五篇之說。

83　真德秀《西山真文忠公文集・九峯先生蔡君墓表》：「攷序文之誤，訂諸儒之說，以發明二帝三王群聖賢用心，〈洪範〉、〈洛誥〉、〈秦誓〉諸篇，往往有先儒所未及者。」（卷42，頁7右-7左，總頁641）黃氏之言，省略了〈洪範〉、〈洛誥〉、〈秦誓〉之篇名，有誇飾之嫌。

《傳》本文公所命，故不復表著師說。若周公迪後，本以治洛，非封伯禽。[84]秦穆悔過，在聽杞子，非為孟明。[85]居東以避流言，則康成為是。[86]作書以留召公，則蘇氏近之。[87]他如此類，難偏數舉。

（自然）之生也後，不及一登考亭之門。歲庚辰[88]，侍九峰於〔■都郡〕齋，旦夕習聞其說，因請受以〔■■。〕獨「主善、協一」[89]之旨，《語錄》所記，若有合於橫渠，《書傳》之云，乃少異於文公。[90]揆之內心，亦有未釋然者。間竊從而質〔焉〕，則知：「一」，以心言，純粹不雜之義。「一」，以理言，融會貫通之名也。從《語錄》之說，逆上經文，既或未明；「協」下「克」字，復為長語。味《書傳》之訓，惟能合而一之，故始雖主於一善，終則無一之不善，自渙然而無疑矣。審乎此，則文公釋經不盡同於程子者，非求異也，〔意〕蓋有在也。若夫〈洪範〉九疇，〔數〕以奇行，五常居中，地本無十，備見於《皇極內外篇》，根極理要，探索幽眇，又其深造而自得之者，每以不獲先師印可為恨。九原可作，其謂斯何！精義無二，終歸一揆。

84　見〈洛誥〉。

85　見〈秦誓〉。

86　見〈金縢〉。

87　見〈君奭〉。

88　嘉定十三年（1220）。

89　見〈咸有一德〉：「德無常師，主善為師。善無常主，協于克一。」

90　朱熹之說，詳本書第五章第二節所引。

　　（自然）受質不敏，雖涉其藩，未測其奧。憂患罪罰，
偶未即死，方將執經〔撰〕屨，日侍誨席，而山頹木壞，已
不勝其悲矣。纍不自揆，僭狀其行，以請銘于當世名卿[91]，
輒復敘次所聞，掛名《傳》末。雖不足以發明〔其〕旨，姑
以志無窮之憾焉耳。紹定壬辰[92]〔長至[93]〕後十日，後學黃
自然拜手敬書。

91　即真德秀。

92　理宗五年（西元 1232 年）

93　長至，即夏至。

第二章 研究版本的選定與宋版《書集傳》的異文

第一節 《朱文公訂正門人蔡九峯書集傳》的來源與價值

　　元、明、清傳世的《書集傳》刊本極多，但現存的宋刻本《書集傳》卻極為罕見。臺灣所藏的宋刻本，只有國家圖書館的南宋刊大字本殘本一卷（內容僅存〈書傳問答拾遺〉、《書序》、蔡沈〈序〉）。[1]因此，保存極為完整，現藏於北京的中國國家圖書館，由南宋呂遇龍刻於上饒郡學的《朱文公訂正門人蔡九峯書集傳》便成為研究《書集傳》最重要的文本依據。

　　關於《朱文公訂正門人蔡九峯書集傳》的來歷，著錄的資料並不多。考書中有「安樂堂藏書記」及「東都宋存書室」二藏書印。安樂堂為怡親王弘曉之室名，「東都宋存書室」則為海源閣藏書印。可知原為怡親王府藏書，後散出歸入楊以增海源閣。怡親王府的藏

1　這個殘本，過去並未受到重視。大陸學者則因未曾看到原書，多以為此本為全本。

書從弘曉開始，廣收善本，其中多有來自錢氏絳雲樓的舊藏。乾隆修《四庫全書》，怡府因親王的身分，得以不必進獻所藏，其藏書多有世間難得的秘本。然怡府藏書，經過百餘年，至咸豐十一年（1861），端華因慈禧與恭親王奕訢聯手發動「祺祥政變」而被處死，書始散出。據丁延峰《海源閣藏書研究》，怡府藏書在同治五年（1866）春散出，「此時楊紹和正服官京師，得天時地利，獲得甚多。」[2]《朱文公訂正門人蔡九峯書集傳》或許是在這個時期流入海源閣。

　　此書在怡王府的著錄資料，據韓梅〈清宮《影堂陳設書目錄》與怡府藏書〉所附《影堂陳設書目錄》書影有「《宋版經進本書集傳》一套」。[3]此一「經進本」，很可能就是《朱文公訂正門人蔡九峯書集傳》。之所以稱為「經進本」，是因為書前有蔡杭獻書的奏箚以及後省看詳的文件。[4]此書流入海源閣後，最早的記錄當是楊紹和所編《宋存書室宋元秘本書目》著錄的「《宋本書集傳》六卷八冊一函」[5]，所以書中有「東都宋存書室」印，著錄的卷數、冊數亦正好是六卷八冊。後來由楊紹和之子楊保彝據《宋存書室宋

2　丁延峰著：《海源閣藏書研究》（《國家哲學社會科學成果文庫》，北京市：商務印書館，2012），頁87。

3　韓梅：〈清宮《影堂陳設書目錄》與怡府藏書〉（《紫禁城》，北京市：紫禁城出版社，2005年04期）。

4　關於怡府的藏書，另有《怡府書目》，（〔清〕允祥藏並編：《怡府書目》（《中國著名藏書家書目匯刊· 明清卷》22冊，北京市 ：商務印書館，2005））但該書目中未見《朱文公訂正門人蔡九峯書集傳》的相關著錄。

5　王紹曾、崔國光等整理訂補：《訂補海源閣書目五種》（濟南市：齊魯書社，2002），頁589。

元秘本書目》補充改編，經王紹曾訂補，王獻唐整理的《海源閣宋元秘本書目》，便著錄為：

> 《宋經進本書集傳》六卷八冊一函。〔補〕此本《隅錄》未收。北圖收購天津鹽業銀行九十二種之一。《北圖善本書目》著錄，題《訂正朱文公門人蔡九峯書集傳》，宋淳祐十年呂遇龍上饒郡齋刻本。[6]

這應當是目前所能看到較早的著錄資料。

據王紹曾〈山東圖書館館藏海源閣書目序〉，海源閣藏書於清末民初迭遭匪亂，遭受重大損失，加上第四代傳人楊承訓於 1927 年開始出售藏書，乃漸漸散出。1931 年，又因投資所需，將九十二種宋元珍本押入天津鹽業銀行。當時天津市長張廷諤等發起存海學社，集資購存。1944 年，存海學社改名存海學社新記。1946 年抗戰勝利，此批藏書收歸國有，交由國立北平圖書館收藏。[7]《朱文公訂正門人蔡九峯書集傳》正是這九十二種珍本中的一種。1945 年 6 月國立北平圖書館出版的《圖書季刊》第七卷第一二期合刊的〈學術及出版消息〉中〈本館收購海源閣遺書始末記〉說：

> 山東聊城楊氏海源閣劫後遺書九十二種，前經平津人士潘復、常朗齋、王紹賢及現任天津市長張廷諤諸氏，組織存海學社，購存於天津鹽業銀行，已歷年所。三十三年，又加入新股東，改組為存海學社新記。去冬十一月，本館復員後，

6　王紹曾、崔國光等整理訂補：《訂補海源閣書目五種》，頁 676。

7　王紹曾、崔國光等整理訂補：《訂補海源閣書目五種》，頁 1389-1405。

即擬購藏，以資保存。當經教育部朱部長之同意，撥給專款備用。比及與該學社各股東商議，適行政院宋院長視察平津之便，經與張市長商洽，並飭該學社同人，將全書作價一千五百萬元，收歸國有，交由本館購藏。[8]

其中所著錄的書目即有「《朱文公訂正門人蔡九峯書集傳》六卷」：

宋蔡沈撰。楊目原題宋刻本，有楊氏藏印。缺葉前人影宋鈔補。八冊一匣。[9]

此書為國立北平圖書館收藏後，便未再改變收藏處所。[10]至 1987 年，收入《古逸叢書三編》，2003 年又收入《中華再造善本》，影印流通。就影印的品質言，《中華再造善本》完全按照原書重制，彩色套印，品質較佳。故本書的研究底本，乃以此為依據。又根據前引《圖書季刊》的著錄文字，此書似有缺葉，且經前人「影宋鈔補」。但後來學者的說明，皆未提及缺葉的問題。檢視《中華再造善本》所重製之《朱文公訂正門人蔡九峯書集傳》，亦無明顯的鈔補痕跡。這或許是出於北平圖書館當時的誤判。

關於《朱文公訂正門人蔡九峯書集傳》的價值，可以從版本學與內容研究兩方面加以說明。

8　王紹曾、崔國光等整理訂補：《訂補海源閣書目五種》，頁 1307。

9　王紹曾、崔國光等整理訂補：《訂補海源閣書目五種》，頁 1308。

10　國立北平圖書館後來名稱幾經變更：1950 年更名為國立北京圖書館，1951 年更名為北京圖書館，1998 年更名為中國國家圖書館。

從版本學的角度言，宋版書本來就有極高的價值。所以目錄版本學的學者，皆對《朱文公訂正門人蔡九峯書集傳》有極高的整體評價。相關論述，以傅增湘[11]、丁瑜[12]和李致忠[13]最具代表性。就此書的刊刻時間言，傅增湘和丁瑜皆誤以此本為《書集傳》之「第一刻」。李致忠則加以指正，認為此本只能說是「蔡氏《書集傳》進呈後的第一個刻本。」然即使不是「第一刻」，此本為目前傳世最早，保存最完整的《書集傳》刊本，則無爭議。由於此本的刊刻時間（1250）距蔡沈謝世（1230）僅二十年，其主要參與者與蔡沈關係密切，價值當是無可替代的。就刊刻的品質言，此本無論雕印或是校勘，學者皆公認屬於上品。如傅增湘《藏園群書經眼錄》說：「此書大字雕鏤精麗」，丁瑜〈影印宋本《朱文公訂正門人蔡九峯書集傳》說明〉和〈宋刻《蔡九峯書集傳》與《春秋公羊經傳解詁》〉亦皆謂：「是書雕鏤精湛，字畫疏朗，為南宋江西刻本中之上品。」李致忠《宋版書敘錄》亦認為此本：「雕印精，校勘精審，堪稱佳善。」不過由於諸家皆未及對內容進行較嚴密地校勘檢證，若就內容的研究言，這些論述僅能提供初步的認識。

---

11 傅增湘：《藏園群書經眼錄·卷一·朱文公訂正門人蔡九峯書集傳六卷(宋蔡沈撰)書傳問答一卷》（北京市：中華書局，2009），頁25。

12 丁瑜：〈影印宋本《朱文公訂正門人蔡九峯書集傳》說明〉（《古逸叢書三編·朱文公訂正門人蔡九峯書集傳》，北京市：中華書局，1987）。又丁瑜：〈宋刻《蔡九峯書集傳》與《春秋公羊經傳解詁》〉（《文獻》1988年第4期，總第38期），頁231-235。

13 李致忠〈《朱文公訂正門人蔡九峯書集傳》敘錄〉（收於李致忠著：《宋版書敘錄》，北京市：書目文獻出版社，1994），頁71-76。

　　從研究《書集傳》的內容言,這個版本的重要性,除了在本書
第一章所指出,卷首所附載的「進書表文」、「延和殿面對紀實」、
「後省看詳文」、「書傳問答」及卷尾所附蔡沈對《書序》的考辨,
以及黃自然、朱鑑、呂遇龍諸人之後按、跋文,對解決《書集傳》
成書、注經體式等問題的重要價值外,在解決宋本《書集傳》和後
來流通的版本異文的問題上,亦提供了重要的參照依據。

　　關於通行本《書集傳》所涉及的文字改動問題,早期的學者如
陳鱣、錢泰吉、楊守敬皆曾加以留意,也留下少數的校勘資料。[14]
可惜的是,這些早期的校勘資料雖然引用了宋、元本的材料,卻未
能披露全面的校勘成果,亦未曾看過《朱文公訂正門人蔡九峯書集
傳》。因此,重新以《朱文公訂正門人蔡九峯書集傳》為底本建立
研究的基礎,可使相關研究成果更具說服力。然而,《朱文公訂正
門人蔡九峯書集傳》文字與後世的傳本的異同,一直到《朱子全書
外編》中由嚴文儒所校點的《書集傳》以及王春林《蔡沈〈書集傳〉
校注與研究》,才開始提出校勘的成果。嚴文儒所使用的校本為:

　　元至正十四年日新堂刻本(藏上海圖書館)

　　元刻本(藏上海圖書館)

14　光緒年間江南書局刊刻的〔元〕鄒季友:《書經集傳音釋》(影印光緒己
　　丑(1889)江南書局刊本,北京市:中國書店,1993)書前更有「校刻書
　　傳音釋凡例」,以分類列舉的方式,說明通行本《書集傳》的異文。但此
　　一凡例完全未注明版本依據,而只是泛稱「近本」、「元本」、「明本」,
　　在校勘上的價值不高。所以本書不列入討論。

明正統十二年內府刻本（藏上海圖書館）

明官刻本（藏上海辭書出版社）

清劉氏傳經堂叢書本[15]

王春林的校本為：

清《文淵閣四庫全書》本

元至正十一年德星堂刻本

明嘉靖七年書林楊氏清江書堂刻《書經大全》本

日本寬文四年今村八兵衛藏板[16]

其中，王春林的工作，以《四庫本》為對校本，其餘三種僅為參校之用。或許受到地域的限制，王春林與嚴文儒對臺灣所藏的善本皆未能利用，而且有所誤解。例如王春林《書集傳校注·跋》說：

> 臺北「中央國立圖書館」藏題為《書集傳》的南宋刊大字本，
> 館員在其出版年代一欄注為 1127 年刊行。（對於此書，由
> 於地域因素，筆者並未全見，只得到了一頁影照文字。）此

---

15 〔宋〕蔡沈撰，〔宋〕朱熹授旨，嚴文儒校點：《書集傳》（《朱子全書外編》（1），上海市：華東師範大學出版社，2010），〈校點說明〉，頁 2。

16 王春林：《蔡沈〈書集傳〉校注與研究》下篇《書集傳校注》，〈校注凡例〉，頁 1。

刊本有蔡沈之子蔡杭（抗）所輯的《書傳問答拾遺》一卷，
此卷第二行題為「晦庵先生與先君手貼[17]」，先君是對已故
父親之稱，故可斷定此刊本絕對不是在 1127 年刊行，當為
蔡沈去世（1230 年）後所刻。[18]

他並不知此南宋刊八行本（又作宋刊大字本）僅存〈書傳問答拾遺〉
及〈後序〉一卷。而且，目前的館藏地為「國家圖書館」（前身為
「國立中央圖書館」，「中央國立圖書館」應為誤植）。又相關著
錄資料僅注明為南宋刊本，並未注明為「1127 年刊行」，所以對
刊行年代的相關辨正亦是無必要的。

　　由於這兩種校勘成果，皆未用到臺灣所藏的善本，而個人曾以
臺灣所藏的三種版本與《朱文公訂正門人蔡九峯書集傳》對校：

蔡沈《書集傳》（存〈書傳問答拾遺〉及〈後序〉，南宋刊
八行本，藏國家圖書館善本書室。）簡稱〔宋八〕

蔡沈《書集傳》（六卷，元建陽刊初印本，藏國家圖書館善
本書室。）簡稱〔元建〕

蔡沈《書集傳》元至正二十六年梅隱精舍刊本（六卷，故宮
博物院圖書館藏）簡稱〔元梅〕

為了讓研究更加可信，在以《朱文公訂正門人蔡九峯書集傳》為底
本進行《書集傳》的研究前，先根據個人的校勘成果為基礎，參照

17　「貼」字當「帖」字之誤。

18　王春林：《蔡沈〈書集傳〉校注與研究》下篇《書集傳校注》，頁293。

前人的校勘成果，說明宋本異文問題，並對民國以來影響較大的《書集傳》版本、整理本進行評價。

第二節　宋版《書集傳》的異文與後世對《書集傳》的改動[19]

一、清代以來的《書集傳》校勘研究

較早注意宋本《書集傳》與後世通行本文字有異的學者，主要有陳鱣、錢泰吉和楊守敬三人。[20]陳鱣根據顧安道[21]所收藏，「每葉十六行，行十七字」的宋本《書集傳》（缺夏、商二卷）與清代的通行本進行校勘，指出這個宋本《書集傳》與通行本有如下之異文：

〈禹謨〉「降水儆予」不作「洚水」，「夔夔齋栗」不作「齊

19　這一節的內容，主要以許華峰〈《朱文公訂正門人蔡九峰書集傳》的版本價值——以兩種元代《書集傳》刊本互校〉一文為基礎，增補而成。（收於《第六屆中國經學研究會全國學術研討會論文集》，輔仁大學中國文學系、中國經學研究會，2009）頁 391-408。

20　另外，〔清〕歐陽泉撰：《歐陽省堂點勘記》（收於《書目類編》93，臺北市：成文出版社，1978）亦有《書經集傳》的點勘。他說：「《集傳》為朱子門人蔡氏沈所定，原係朱子所命，故得與《詩集傳》、《周易本義》並列學官。原本已不盡愜人意，後來坊刻，任意改竄，舛誤尤多。今謹遵《御纂書經傳說》、《四庫全書提要》詳加校正，具列於篇。」（卷 2，頁 64，總頁 41841）因不涉及宋版異文，故不列入討論。

21　顧安道即顧抱沖，為顧千里之從兄，藏書齋名為「小讀書堆」。

栗」。〈益稷〉「州十有二師」不作「有十」。〈泰誓〉「無
辜籲天」不作「顧天」。〈武成〉「師逾孟津」不作「師渡」。
〈金縢〉「惟朕小子其新逆」不作「親迎」。〈酒誥〉「又
惟殷之迪諸臣惟工」不作「百工」,「弗蠲乃事」不作「汝
事」。〈君奭〉「越我民罔尤違」不作「曰我」。〈費誓〉
「勿敢越逐」不作「無敢」〈堯典〉「母嚚」傳引《呂氏春
秋》增多十九字。〈今考定武成〉一篇低一格,無傳,惟「垂
拱而天下治」後夾注十餘行,異同居多,又增多百餘字。[22]

認為「今本皆為後人刪改」。然可惜的是,這個版本似乎沒有其他
相關訊息可考,後亦下落不明。錢泰吉曾經極力訪求《書集傳》的
早期刊本。他在《甘泉鄉人稿》卷七《曝書雜記上》說:

> 海昌陳簡莊孝廉鱣博學好古,尤喜收書。其所得諸經舊本,
> 〔……〕蔡氏《集傳》則宋刻本六卷〔……〕余來海昌,簡
> 莊已下世,所藏盡散,不知流傳何所矣。[23]

誤以此本為陳鱣所藏。錢泰吉經過長期的搜訪,他的《書集傳》校
勘成果,可見的資料為《甘泉鄉人稿》卷六〈跋書經集傳校本〉所
附的異文記錄。他說:

---

22 〔清〕陳鱣撰:《經籍跋文·宋本書集傳跋》(《宋版書考錄》影印清道
光十七年海昌蔣光煦刻本,北京市:北京圖書館出版社,2003),總頁
208。

23 〔清〕錢泰吉:《甘泉鄉人稿》(據華東師範大學圖書館藏清同治11年
刻光緒11年增修本影印,收於《續修四庫全書》集部·別集類第1519冊,
上海市:上海古籍出版社,1995),卷7,頁7左-8左,總頁305。

道光己亥（1839）秋日，仁和邵蕙西孝廉懿辰見余《曝書雜記》，知欲訪求鄔氏《蔡傳音釋》，以明正統本《書集傳》借讀。既鈔音釋於別冊，乃以此本校核正文、傳文。他事間斷，至庚子（1840）季夏四日甫畢讀舊書。生記於海昌學舍。[24]

附錄異文（咸豐癸丑（1853）得見至正刻本，亦附著異同。）

〈序〉「二典禹謨」，坊本多誤作「三謨」。朱子實止於〈禹謨〉。正統本不誤。（元至正本作「禹謨」○後凡至正本與正統本同者不著。）

〈禹貢〉「伊洛瀍澗既入於河」，傳云：「瀍水，《地志》云：出河南郡穀城縣瞀亭北」，坊本「瞀」誤「替」。

「過九江至於敷淺原」，傳引《地志》「傅昜山」，坊本「昜」誤「易」。

「五百里荒服」傳云：「或以為禹直方計」，坊本少「為」字。

〈湯誥〉「弗忍荼毒」，傳「如荼之苦，如螫之毒」，坊本作「如毒之螫」。（元至正本作「如毒之螫」，與今本同。）

〈伊訓〉「制官刑」節，傳文「異時太甲」，坊本「異時」

---

24 〔清〕錢泰吉：《甘泉鄉人稿》，卷6，頁1右，總頁293。

作「當時」。

〈盤庚上〉「盤庚敩于民」節，傳文「葢小民患潟鹵墊隘」，坊本「小」作「以」。

〈泰誓上〉「惟十有三年春，大會于孟津」，傳文「尤為無藝」，坊本「藝」作「義」。

更定〈武成〉篇末坊本傳文少百餘字，正統本與《欽定傳說彙纂》所錄同。

〈洪範〉「明作晢曰晢，時燠若」，今本「晢」皆誤「哲」。（至正本亦誤。）

〈金縢〉「惟朕小子其新逆」，坊本「逆」誤「迎」。（至正本作「迎」。）

「史乃冊祝」節，傳文「以紓危急」，今本「紓」作「輸」。（至正本傳文作「輸」，音釋作「紓」。）

〈大誥〉「王若曰：猷大誥爾多邦」，傳文「言我不為天所恤」，今本「不」作「命」。

「紹天明」，傳文「以其可以紹介天明」，今本「明」作「命」。

〈酒誥〉「又惟殷之迪諸臣惟工」，今本「惟」誤「百」。

〈無逸〉「自朝至于日中昃」，今本作「昃」，至正本作「昃」。

〈周官〉「司空掌邦土」，傳文「主國空土」，今本「空」
誤「邦」。

〈康王之誥〉「用端命于上帝」，傳文「文武用受正命于
天」，今本作「天下」，衍「下」字。（至正本亦多「下」
字。）[25]

錢氏根據明正統本《書集傳》，以及咸豐三年（1853）所看到的元
至正本對當時流通的坊本進行校刊。據《甘泉鄉人稿》卷六〈跋影
寫元至正重刊蔡傳凡例〉說：

道光庚子（1840），從仁和邵蕙西部郎懿辰假正統本《書集
傳》錄鄒氏音釋，閱十四年矣。曾寄大梁，請吾兄衎翁刻入
《經苑》，未幾吾兄下世，不果。蔣生沐光煦近得元至正辛
卯雙桂書堂刊本，擬借校一過，忽忽未暇。唐茂午孝廉兆榴
適館余齋，因倩摹重刊凡例一葉，視元本不爽豪髮，足與汲
古閣影寫本頡頏矣。蔡氏《書傳》雖三家村塾皆有之，而窮
經之士，皓首不見音釋，於蔡氏傳文襲俗沿誤者，十蓋八九
也。生沐能倩人摹寫經傳及音釋，依式授梓，加以校勘，俾
家有隨和，豈非盛事！此葉則吾家徑尺之璧也。咸豐三年七
月廿六日識于海昌城東寓廬。[26]

---

25 〔清〕錢泰吉：《甘泉鄉人稿》，卷6，頁1右-2左，總頁293-294。
26 〔清〕錢泰吉：《甘泉鄉人稿》，卷6，頁3右-3左，總頁294。

· 75 ·

可知其所見至正本為雙桂堂刊本。另外，民國學者楊守敬《日本訪書誌補》為元至正二十六年（1366）梅隱精舍刊本所寫的提要，亦根據元本指出通行本經傳文字之差異，他說：

> （〈禹謨〉）「浲水儆予」不作「降」。（據蔡氏注稱「作降者為古文」，則《集傳》本作浲可知。）〈益稷〉「敖虐是作」不作「傲」。〈金縢〉「惟朕小子其新逆」不作「親迎」。（據注知新當作親，是蔡氏訂定之辭，其正文必乃作新逆。作迎者，則又後人臆改。）〈酒誥〉「惟殷之迪諸臣惟工」不作「百工」。〈武成〉一篇有注，〈今攷定武成〉一篇低一格，無注，惟「垂拱而天下治」後夾注十餘行，與今本大異，且增多百餘字。觀此知蔡氏雖改定此篇，猶以舊文為主。今本則兩篇並載注文繁複非注書體。又其注文如〈禹貢〉「九河既道」注「齊威塞八流以自廣」不作「齊桓」（蔡氏避宋諱，自應作威。）[27]

並謂「皆當據以訂正，以還蔡氏之舊」。這些校勘資料皆指向，明清以後所流傳的通行本《書集傳》，文字曾經更動而異於早期的刊本。

　　將上述三種校勘資料作整理，並參照相關的校勘資料，列表如下：

---

27 楊守敬撰，王重民輯：《日本訪書誌補》（《國家圖書館藏古籍題跋叢刊》第 23 冊影印民國 19 年中華圖書館協會北平鉛印本，北京市：北京圖書館出版社，2002），總頁 386。按，楊守敬所見的梅隱精舍本，現藏於臺灣國立故宮博物院。

	底本	陳鱣宋本	元建	楊守敬元梅	德星堂	錢泰吉雙桂堂	說明
01〈序〉「二典禹謨」	禹[28]	x	禹	禹	禹	禹	○坊本多誤作「三謨」 ○嚴校：元刻本、明內府本、明刻本、清傳經堂本作「三」 ○王校：四庫本作「三」，元德星本、日寬文本同底本。 ○世界本：「三」
02〈堯典〉「母囂」傳	未引《呂氏春秋》[29]	引《呂氏春秋》增多十九字	未引《呂氏春秋》	未引《呂氏春秋》	未引《呂氏春秋》	x	○通行本未引《呂氏春秋》 ○嚴、王未出校 ○世界本未引《呂氏春秋》
03〈大禹謨〉「降水儆予」	降[30]	降	降	洚	洚	x	○通行本作「洚」 ○嚴、王未出校 ○世界本：「洚」

---

28 〔宋〕蔡沈：《朱文公訂正門人蔡九峯書集傳》，集傳序，頁2右。

29 〔宋〕蔡沈：《朱文公訂正門人蔡九峯書集傳》，卷1，頁6右-6左。

30 〔宋〕蔡沈：《朱文公訂正門人蔡九峯書集傳》，卷1，頁24左。

							○楊守敬：據蔡氏注稱「作降者為古文」，則《集傳》本作泽可知。
04〈大禹謨〉「夔夔齋栗」	齋[31]	齋	齊	齊	齊	x	○通行本作「齊」 ○世界本：「齊」 ○嚴、王未出校
05〈益稷〉「傲虐是作」	傲[32]	x	傲	敖	敖	x	○通行本作「傲」 ○嚴、王未出校。 ○世界本：傲
06〈益稷〉「州十有二師」	十有[33]	十有	十有	十有	十有	x	○通行本作「有十」 ○嚴、王未出校。 ○世界本：十有
07〈禹貢〉「九河既道」	威[34]	x	威	威	桓	x	○通行本作「桓」 ○楊守敬：蔡氏避宋諱，自

---

31 〔宋〕蔡沈：《朱文公訂正門人蔡九峯書集傳》，卷1，頁27右。

32 〔宋〕蔡沈：《朱文公訂正門人蔡九峯書集傳》，卷1，頁37右。

33 〔宋〕蔡沈：《朱文公訂正門人蔡九峯書集傳》，卷1，頁37右。

34 〔宋〕蔡沈：《朱文公訂正門人蔡九峯書集傳》，卷2，頁5右。

注「齊威塞其八流以自廣」							應作威。○ 嚴校：「威」，明內府本、明官刻本、清傳經堂本作「桓」。○ 王校：「威」，元德星本、書經大全本、四庫本、日寬文本均作「桓」。「桓」是避宋欽宗趙桓諱而作「威」，今據他本改。○ 世界本：「桓」。
08〈禹貢〉「伊洛瀍澗既入於河」傳「瀍水，《地志》云：出河南郡穀城縣瞀亭北」	瞀[35]	x	替	替	瞀	瞀	○坊本「瞀」誤「替」○王作「瞀」，未出校。○嚴作「替」，未出校。○世界本：替

35　〔宋〕蔡沈：《朱文公訂正門人蔡九峯書集傳》，卷2，頁13右。

09 〈禹貢〉「過九江至於敷淺原」傳引《地志》傳「易山」	易[36]	x	易	易	易	易	○坊本「易」誤「昜」。○嚴、王未出校。○世界本：易。
10 〈禹貢〉「五百里荒服」傳云：「或以為禹直方計」	以為[37]	x	以為	以(？)	以為	以為	○坊本少「為」字。○嚴、王未出校。○世界本：「以」
11 〈湯誥〉「弗忍荼毒」傳「如荼之苦，如毒之螫」	如毒之螫[38]	x	如毒之螫	如毒之螫	如毒之螫	如毒之螫	○坊本作「如毒之螫」○明正統本作「如螫之毒」○嚴、王未出校。○世界本：「如毒之螫」
12 〈伊訓〉「制官刑」	異[39]	x	異	異	異	異	坊本「異時」作「當時」。○嚴未出校。

36 〔宋〕蔡沈：《朱文公訂正門人蔡九峯書集傳》，卷2，頁20左。

37 〔宋〕蔡沈：《朱文公訂正門人蔡九峯書集傳》，卷2，頁28左。

38 〔宋〕蔡沈：《朱文公訂正門人蔡九峯書集傳》，卷3，頁7左。

39 〔宋〕蔡沈：《朱文公訂正門人蔡九峯書集傳》，卷3，頁12右。

節傳「異時太甲」						○王校：四庫本作「當」。 ○世界本：「當」
13〈盤庚上〉「盤庚斅于民」節傳「蓋小民患淊鹵墊隘」	小[40]	x	小	小	小	小	○坊本「小」作「以」。 ○王誤作「以」，未出校。 ○嚴未出校。 ○世界本：「以」
14〈泰誓上〉「惟十有三年春，大會于孟津」傳「尤為無藝」	藝[41]	x	義	藝（？）| 藝	藝	○坊本「藝」作「義」。 ○嚴未出校。 ○王校：四庫本作「義」。 ○世界本：「義」
15〈泰誓中〉「無辜籲天」	籲[42]	籲	籲	籲	籲	x	○通行本作「籲」。 ○嚴、王未出校。 ○世界本：

---

40 〔宋〕蔡沈：《朱文公訂正門人蔡九峯書集傳》，卷3，頁23右。

41 〔宋〕蔡沈：《朱文公訂正門人蔡九峯書集傳》，卷4，頁2右。

42 〔宋〕蔡沈：《朱文公訂正門人蔡九峯書集傳》，卷4，頁5右。

							「籲」
16〈武成〉「師渡孟津」	渡[43]	逾	渡	渡	渡	x	○底本正文作「渡」、〈今攷定武成〉作「逾」，前後不一致。○通行本作「渡」。○嚴未出校。○王皆作「逾」，未出校。○世界本：「逾」
17〈今攷定武成〉	無注「垂拱而天下治」後夾注共增多今本百餘字[44]	無注「垂拱而天下治」後夾注，增多今本百餘字	無注「垂拱而天下治」後夾注，增多今本百餘字	無注「垂拱而天下治」後夾注，增多今本百餘字	無注「垂拱而天下治」後夾注，增多今本百餘字	「垂拱而天下治」後夾注，增多今本百餘字	○通行本有注 ○「垂拱而天下治」後夾注，坊本傳文少百餘字，正統本與《欽定傳說彙纂》所錄同。○嚴未出校。○王校：四庫

---

43 〔宋〕蔡沈：《朱文公訂正門人蔡九峯書集傳》，卷4，頁13右。

44 〔宋〕蔡沈：《朱文公訂正門人蔡九峯書集傳》，卷4，頁15左-16右。
  夾注文字作：「按，劉氏、王氏、程子皆有改正次序，今參考定讀如此，
  大略集諸家所長。獨『四月』、『生魄』、『丁未』、『庚戌』一節，今
  以上文及《漢志》日辰推之，其序當如此耳。疑先儒以『王若曰』宜繫『受
  命于周』之下，故以『生魄』在『丁未』、『庚戌』之後。蓋不知生魄之

							本無『劉氏所謂闕文，猶當有十數語也。蓋武王革命之初，撫有區夏，宜有退託之詞，以示不敢遽當天命，而求助於諸侯，且以致其交相警勅之意，略如〈湯誥〉之文，不應但止自序其功而已也。「列爵惟五」以下，又史官之詞，非武王之語』一段。」○世界本有注，餘同王校。

日，諸侯百工雖來請命，而武王以未祭祖宗，未告天地，未敢發命，故且命以助祭。乃以丁未、庚戌，祀于郊廟，大告武功之成，而後始告諸侯。上下之交，人神之序固如此也。劉氏謂：『予小子，其承厥志』之下，當有闕文。以今考之，固所宜有。而程子從『恭天成命』以下三十四字屬于其下，則已得其一節。而『用附我大邑周』之下，劉氏所謂闕文，猶當有十數語也。蓋武王革命之初，撫有區夏，宜有退託之詞，以示不敢遽當天命，而求助於諸侯，且以致其交相警勅之意，略如〈湯誥〉之文，不應但止自序其功而已也。『列爵惟五』以下，又史官之詞，非武王之語，讀者詳之。」

18〈洪範〉「明作[哲]」、「曰[哲]，時燠若」	哲[45]	x	[哲]	哲	「明作[哲]」「曰哲，時燠若」	[哲]	○今本「哲」皆誤「哲」。○嚴未出校。○王「明作哲」之「哲」誤作「哲」，「曰哲」之「哲」誤作「晰」，未出校。○世界本：「哲」
19〈金縢〉「史乃冊祝」節傳「以[輸]危急」	輸[46]	x	輸	輸	傳文作「輸」，音釋作「紓」。	傳文作「輸」，音釋作「紓」。	○今本「紓」作「輸」。○嚴、王未出校。○世界本：「輸」
20〈金縢〉「惟朕小子其[新逆]」	新逆[47]	新逆	新逆	新逆	新逆	[新迎]	○通行本作「親迎」。○嚴、王未出校。○世界本：「新迎」
21〈大誥〉王若曰：猷大誥	不[48]	x	不	不	不	不	○今本「不」作「命」。○嚴、王未出校。

45 〔宋〕蔡沈：《朱文公訂正門人蔡九峯書集傳》，卷4，頁19右、24右。

46 〔宋〕蔡沈：《朱文公訂正門人蔡九峯書集傳》，卷4，頁29右。

47 〔宋〕蔡沈：《朱文公訂正門人蔡九峯書集傳》，卷4，頁31左。

48 〔宋〕蔡沈：《朱文公訂正門人蔡九峯書集傳》，卷4，頁33左。

爾多邦」傳「言我不為天所岫」						○世界本:「命」
22〈大誥〉「紹天明」傳「以其可以紹介天明」	明[49]	x	明	明	明	明	○今本「明」作「命」。○嚴未出校。○王:《書傳大全》本、四庫本作「命」。○世界本:「命」
23〈酒誥〉「惟殷之迪諸臣惟工」	惟[50]	惟	惟	惟	惟	惟	○通行本作「百工」○嚴、王未出校。○世界本:「百」○按,《書集傳》傳文解「工」作「百工」,「惟」應是發語詞,故無解釋。通行本或據傳文誤改經文。

49　〔宋〕蔡沈:《朱文公訂正門人蔡九峯書集傳》,卷4,頁34右。
50　〔宋〕蔡沈:《朱文公訂正門人蔡九峯書集傳》,卷4,頁52左。

24〈酒誥〉「弗讃乃事」	乃[51]	乃	乃	乃	乃	x	○通行本作「汝」 ○嚴、王未出校。 ○世界本：「乃」
25〈無逸〉「自朝至于日中昃」	昃[52]	x	昃	昃	昃	昃	○今本作「昃」。 ○嚴、王作「昃」，未出校。 ○世界本：「昃」
26〈君奭〉「越我民罔尤違」	越[53]	越	越	越	越	x	○通行本作「曰」 ○嚴、王未出校。 ○世界本：「越」
27〈周官〉「司空掌邦土」傳「主國空土」	空[54]	x	空	空	空	空	○今本「空」誤「邦」。 ○世界本：「邦」 ○嚴、王未出校。

51　〔宋〕蔡沈：《朱文公訂正門人蔡九峯書集傳》，卷4，頁53右。
52　〔宋〕蔡沈：《朱文公訂正門人蔡九峯書集傳》，卷5，頁21左。
53　〔宋〕蔡沈：《朱文公訂正門人蔡九峯書集傳》，卷5，頁35左。
54　〔宋〕蔡沈：《朱文公訂正門人蔡九峯書集傳》，卷6，頁3右。

28〈康王之誥〉「用端命于上帝」傳「文武用受正命于天下」	天下[55]	x	天下	天下	天下	天下	○今本作「天下」,衍「下」字。 ○正統本作「天」 ○世界本:「天下」 ○嚴、王未出校。
29〈費誓〉「勿敢越逐」	勿[56]	勿	勿	勿	勿	x	○通行本作「無」 ○世界本:「無」 ○嚴、王未出校。

　　根據上表,三位學者共計提出二十九則異文的記錄。為了說明問題,我們加入〔元建〕、〔元德星堂〕、〔世界〕三種本子的文字參照,並將嚴文儒和王春林對這些經傳文字的校勘成果一併列入表中。綜合這些材料,關於宋版《書集傳》與後來傳世版本的異文以及異文的研究成果,可以注意的有下列幾點:

　　(一)陳鱣所列出的異文共十二則,其中有兩處與《朱文公訂正門人蔡九峯書集傳》不同。一是 02 陳鱣所見的〈堯典〉「母囂」傳引《呂氏春秋》增多十九字,而《朱文公訂正門人蔡九峯書集傳》

55　〔宋〕蔡沈:《朱文公訂正門人蔡九峯書集傳》,卷 6,頁 16 左。
56　〔宋〕蔡沈:《朱文公訂正門人蔡九峯書集傳》,卷 6,頁 36 左。

與其他諸本皆沒有這十九字。[57]由於陳鱣並未記錄這十九字的具體
內容，無從加以驗證，故對此異文，只能存疑。而由諸本皆沒有這
十九字的情況，不能排除陳氏誤記的可能。二是 16〈武成〉「師
渡孟津」之「渡」作「逾」。《朱文公訂正門人蔡九峯書集傳》與
諸元本〈武成〉之經文皆作「師渡孟津」，而〈改定武成〉則皆作
「師逾孟津」。陳鱣所見宋本以及後來作「逾」的本子，應當是將
二者文字統一的結果。從比例上看，從陳氏所列舉的十二則異文之
中只有二則與《朱文公訂正門人蔡九峯書集傳》不同，可推知宋代
刊行的《書集傳》雖已存在異文，並不如元代以後刊本嚴重。而如
第一章所言，參與〔底本〕的校刻者多是蔡沈的後人與學生，應當
是最能呈現蔡沈《書集傳》原貌的本子。

　　（二）《書集傳》在元代諸版本，雖然個別文字的差異已相當
多，但真正造成意義出現重大差異的異文，數量卻不太多。所引四
種元代刊本，計有第 03、04、05、07、08、09、10、14、16、18、
19、20、25 共十三則的文字出現異於宋版的情形。換言之，明清
時期出現的異文，有十四則。可見隨著時間的延續，異文有增多的
趨勢。

　　（三）分析這些異文，有些應當是異體字造成的，如第 18 則
的「晢」與「晳」，在〔元建〕的經文皆作「晢」，但在注解的傳
文則作「晳」。這種經文與傳文分別用不同的寫法，在《朱文公訂
正門人蔡九峯書集傳》已是如此（「晳」在經文、傳文皆作「晳」），

57　筆者所見臺灣國家圖書館所藏明代刊本《書集傳》也都沒有這多出的十九
　　字。

如「協」與「協」、「昏」與「昬」、「沉」與「沈」、「考」與
「攷」、「答」與「荅」、「怪」與「恠」等等皆是如此。嚴格來
說，這種情形只要弄清刻書者的用字習慣，不必視為異文。所以表
中 04 的「齋」與「齊」，15 的「籲」與「顲」，25 的「昊」與「旻」，
26 的「越」與「曰」，皆可視為這種情況而不必出校。也有出於
《書集傳》避宋諱，元代刊本改回本字的，如 07 的「威」與「桓」。
有些則是因字形相近造成的異文，如第 05、08、09 中的「敖」與
「傲」、「暜」與「替」、「易」與「易」。有些則是用同義詞替
代的結果，如 16 的「渡」與「逾」，20 的「逆」與「迎」，24 的
「乃」與「汝」，29 的「勿」與「無」。所以，真正由缺字（10、
28）、乙倒（11）、錯字（13、14）、理解不當（01、12、21、22、
23、27）等造成的異文，只有十一則。這些例子底本幾乎都是正確
的，因此也證實了《朱文公訂正門人蔡九峯書集傳》的內容的確是
最可信據的版本。

（四）03〈大禹謨〉「降水儆予」，楊守敬據蔡沈傳文「作降
者為古文」，判斷《書集傳》原本作「洚」。然除〔元梅〕之外，
諸本皆作「降」。則蔡沈「作降者為古文」之說，很可能只是在標
明今文本和古文本文字的不同，未必表示《書集傳》原本作「洚」。

（五）清代的通行本，除了由異體字、同義字造成的異文外，
最值得注意的是 17〈攷定武成〉注文的問題。個人所見，較早將
加入注文並刪改「垂拱而天下治」後夾注百餘字的版本，有乾隆七
年怡府所刊的《書經集傳》，另外《四庫全書》、《四庫薈要》本
《書經集傳》的〈攷定武成〉，亦皆作了刪改。而國家圖書館善本
書室所藏明代《書集傳》諸刊本，則未經改動。相關的改動，也許

是在明末清初之時。

（六）早期學者的校勘，因相關版本搜羅不易，故錯誤難免。如 11 諸本皆作「如毒之螫」，只有明正統本作「如螫之毒」，而錢泰吉出校。現代學者嚴文儒與王春林的校勘，雖所見版本較多，但有許多地方處理不當，其中又以王春林的問題較為明顯。[58]其中主要有兩種情況，一是王春林的底本文字有誤因而無法出校。如：

> 03「降」，《四庫》本作「洚」，而王春林誤將《朱文公訂正門人蔡九峯書集傳》之文字作「洚」，故未能出校。

> 13「小」，《四庫》本作「以」，而王春林誤將《朱文公訂正門人蔡九峯書集傳》之文字作「以」，故未能出校。

> 16〈武成〉「渡」，〈玫定武成〉作「逾」，《四庫》本皆作「逾」，而王春林誤將《朱文公訂正門人蔡九峯書集傳》之文字皆作「逾」，故未能出校。

> 18〈洪範〉「明作晢」、「曰晢」之「晢」，《四庫》本皆作「哲」，而王春林誤將《朱文公訂正門人蔡九峯書集傳》之文字作「明作哲」、「曰晰」，亦未出校。

一種是校對不當而未發現底本與《四庫》本文字的不同。如：

> 04「齋」，《四庫》本作「齊」。

58　因無法得見嚴文儒所使用的參校本，故無從驗證。但從上一章黃自然跋文的處理，可以看出嚴氏的整理，失誤頗多。詳細的評論，見下一節。

08「朁」，《四庫》本作「替」。

10「以為」，《四庫》本作「以」。

20「新逆」，《四庫》本作「新迎」。

28「天下」，《四庫》本作「天」。

29「勿」，《四庫》本作「無」。

這些例子，王氏的底本文字雖然無誤，卻皆未出校。上面所舉的例子，已多達十則。如果前人早已提出的二十九則異文中，有多達三分之一的校語有問題，則此一校勘成果，實有嚴重的缺失。

二、臺灣所藏三種宋元時期《書集傳》版本的異文現象

為了充分了解後來刊行的《書集傳》對宋版改動的情況，個人曾將〔底本〕與〔宋八〕、〔元建〕、〔元梅〕三本進行對校。其中〔宋八〕為殘本，校對的結果，除了卷首、卷尾相關篇章的標題名稱不完全相同外，主要內容並未出現異文。這裏僅自〔元建〕、〔元梅〕之中舉證，以補充說明元刊本改動《書集傳》經、傳文字的問題。

（一）〔元建〕〔元梅〕一致，而與〔底本〕的文字不同

綜合校勘的成果，除去像〔底本〕「底」〔元建〕〔元梅〕作「底」，〔底本〕「趨」〔元建〕〔元梅〕作「趍」，〔底本〕「疏」〔元建〕〔元梅〕作「踈」等因文字異體所造成的差異外，最常見的情況為〔元建〕〔元梅〕兩本的文字一致，卻與〔底本〕的文字

不同。其中，值得注意的兩種情況，一是〔元建〕〔元梅〕較〔底本〕出現許多增加字，如：

　　○〈堯典〉〔底本〕　　　蔡傳「一月而與日┃會┃」[59]
　　　　　　〔元建〕〔元梅〕作「一月而與日┃一會┃」

　　○〈堯典〉〔底本〕　　　蔡傳「┃餘分之積┃五千九百八十八」[60]
　　　　　　〔元建〕〔元梅〕作「┃餘分之積又┃五千九百八十八」

　　○〈堯典〉〔底本〕　　　蔡傳「九百四十┃而得六┃」[61]
　　　　　　〔元建〕〔元梅〕作「九百四十┃而一得六┃」

　　○〈堯典〉〔底本〕　　　蔡傳「則三十二日九百四十分日之┃六百一┃」[62]

　　　　　　〔元建〕〔元梅〕作「則三十二日九百四十分日之┃六百單一┃」

　　○〈舜典〉〔底本〕　　　蔡傳「天子巡守，則有『協時┃月┃』以下等事」[63]

59　〔宋〕蔡沈：《朱文公訂正門人蔡九峯書集傳》，卷1，頁2右。按，本文校勘資料，只注〔底本〕的卷、頁數。〔元建〕〔元梅〕二本，因筆者從事校勘時，以微片、微卷為基礎，直接將異文錄出，故無法一一注明卷、頁數。

60　〔宋〕蔡沈：《朱文公訂正門人蔡九峯書集傳》，卷1，頁4右。

61　〔宋〕蔡沈：《朱文公訂正門人蔡九峯書集傳》，卷1，頁4右。

62　〔宋〕蔡沈：《朱文公訂正門人蔡九峯書集傳》，卷1，頁4左。

63　〔宋〕蔡沈：《朱文公訂正門人蔡九峯書集傳》，卷1，頁12右。

〔元建〕〔元梅〕作「天子巡守，則有『協時 月 日 』以下等事」

二是在文意不變的前提下改成另一個字（非異體字），如：

○〈舜典〉〔底本〕　　蔡傳「今文合于〈堯典〉， 而 無篇首二十八字」[64]

　　　　〔元建〕〔元梅〕作「今文合于〈堯典〉 篇 ，無篇首二十八字」。

○〈舜典〉〔底本〕　　蔡傳「誠信而 充 實」[65]

　　　　〔元建〕〔元梅〕作「誠信而 篤 實」

○〈舜典〉〔底本〕　　蔡傳「使 其 優柔浸漬」[66]

　　　　〔元建〕〔元梅〕作「使 之 優柔浸漬」

○〈舜典〉〔底本〕　　蔡傳「古 者 多以其所能為名」[67]

　　　　〔元建〕〔元梅〕作「古 名 多以其所能為名」

這類異文，無論是增字或改用同義字，大多不涉及傳文文意的差異。由於〔底本〕是由蔡沈的兒子蔡杭與呂遇龍合作刊行，若非校勘不精造成的錯誤，此本傳文的文字或許應當較接近蔡沈《書集傳》原

64　〔宋〕蔡沈：《朱文公訂正門人蔡九峯書集傳》，卷1，頁7右。
65　〔宋〕蔡沈：《朱文公訂正門人蔡九峯書集傳》，卷1，頁7左。
66　〔宋〕蔡沈：《朱文公訂正門人蔡九峯書集傳》，卷1，頁15左。
67　〔宋〕蔡沈：《朱文公訂正門人蔡九峯書集傳》，卷1，頁16右。

稿的面貌。故〔元建〕〔元梅〕兩本這類異文,可視為元代刊刻者對傳文文字的潤色。

(二)〔元建〕〔元梅〕錯誤,〔底本〕不誤之例

另外,有些異文,顯然是〔元建〕〔元梅〕的錯漏造成的。如:

○〈禹貢〉〔底本〕　　蔡傳「水出太山武陽之冠石山」[68]

　　　　　　〔元建〕〔元梅〕作「水出太公武陽之冠石山」

○〈禹貢〉〔底本〕　　蔡傳「澧水南注之」[69]

　　　　　　〔元建〕〔元梅〕作「澧水東注之」

○〈洪範〉〔底本〕　　蔡傳「土兼四行」[70]

　　　　　　〔元建〕〔元梅〕作「土兼五行」

○〈多士〉〔底本〕　　蔡傳「商民遷洛者」[71]

　　　　　　〔元建〕〔元梅〕作「商氏遷洛者」

○〈多士〉〔底本〕　　蔡傳「勑正殷命而革之」[72]

　　　　　　〔元建〕〔元梅〕作「勑正殷命而格之」

○〈多士〉〔底本〕　　蔡傳「明致天罰」[73]

68　〔宋〕蔡沈:《朱文公訂正門人蔡九峯書集傳》,卷2,頁8右。

69　〔宋〕蔡沈:《朱文公訂正門人蔡九峯書集傳》,卷2,頁17右。

70　〔宋〕蔡沈:《朱文公訂正門人蔡九峯書集傳》,卷4,頁18左。

71　〔宋〕蔡沈:《朱文公訂正門人蔡九峯書集傳》,卷5,頁14右。

72　〔宋〕蔡沈:《朱文公訂正門人蔡九峯書集傳》,卷5,頁14左。

73　〔宋〕蔡沈:《朱文公訂正門人蔡九峯書集傳》,卷5,頁17左。

〔元建〕〔元梅〕作「明致 大 罰」

○〈顧命〉〔底本〕　　　蔡傳「豐席， 筵 席也。」[74]

　　　　〔元建〕〔元梅〕作「豐席， 筒 席也。」

○《書序》〔底本〕　　　「○咎單作〈明居〉」[75]

　　　　〔元建〕〔元梅〕作「咎單作〈明居〉」

這些例子，都是〔元建〕〔元梅〕兩本出現共同的錯誤，而〔底本〕卻不誤的情形。由此，或可推測〔元建〕〔元梅〕兩本可能有相承的關係，或者二本可能有相近的底本依據，而該底本在這些地方本來就是錯的。至於〔元建〕〔元梅〕與〔底本〕之間，應沒有直接的相承關係。

（三）〔底本〕錯誤，〔元建〕〔元梅〕不誤之例

由於〔底本〕是目前所能看到的《書集傳》最早刻本，故一般而言，學者對此本的評價皆相當高。然而，經由實際的校對，發現不少〔底本〕缺誤，〔元建〕〔元梅〕卻不誤的情況。如：

○〈堯典〉〔底本〕　　　蔡傳「 春夏 致日」[76]

　　　　〔元建〕〔元梅〕作「 冬夏 致日」

○〈禹貢〉〔底本〕　　　蔡傳「〈 齊二 堂記〉」[77]

74　〔宋〕蔡沈：《朱文公訂正門人蔡九峯書集傳》，卷6，頁11左。

75　〔宋〕蔡沈：《朱文公訂正門人蔡九峯書集傳》，書序，頁3右。

76　〔宋〕蔡沈：《朱文公訂正門人蔡九峯書集傳》，卷1，頁2左。

77　〔宋〕蔡沈：《朱文公訂正門人蔡九峯書集傳》，卷2，頁25左。

〔元建〕〔元梅〕作「〈齊州二堂記〉」

○〈仲虺之誥〉〔底本〕　　蔡傳「梁惠王問孟子」[78]

〔元建〕〔元梅〕作「齊宣王問孟子」

○〈召誥〉〔底本〕　　蔡傳「越三日庚戌」[79]

〔元建〕〔元梅〕作「越三日庚戌」

○〈多士〉〔底本〕　　蔡傳「既諾成王留治于洛之後」[80]

〔元建〕〔元梅〕作「既誥成王留治于洛之後」

○〈君奭〉〔底本〕　　「襄我一人」[81]

〔元建〕〔元梅〕作「襄我二人」

尤其值得注意的是，〔底本〕竟然出現「漏句」的情形：

○〈益稷〉〔底本〕　　蔡傳「廣尺深尺曰畎，□廣二尋深二仞曰澮」[82]

〔元建〕〔元梅〕作「廣尺深尺曰畎，一同之間，廣二尋深二仞曰澮」

78　〔宋〕蔡沈：《朱文公訂正門人蔡九峯書集傳》，卷3，頁3左。

79　〔宋〕蔡沈：《朱文公訂正門人蔡九峯書集傳》，卷5，頁1左。

80　〔宋〕蔡沈：《朱文公訂正門人蔡九峯書集傳》，卷5，頁14右。

81　〔宋〕蔡沈：《朱文公訂正門人蔡九峯書集傳》，卷5，頁30右。

82　〔宋〕蔡沈：《朱文公訂正門人蔡九峯書集傳》，卷1，頁33左。

○〈胤征〉〔底本〕 　　蔡傳「明義和黨惡之罪，猶為禮樂

　　　　　　　　　　征伐之自天子出也。」[83]

　　　〔元建〕〔元梅〕作「明義和黨惡之罪，然當國

　　　　　　　　　　命中絕之際，而能舉師伐罪，

　　　　　　　　　　猶為禮樂征伐之自天子出也。」

這兩個例子，〔元建〕〔元梅〕兩本的文意皆較〔底本〕完足，不太可能是元刊本擅自增入。造成上述情況的原因可能是〔底本〕校勘不精或所據原稿本即有誤所造成，而元刊本在這些地方校勘較為精善。若參照前文所列舉〔元建〕〔元梅〕一致而與〔底本〕的文字不同的情況，元人在刊刻《書集傳》時，對相關內容曾予以校改，大抵是可以確定的。比較有趣的是，〔元建〕〔元梅〕的修改，有因朝代不同（宋、元），地方行政區域的改變造成的文字調整，如：

○〈禹貢〉〔底本〕 　　蔡傳「至今青州博興縣入海。……

　　　　　　　　　　本朝樂史……」[84]

　　　〔元建〕 　　作「至今青州博興縣入海。……宋

　　　　　　　　　　樂史……」

　　　〔元梅〕 　　作「至青州博興入海。……宋樂

　　　　　　　　　　史……」

《元史·地理志》：

---

83 〔宋〕蔡沈：《朱文公訂正門人蔡九峯書集傳》，卷2，頁34右。
84 〔宋〕蔡沈：《朱文公訂正門人蔡九峯書集傳》，卷2，頁25右。

博興州，唐博昌縣。後唐改博興。宋屬青州。金屬益都府。
元初升為州。[85]

〔元建〕的刊刻時間應在元初博興升為州之前，所以只將樂史之「本朝」改為「宋」，博興則仍稱縣。〔元梅〕之刊刻時間在元順帝至正二十六年（1366），皆在博興升為州之後，所以將「今青州博興縣」改為「青州博興」，不再稱縣，亦不稱「今」。據此，〔元建〕可確定為元朝初年的刊本，刊行時間早於〔元梅〕。[86]

（四）〔元建〕〔元梅〕不同的例子

從前面所引用的例子可以發現，相較於〔底本〕，〔元建〕、〔元梅〕這兩種元刊本基本上較為接近；不過，兩者之間還是有許多差異，尤其是相對有較多的例子是〔底本〕與〔元建〕一致，卻異於〔元梅〕。如：

○〈大禹謨〉〔底本〕〔元建〕蔡傳「今舜命禹」[87]
　　　　　　　〔元梅〕　作「今舜命之」

○〈益稷〉〔底本〕〔元建〕　　「傲虐是作」[88]
　　　　　　〔元梅〕　作「敖虐是作」

85　〔明〕宋濂等撰；楊家駱主編：《新校本元史并附編二種》（臺北市：鼎文書局，1990），頁 1372。

86　按，〔元德星堂〕本此段文字作「至青州博興入海。……宋朝樂史……」（卷 2，頁 23 左）〔元德星堂〕本刊刻時間為至正十一年（1351），時間晚於〔元建〕，故文字亦改為「宋朝樂史」。

87　〔宋〕蔡沈：《朱文公訂正門人蔡九峯書集傳》，卷 1，頁 25 右。

88　〔宋〕蔡沈：《朱文公訂正門人蔡九峯書集傳》，卷 1，頁 37 右。

○〈禹貢〉〔底本〕〔元建〕蔡傳「無不 會同 而各有所歸」[89]

〔元梅〕 作「無不 曾問 而各有所歸」

○〈太甲中〉〔底本〕〔元建〕 「視乃 厥 祖」[90]

〔元梅〕 作「視乃 烈 祖」

○〈武成〉〔底本〕〔元建〕蔡傳「之 三 等也」[91]

〔元梅〕 作「之 二 等也」

○〈旅獒〉〔底本〕〔元建〕蔡傳「犬 如 人心可使者」[92]

〔元梅〕 作「犬 知 人心可使者」

○〈旅獒〉〔底本〕〔元建〕 「罔以盡 人 心」[93]

〔元梅〕作「罔以盡 其 心」

○〈金縢〉〔底本〕〔元建〕 「三壇同 墠 」[94]

〔元梅〕作「三壇同 壇 」

○〈君奭〉〔底本〕〔元建〕蔡傳「蓋敘其所已然而勉 其所 未至，亦人所說而從者也。」[95]

89 〔宋〕蔡沈：《朱文公訂正門人蔡九峯書集傳》，卷2，頁26左。
90 〔宋〕蔡沈：《朱文公訂正門人蔡九峯書集傳》，卷3，頁16右。
91 〔宋〕蔡沈：《朱文公訂正門人蔡九峯書集傳》，卷4，頁14右。
92 〔宋〕蔡沈：《朱文公訂正門人蔡九峯書集傳》，卷4，頁26右。
93 〔宋〕蔡沈：《朱文公訂正門人蔡九峯書集傳》，卷4，頁26左。
94 〔宋〕蔡沈：《朱文公訂正門人蔡九峯書集傳》，卷4，頁28左。
95 〔宋〕蔡沈：《朱文公訂正門人蔡九峯書集傳》，卷5，頁30左。

　　　　　　〔元梅〕　作「蓋敘其所已然而勉所說
　　　　　　　　　　　　而從者也。其所未至亦人」

○〈呂刑〉〔底本〕〔元建〕蔡傳「以屬神火正黎」[96]
　　　　　　〔元梅〕　作「以屬神北正黎」

上述例子，大部分當是因〔元梅〕的錯誤造成的。最明顯的一例是
〈君奭〉傳文「其所未至，亦人所說而從者也」在〔元梅〕中竟錯
亂成「所說而從者也。其所未至亦人」。只有少數情況是〔底本〕
與〔元梅〕一致，而異於〔元建〕，如：

○〈舜典〉〔底本〕〔元梅〕蔡傳「黃鍾之龠，所容千二百
　　　　　　　　　　　　黍」[97]
　　　　　　〔元建〕　作「黃鍾之龠，所容千三百
　　　　　　　　　　　　黍」

○〈禹貢〉〔底本〕〔元梅〕蔡傳「中央豐以黃土」[98]
　　　　　　〔元建〕　作「中央疊以黃土」

相對於〔元梅〕本，〔元建〕還是比較接近〔底本〕。較晚刊行的
〔元梅〕，在刊刻的過程中，又增加許多錯誤，顯見這個版本的校
刻並不理想。

96　〔宋〕蔡沈：《朱文公訂正門人蔡九峯書集傳》，卷6，頁27左。
97　〔宋〕蔡沈：《朱文公訂正門人蔡九峯書集傳》，卷1，頁11右。
98　〔宋〕蔡沈：《朱文公訂正門人蔡九峯書集傳》，卷2，頁8左。

（五）〔底本〕〔元建〕〔元梅〕三者皆不同的例子

當然，仍有少數材料呈現出三種版本的文字皆不一致的情形。如：

○〈益稷〉〔底本〕蔡傳「舉 小大 以包其餘」[99]

　　　　　　〔元建〕　作「舉 一大 以包其餘」

　　　　　　〔元梅〕　作「舉 一小一大 以包其餘」

○〈禹貢〉〔底本〕蔡傳「言其 叢生而 積也」[100]

　　　　　　〔元建〕　作「言其 叢生而 積也」

　　　　　　〔元梅〕　作「言其 積生而 積也」

○〈召誥〉〔底本〕蔡傳「言治 民 當先服乎臣也……副貳我周」[101]

　　　　　　〔元建〕　作「言治 人 當先服乎臣也…… 則 貳我周」

　　　　　　〔元梅〕　作「言治 人 當先服乎臣也…… 副 貳我周」

○〈立政〉〔底本〕蔡傳「即 皐陶與禹 九德 之事」[102]

　　　　　　〔元建〕　作「即 皐陶與禹 言九德 之事」

　　　　　　〔元梅〕　作「猶 皐陶與禹 言九德 之事」

99　〔宋〕蔡沈：《朱文公訂正門人蔡九峯書集傳》，卷1，頁33左。
100　〔宋〕蔡沈：《朱文公訂正門人蔡九峯書集傳》，卷2，頁8左。
101　〔宋〕蔡沈：《朱文公訂正門人蔡九峯書集傳》，卷5，頁4右。
102　〔宋〕蔡沈：《朱文公訂正門人蔡九峯書集傳》，卷5，頁41左。

○〈君牙〉〔底本〕蔡傳「日月 為 常，晝日月 於 旌旗也」[103]

〔元建〕　作「日月 為 常，晝日月 為 旌旗也」

〔元梅〕　作「日月 於 常，晝日月 為 旌旗也」

其中，有些情況應該是因為錯字造成的結果。

第三節　四種《書集傳》點校本的缺失

　　《書集傳》在經學史上雖享有盛名，但清代以來並未受到學者重視，以致於一般在引用、研究《書集傳》時，多未注意到版本的選擇。而影響最大的本子，應當是世界書局本。此本，根據一般的介紹資料，多稱其底本為清代的武英殿本。個人所見的四種現代標點本，便有兩種是根據這個版本進行加工的。為了較清楚地說明本書進行《書集傳》研究的資料基礎，這一節將評論這些整理的成果。四個點校本，可分為兩個系統。一是據上海世界書局以國學整理社之名印行的《書經集傳》為底本進行點校：

　　〔宋〕蔡沈注：《新刊四書五經·書經集傳》（北京市：中國書店，1994 年。）

　　〔宋〕蔡沈注，錢宗武、錢忠弼整理：《書集傳》（南京市：鳳凰出版社，2010 年。）

---

103 〔宋〕蔡沈：《朱文公訂正門人蔡九峯書集傳》，卷 6，頁 22 右。

一是前文所提及的兩種以《朱文公訂正門人蔡九峯書集傳》為底本
的點校成果：

    王春林《蔡沈〈書集傳〉校注與研究》

    嚴文儒《朱子全書外編》本

這四個本子，都有許多缺失。說明如下：

一、世界書局本並非善本

以世界書局本為底本進行點校並不恰當。原因除了因世界書局
本幾乎包括了前文述及的通行本文字、資料上的諸多缺失外，更重
要的是世界書局本未曾清楚交代所根據的底本為何。上海古籍出版
社在 1986 年重新影印出版時的「出版說明」說：

> 一九三六年，世界書局據清代武英殿本，將「四書五經」合
> 併影印出版，底本經過優選，版式清晰大方，且加斷句，頗
> 受讀者歡迎。[104]

認為底本為清代武英殿本，然不知此說的根據為何。而頗可注意的
是「合併影印出版」數字。因世界書局所出的書，主要的銷售對象
為學生，不可能將售價訂得太高。為了節省成本，降低售價，先經
過重製加工的手續。世界書局創辦人沈知方之子沈志明後來在臺灣

---

104 〔宋〕蔡沈注：《書經集傳》（上海市：上海古籍出版社，1987）。

重新開設啟明書局，[105]曾經根據早年上海世界書局的本子重印，名
為《五經讀本》。其中的沈志明的說明文字極值得注意：

> 先嚴粹芬閣主知方公，從事文化出版事業，任勞任怨，不厭
> 不倦，垂四十年。公餘之暇，搜集群經，既披覽以自娛，亦
> 刊印以流傳。更念古籍，浩如湮海，鉅著廣軼，盈千累萬，
> 昧然刊佈，厥工既重，售價匪輕，或非一般學子所能購置，
> 爰窮思竭慮，精詳設計，存其全璧，縮減物料，冀以最低廉
> 之售價，嘉惠士林。本書古本《五經》，即為先嚴藏書之一。
> 既已審定版本，聘請宿儒斷句；復又拼湊行次以減篇幅。當
> 斯海內困頓之秋，求書不易，特提前以之付刊，倘亦為學子
> 所樂聞歟？本書之刊印，既以繼先嚴之遺志，亦以廣古書善
> 本之流傳，區區微忱，幸希鑒察。[106]

沈志明並沒有說明版來的來源，僅宣稱為沈知方萃芬閣所藏善本。
然而，如果是真正的善本，在印行時，不應如此含糊帶過。更重要
的是，就算是來源真是善本，一般要突顯善本的價值，往往會用原
書影印的方式以保存相關版式及相關訊息。此書卻經「拼湊行次以
減篇幅」，是經過剪貼重排處理的。如此，便可以很合理地解釋世
界書局本的版式何以字形、避諱、斷句仍保留了清代刻本的特徵，
卻完全不符古書的版式。因為經過剪貼重排的加工，其中有些內容

---

105 啟明書局原本是沈志明在 1936 年上海開設的。後來因時局的變化，到了
臺灣，重新開張。

106 沈知方輯：《五經讀本》（據粹芬閣藏本影印，臺北市：臺灣啟明書局，
1953）。

錯誤，當是出於剪貼不慎所造成的，使得此書不宜視為「善本」。
根據劉景《蔡沈〈書集傳〉訓詁研究》以世界本[107]與文淵閣《四庫
全書》本校勘所提示的資料，其中至少有兩處文句出現明顯的誤
植：

> 〈君奭〉「公曰嗚呼君肆其監……我不以後人迷」傳，原作：
> 「呂氏曰：大臣之位，百責所萃。震撼擊撞，欲其鎮定。辛
> 甘燥濕，欲其調齊。盤錯棼結，欲其解紓。黯闇污濁，欲其
> 茹納。」世界書局本作：「呂氏曰。大臣甘燥濕。欲其調齊。
> 盤錯棼結。欲其解紓。黯闇之位。百責所萃。震撼擊撞。欲
> 其鎮定。辛污濁。欲其茹納。」[108]

傳文中的「之位……定辛」與「甘燥……黯闇」兩段在世界本中誤
倒。（劉景認為這兩段文字為「衍字」，誤。）

> 〈呂刑〉「苗民弗用靈……罔差有辭」傳，原作「於是始過
> 為劓鼻、刵耳、椓竅、黥面之法。於麗法者必刑之，並制無
> 罪，不復以曲直之辭為差別，皆刑之也。」世界書局本作：
> 「於是始過為劓鼻刵耳〔〕竅黥面之必刑之。並制無罪。不復
> 以曲直之法。於麗法者辭為差別。皆刑之也。」[109]

---

107 劉景《蔡沈〈書集傳〉訓詁研究》，頁 8。按，劉氏以世界本為武英殿聚
　　珍本的影印本，亦是不妥的。
108 劉景《蔡沈〈書集傳〉訓詁研究》，頁 108。
109 劉景《蔡沈〈書集傳〉訓詁研究》，頁 116。

傳文中的「法於麗法者」與「必刑之……曲直之」兩段文字在世界本中誤倒。（劉景稱為「倒文」）這應當是在拼湊行次的過程中發生的錯誤。兩種以世界書局本為底本的點校成果，在這兩處竟然皆未發覺文句錯亂，無法讀通，而亂加標點。

　　至於世界書局本所根據的底本，刊刻年代恐怕也不會太早。劉景《蔡沈〈書集傳〉訓詁研究》雖然沒有明確討論世界書局本所據殿本的時間，但他在論文中論及避諱字時，只舉出「玄」、「弘」、「胤」三字。[110]如果以避諱字定刊刻年代，則劉氏應當是認為此本為乾隆年間所刊。然細考全書，「歷」、「顒」字缺筆，「琰」字改字。清仁宗名顒琰，宣宗名旻寧，而此本「寧」字不避諱，刊刻年代必定在嘉慶年間。這個時間，與喬秀岩在〈版本的缺壞或歷史概念的形成〉一文認為世界書局本《五經》的底本是「嘉慶年間揚州鮑氏編刊的《四書五經》，或者是其覆刻本」[111]的判斷相符。可見，這個版本正是陳鱣、錢泰吉、楊守敬諸學者所說的坊本或俗本。以此作為底本，極為不妥。

二、四種點校本的缺失舉例

　　以《朱文公訂正門人蔡九峯書集傳》為底本的兩種點校本，在版本的選擇上自然是沒有問題的。然而在實際點校的失誤上，卻使

110　劉景《蔡沈《書集傳》訓詁研究》，頁 8-9。

111　喬秀岩（橋本秀美）：〈版本的缺壞或歷史概念的形成〉（《中國典籍與文化》2005 年第 4 期（總第 55 期））

得學術價值受到質疑。其實四個整理本都有點校的失誤，由於這並不是本書的重點，這裏僅舉例說明。

依前文的討論，王春林的校語，缺漏頗為嚴重，此處不再舉證。嚴文儒的校語，因其所依據的校本大多藏在上海，臺灣地區無法看到，無法確認是否有嚴重的缺失。然而，校勘一部書最基本的工作除了慎選底本外，對底本的正確掌握是最重要的基礎。前文對王春林校勘工作的批評，有一部分即是來自王氏對底本文字的錯誤處理。同樣地，嚴文儒也有類似的缺失。茲以附錄的標點為例，不僅錯誤相當多，有些甚至極為嚴重。此書附錄一、二，即是《朱文公訂正門人蔡九峯書集傳》卷首及卷末所附的重要資料。其中，標點的錯誤，如：

〈進書集傳表〉「臣無任瞻天望聖，激切屏營之至。」誤斷作：「臣無任，瞻天望聖，激切屏營之至。」[112]

〈淳祐丁未八月二十六日臣抗面對延和殿所得聖語〉「坊中板行已久，蜀中亦曾板行，今家有其書。掠取先臣之緒餘以獻者，亦皆竊陛下官爵。」誤斷作「坊中板行已久，蜀中亦曾板行。今家有其書，掠取先臣之緒餘以獻者，亦皆竊陛下官爵。」[113]

〈贈太師徽國公朱熹與先臣沉手帖〉第一封「但蘇氏傷於簡，林氏傷於繁，王氏傷於鑿，呂氏傷於巧，然其間儘有好處。

---

112 〔宋〕蔡沈撰，〔宋〕朱熹授旨，嚴文儒校點：《書集傳》，頁271。
113 〔宋〕蔡沈撰，〔宋〕朱熹授旨，嚴文儒校點：《書集傳》，頁272。

如制度之屬，秖以疏文為本。」誤斷作「但蘇氏傷於簡，林氏傷於繁，王氏傷於鑿，呂氏傷於巧。然其間儘有好處：如制度之屬，秖以疏文為本。」[114]

第二封：「岐、梁恐須並存眾說，而以晁氏為斷，但梁山證據不甚明白耳。」誤斷作「岐、梁恐須並存眾說，而以晁氏為斷。但梁山證據不甚明白耳。」[115]

第三封：「向董叔重得書亦辨此條，一時信筆答之，謂當從古註說。後來思之，不然。」誤斷作「向董叔重得《書》亦辨此條，一時信筆答之，謂當從古註說，後來思之不然。」

而最嚴重的失誤，是對黃自然跋文的點校。由於此篇以行書刊刻，整理者竟將文中出現的四次人名「自然」皆誤作「聞然」，三次「復」字皆誤作「複」。在斷句上，如：

「獨『主善、協一』之旨，《語錄》所記，若有合於橫渠」誤作「猶『立善、協一』之旨。《語錄》所記，若有合於橫渠」[116]而且，除斷句有誤，更將「獨」字誤作「猶」，「主」字誤作「立」

「若夫〈洪範〉九疇，〔數〕以奇行，五常居中，地本無十，備見於《皇極內外篇》」誤斷作「若夫〈洪範〉九疇，每以

114 〔宋〕蔡沈撰，〔宋〕朱熹授旨，嚴文儒校點：《書集傳》，頁273。

115 〔宋〕蔡沈撰，〔宋〕朱熹授旨，嚴文儒校點：《書集傳》，頁274。

116 〔宋〕蔡沈撰，〔宋〕朱熹授旨，嚴文儒校點：《書集傳》，頁286。

奇行五常居中⌊；地本無十備，見於⌊《皇極》內外篇⌋」[117]而且，除斷句有誤，更將「數」字誤作「每」，亦不知《皇極內外篇》為蔡沈書名。

「主善、協一」出於〈咸有一德〉，只要對照經文，不可能出現錯誤。同樣地，若對蔡沈的背景有基本認識，亦不可能不知道《皇極內外篇》是他的著作。如果該書對點校底本文字的辨識、標點的處理缺失如此嚴重，則整體的點校成果，無法使人信任。

　　另外，《書集傳》既為「集注體」，其中引用的資料相當多。點校整理的責任，至少應將注明出處的資料，予以基本的核對，才能正確地加上標點。這四種點校本，在這個部分皆未能真正落實。例如，〈君奭〉：「公曰：『君奭，我聞在昔……在武丁，時則有若甘盤。』」蔡沈的傳文作：

> 「時則有若」者，言當時其有如此人也。「保衡」，即伊尹也，見〈說命〉。「太戊」，太甲之孫。「伊陟」，伊尹之子。「臣扈」，與湯時臣扈二人而同名者也。「巫」，氏；「咸」，名；「祖乙」，太戊之孫；「巫賢」，巫咸之子也。「武丁」，高宗也。「甘盤」，見〈說命〉。呂氏曰：「此章序商六臣之烈，蓋勉召公匹休於前人也。伊尹佐湯，以聖輔聖，其治化與天無間。伊陟、臣扈之佐太戊，以賢輔賢，其治化克厭天心。自其徧覆言之謂之『天』，自其主宰言之謂之『帝』。《書》或稱『天』，或稱『帝』，各隨所指，

117　〔宋〕蔡沈撰，〔宋〕朱熹授旨，嚴文儒校點：《書集傳》，頁287。

> 非有重輕。至此章對言之，則聖、賢之分而深淺見矣。巫咸
> 止言其『乂王家』者，咸之為治，功在王室，精微之蘊，猶
> 有愧於二臣也。」亡《書》有〈咸乂〉四篇，其乂王家之
> 實歟？巫賢、甘盤而無指言者，意必又次於巫咸也。○蘇氏
> 曰：「殷有聖賢之君七，此獨言五。下文云：『殷禮陟配天』，
> 豈配祀于天者，止此五王，而其臣皆配食於廟乎？在武丁時
> 不言傅說，豈傅說不配食於配天之王乎？其詳不得而聞矣。」
> 118

其中所引呂祖謙的說法，出自呂祖謙《東萊書說》，原書文字作：

> 此章序商六臣之烈，蓋勉召公以匹休於前人也。伊尹之佐湯，
> 以聖輔聖，其治化與天無間，故曰「格于皇天」，言其通於
> 天也。伊陟、臣扈之佐太戊，以賢輔賢，其治化克厭帝心，
> 故曰「格于上帝」，言其通於帝也。自其徧覆包含言之則謂
> 之「天」，自其主宰言之則謂之「帝」。「天」譬則「性」，
> 「帝」譬則「心」，初非二也。凡《書》之或稱「天」或稱
> 「帝」，各隨所指，非有所輕重。至於此章對言之，則見聖
> 賢之分焉。〔……〕巫咸亦太戊之輔相也，不置之伊陟、臣
> 扈之列，止言其「乂王家」，何也？成之為治，功在王室，
> 而精微之蘊，猶有愧於二臣也。119

118　〔宋〕蔡沈：《朱文公訂正門人蔡九峯書集傳》，卷5，頁26左。

119　〔宋〕呂祖謙撰，陳金生、王煦華點校：《東萊書說二種》，頁337-338。

根據這段文字,《書集傳》「呂氏曰」引文的下引號理應在「猶有愧於二臣也」句之後。核對四種點校本,只有王春林的校注在「呂氏曰」之後加上上下引號,其餘三種皆未加引號。(錢宗武、錢忠弼所整理的《書集傳》對緊接著的「蘇氏曰」,便又加了上下引號。)而王春林雖然加了引號,但下引號卻放在「其治化克厭天心」句,顯然並未如實核對呂祖謙的文字。

三、研究底本的判斷與選擇

根據本章的討論,關於後世刊刻《書集傳》對文字改動的大致狀況,以及《朱文公訂正門人蔡九峯書集傳》作為研究依據的價值,可歸結如下:

(一)宋人刊刻的《書集傳》已出現異文。元人在刊刻《書集傳》時,亦曾予以改動。造成異文的原因,除了不影響文義理解的異體字、同義詞外,亦有因誤解蔡沈文義、地理行政區的改變等因素所造成的異文。這些涉及實質文義理解的異文,在《書集傳》的研究上,應予重視。

(二)《朱文公訂正門人蔡九峯書集傳》為現存最早的宋刊本。從內容研究的立場言,此版本應當最接近蔡沈《書集傳》的原貌,可據以校正後來的刊本,並提供後來的刊本所刪略關於《書集傳》成書背景的重要史料,最適合作為研究的依據。

(三)《朱文公訂正門人蔡九峯書集傳》仍有文字上的錯誤,雖無法判斷這些錯誤是蔡沈原稿之誤,抑或是刊刻時校勘不精所造成,在研究、引用上,仍有參照相關版本的必要。

(四)本文所引用的兩種元刊本,在刊刻的時間順序上,〔元

建〕為元初刊本早於〔元梅〕。刊成於元末的〔元梅〕，較〔元建〕
增加了許多錯誤。相對而言，《朱文公訂正門人蔡九峯書集傳》的
經傳文字與〔元建〕較為接近，與〔元梅〕差別較大。楊守敬想根
據〔元梅〕訂正通行本《書集傳》以還蔡氏之舊，是受限於楊氏當
時不易看到《書集傳》早期版本的時空背景下所提出的。時至今日，
研究《書集傳》的條件已較過去成熟方便，應依《朱文公訂正門人
蔡九峯書集傳》來建立研究的基礎。

　　（五）現存的點校本，錯誤頗多。在引用參考時，應特別留意。

第三章 《書集傳》注經體式的淵源

　　大多數研究者在陳述蔡沈的思想時，多未先釐清《書集傳》的注解特性，關注《書集傳》的注經體式以及該體式對經典解釋所帶來的影響，便直接引錄《書集傳》的傳文來闡釋蔡沈的思想。這種作法，其實頗為危險。經書注解思想的研究，往往要比闡明以一般文章形式表現的思想著作更加複雜而困難。因為，注解經典，注解者必定得照應經典原文所帶來的限制，不可能全然自由地發揮他個人的思想。注解者必須在個人思想的發揮、所注解對象的文脈限制、前人的相關理解成果、所預設的讀者等重重限制與訴求中，適應限制並選擇合宜的體式來完成工作。所以，注的內容一方面必須與所注解的經典文字相互牽就，不可能任意發揮；同時又必須回應該經典較早的權威注解所提出的理解問題。注解者所選擇的注解體式，很可能代表了注解者對經書、經書注解、注經傳統等問題的思考與回應。忽視注經體式，很可能便無法適切地掌握注解者的思想。而且，從學派所選擇的注經體式言，蔡沈《書集傳》所採取的注經體式與朱熹的《詩集傳》、《論語集注》、《孟子集注》、《楚辭集注》相似；與呂祖謙所著的《呂氏家塾讀詩記》亦有密切的關係。

若全面地觀察朱子和呂祖謙後學的經書注解，例如陳大猷《書集傳》、張洽《春秋集解》等，亦可以發現他們頗有共識地採用類似的注經體式來進行經書的詮釋。可見這樣的體式選擇，很可能是出於注解者乃至其所屬學派自覺反省的結果。因此，研究者除了可以從注解的內文展示注解者的思想內涵外，應注意到注解者所選擇的注解體式本身，很可能即隱含了思想意義。當我們將這些條件納入經書注解研究，乃至試圖闡明該經注的思想內涵時，便不能無視於這些看似僅是注解形式的問題。闡明經注體式以及體式背後所代表的內涵，將有助於更深切地了解該注解。

本章企圖說明蔡沈《書集傳》的注經體式與朱熹、呂祖謙幾部經書注解體式之間的關係，並以與蔡沈《書集傳》同名，在學派上屬於呂祖謙系統的陳大猷《書集傳》體式的比較與參證，說明蔡沈選擇「集傳」這一種體式，與朱子學派的經注立場有關。

第一節　「集注體」的特徵與傳統

經書作為中國文化的重要基礎，累積了大量的注解。因此，在經書注解的傳統上，很早便已出現集合諸家的意見彙於一書的「集注」（或稱「集解」、「集釋」）的注經體式。由於這類經注以滙集諸家之說的形式進行注解，其突出的資料特徵極易成為讀者所關注的重心，卻也因此掩蓋了這類注解除了匯集資料之外的其它特色與價值。然而，也有些讀者在面對這類經注時，逕以一般經書的傳、注來處理，而忽視這類經注體式的特殊性。這兩種情況，皆無法合宜地評價經學史上曾經大量出現的「集注體」經注的意義。

　　一般的訓詁學或文獻學著作在論及注解的體式時，對「集注體」的說明，皆相當一致。[1]例如張舜徽《中國古代史籍校讀法》說：

> 這是薈粹眾說的傳注體例。像魏何晏的《論語集解》、范寧的《春秋穀梁傳集解》，都是「集諸家之說，記其姓名；有不安者，頗為改易」（此四語，出何氏《論語集解序》）後世「集解」、「集注」、「集釋」、「集說」一類的寫作，都是由此發展起來的。[2]

趙振鐸《訓詁學綱要》說：

> 魏晉南北朝，由於前代的注釋繁多，出現了更多彙總各家解釋的集解。何晏的《論語集解》就收集了孔安國、包咸、馬融、鄭玄、王肅等人對《論語》的解釋。「集諸家之善說，記其姓名，有不妥者，頗為改易。」南朝宋裴駰的《史記集解》也收錄了前代對《史記》的一些解釋。有人認為東漢末年應劭有《漢書集解》，顏師古考訂，那是晉朝初年臣瓚作的。後世的集注、集解、集釋都屬於這種體裁。[3]

1　一般而言，「集注體」經注，包括兩種類型。一是如本文所著重探討的，以集錄諸家之說而成的注解形式。另外一種，則是像杜預《春秋經傳集解》將《春秋》經和《左傳》編排在一起，亦寫以「集解」之名。第二種「集解」，不在本書的討論範圍之內。

2　張舜徽著：《中國古代史籍校讀法》（臺北市：里仁書局，2000），頁50。

3　趙振鐸著：《訓詁學綱要 （修訂本）》（成都市：巴蜀書社，2003），頁33。

又如王寧《訓詁學》說：

> 集解（或稱集注、集釋）類注釋也產生於南北朝時期。這種
> 注釋體由注釋者匯輯諸家對同一典籍的解釋，權衡取捨，間
> 出己意。……集解的特點是博採眾家之長，使讀者對各家注
> 釋一目了然，其中還可能發現已佚注本的內容。[4]

其中皆提及兩個重點：一是這類注解體式大約出現在魏晉南北朝。[5]
二是指出「集注體」的體式特徵，為集錄各家說解為一書，集注者

4　王寧主編：《訓詁學（第2版）》（北京市：高等教育出版社，2010），
　　頁47。

5　關於「集注體」的出現時間，周大璞指出：「焦循《孟子正義》以為始於
　　鄭玄的《周官注》。他說：『鄭於《三禮》詳說之矣，乃《周官》本杜子
　　春、鄭司農而討論之，則又後人集解之先聲也。』按：《公羊傳》引子沈
　　子、子司馬子、子女子、北宮子、高子、魯子之言，毛亨《詩詁訓傳》引
　　仲梁子、高子、孟仲子之言，都是稱引師說以解經，已經為集解、集注開
　　闢了道路，可見它的由來遠在鄭玄以前。」說見周大璞著：《訓詁學要略》
　　（武漢市：湖北人民出版社，1984），頁65。以《公羊傳》、《毛詩詁
　　訓傳》和鄭玄的《周官注》已有引用前人意見進行解釋的例子，認為「集
　　注體」的起源甚早。若就集注體的起源言，此說似乎可以成立。但若視集
　　注為一種經注的「體式」，卻僅以引用前人經說這個條件來作為判斷是否
　　為「集注體」，標準實在太過寬鬆。僅在注文中偶爾引錄了他人的經說，
　　而非有意識地以集錄各家說解為主要的注解形式，不宜視為集注體的經
　　注。如果正常的狀況下，書名是表意的，注解者所賦予的書名代表注解者
　　對他所從事的經注的反省與思考，則書名標舉「集」字來表現注解者集合
　　眾說以成一書的著作意圖，應當是判斷某部經注是否為「集注體」的重要
　　原則。依此原則，雖然不礙我們將「集注體」的起源推向更早的時間，但
　　「集注體」的出現時間，仍以魏晉南北朝較為合理。

在集錄諸家說法時，已對諸家說法有所「權衡取捨」，並於注解中間或加上集注者的個人見解。可見，這類注解體式，從一開始出現於世，注解者便不是將這類經注定位為單純的資料匯集。以現存最早，影響最大的集注體代表作何晏《論語集解》為例，何晏的序文說：

> 前世傳授師說，雖有異同，不為訓解。中間為之訓解，至於今多矣。所見不同，互有得失。今集諸家之善，記其姓名；有不安者，頗為改易，名曰《論語集解》。[6]

所謂「集諸家之善」，意味著他的「集」，並不是沒有擇別地搜輯眾說，故所輯的文字並非資料匯編式地只求資料的完備以及全文照錄。「集」可以視為集解者對所認同的前人說法的選錄。在「集」的選擇過程中，其實已經呈現出集解者對注解對象的理解與判斷。而所謂的「有不安者頗為改易」，更顯示出何晏對於所輯諸說的細部內容，若有不妥之處，亦會根據他對《論語》的體會和理解予以改動。這表示《論語集解》的「集」除表現出何晏重視前人意見的一面，在注解經典的根本立場上，何晏並不忽視自己對《論語》的理解。從研究何晏思想的立場言，我們甚至可以將《論語集解》中所集的諸家解釋，視為何晏在他對《論語》的理解前提下，藉著匯集前人注解的形式「顯現」出來。意即，表面上雖是集諸家之說而

6　〔魏〕何晏集解，〔宋〕邢昺疏：《重刊宋本論語注疏附校勘記》（據清嘉慶 20 年江西南昌府學本影印，臺北市：藝文印書館，1997），語序，頁 5 左，總頁 4。

成，實際上「集」一方面表示所錄諸說與何晏對《論語》的理解一致（至少不相違背），同時亦表示何晏在「集」的同時，「排除」了與他的理念不合的相關注解。因而集注體的經注體式在這種對前人經注的選擇與排除背後，其實隱藏著注解者的思想與觀點。因而集注者思想、觀點、抉擇方式的不同，將導致集注成果的差異。

這種情況，在後世出現的集注體經注，一直是極重要的特徵，亦是古人的共同理解。以清儒朱彝尊《經義考》所著錄的經注中，書名有「集」字的例子來觀察，[7]無論是作者自序或他人的評論，經常可以看到類似的說法。如唐·李鼎祚《周易集解》，自序說：

> 臣少慕玄風，游心墳籍，歷觀炎漢，迄今巨唐；採群賢之遺言，議三聖之幽賾，集虞翻、荀爽三十餘家，刊輔嗣之野文，補康成之逸象，各列名義，共契玄宗。先儒有所未詳，然後輒加添削，每至章句，僉列發揮，俾童蒙之流一覽而悟，達觀之士得意忘言。當仁既不讓於師，論道豈慚於前哲。至如卦、爻、彖、象，理涉重玄，經注文言，書之不盡，別撰索隱，錯綜根萌，音義兩存，詳之明矣。其王氏〈略例〉，得失相參，采葑采菲，無以下體，仍附經末，式廣未聞。凡成一十卷，以貽同好。冀將來君子，無所疑焉。[8]

宋·朱震《漢上易集傳·進易集傳表》：

7　按，集注體經注的書名不一定有「集」字，但以「集」為名的經注，應當最能代表這類體式。

8　〔清〕朱彝尊原著，許維萍等點校，林慶彰等編審：《點校補正經義考》第一冊，卷 14 易 13，頁 305。

以《易傳》為宗，和會雍、載之論，上採漢、魏、吳、晉、元魏，下逮有唐及今，包括異同，補苴罅漏，庶幾道離而復合，不敢傳諸博雅，姑以自備遺忘[9]

宋·林之奇《尚書集解·自序》：

> 竊謂學者之於經，苟不知義之與比，先立適莫於胸中，或以甲之說為可從，以乙之說為不可從，或以乙之說為可從，以甲之說為不可從，如此則私議蜂起，好惡閒然，將不勝其感矣，安能合人心之所同然哉？苟欲合人心之所同然，以義為主，無適無莫，平心定氣，博採諸儒之說而去取之。苟合於義，雖近世學者之說，亦在所取；苟不合於義，雖先儒之說，亦所不取。如此，則將卓然不牽於好惡，而聖人之經旨，將煥然而明矣。[10]

宋·羅惟一《尚書集說》，楊萬里〈序略〉：

> 吾友羅惟一允中撰《尚書集說》，集說者，集諸家之說也。自孔氏疏義而下，八九家與焉。大抵存其大概而通其精微，去其牴牾而合其通達。至於文義自相矛盾者，則又出己見以

9　〔清〕朱彝尊原著，許維萍等點校，林慶彰等編審：《點校補正經義考》第一冊，卷23易22，頁537。

10　〔清〕朱彝尊原著，許維萍等點校，林慶彰等編審：《點校補正經義考》第三冊，卷80書9，頁295-296。

補其缺，易其說以達其意。[11]

諸家皆有類似的說法。因此，簡單地視「集注體」為資料書，或者過度看重「集注體」的資料性，卻忽略了「集」的背後所代表的抉擇、集成的意義，恐怕未能真正掌握這類經注體式的內涵與價值。而忽略「集注體」經注「集」諸家之說的特性，直接以一般注解者以第一序表達其對經典理解成果的方式，理解或批評「集注體」經注，亦不能真正掌握這類注解體式在經典解釋工作的真正意義，故有些學者對集注體的特徵，提出補充說明。如馮浩菲《中國古籍整理體式研究》第二編第二章指出「集解體」為「東漢以下廣為使用的一種注釋體式」，其中對「集眾說以作解」的說明為：

> 凡關於所解原書的一切成說，都可以聚集融會，用來作為同一原文的訓釋。……這類體式有兩個基本的特徵：第一，期於發明文意，不期於纂集資料。因此標準的集解體所集諸說角度不同，互相發明，實為有機的注釋文字，中間也有集解者的識斷。這一點使集解體區別於纂集體。第二，集解體於每解之下所引諸說一般均屬於眾家對同一原文所作的不同訓釋，而不屬於同一原文無關的其它解說。因此屬於集注而不屬於創注。這一點使集解體區別於一般的傳注體。總之，

11　〔清〕朱彝尊原著，許維萍等點校，林慶彰等編審：《點校補正經義考》第三冊，卷 81 書 10，頁 324。

這類集思廣益的體式是集解體的主流，應用最廣。[12]

孫永選、闞景忠《新編訓詁學綱要》也說：

> 總的來看，集解的特點有三：第一，集解所引諸說，大都屬
> 於眾家對同一原文的不同訓釋，它們注解的角度不同，却又
> 能互相發明，互相補充，可以共同構成更完善的新注。第二，
> 集解不是單純追求詳備地纂集各家資料，而是集思廣益，以
> 發明文意為要，因而往往是在辨析比較前人歧說的基礎上擇
> 善而從。第三，對前人注解的不足或缺略又有所補充和發揮，
> 提出自己的新見解。[13]

上述說法，皆已注意到「擇善而從」、「發明文意」才是這類經注
的重心。

　　總體而言，作為古人為經書作注的常用體式，「集注體」最明
顯的特徵，便在於注解者自覺地以採錄諸家之說的方式進行注釋。
雖然一般經注亦可能參考或引用他人之說，但注解者認定其注釋文
字的主體內容係出於注解者個人的詮釋意見，注解的文字亦主要出
於注解者之手。集注體的經注則不然，這類經注的注解文字，主要
採自前人的文字。其中雖然也有注解者自己的意見，但呈現的方式
係出於對前人注解的選擇、改編，以及以按語或評論的方式呈現注

12　馮浩菲著：《中國古籍整理體式研究》（北京市：北京圖書館出版社，
　　1997），頁174。

13　孫永選、闞景忠主編：《新編訓詁學綱要》（濟南市：齊魯書社，2007），
　　頁130。

解者的見解。在注解者的主觀意識上，往往傾向於認定自己是以引錄、融鑄前人之說為主要的注釋形式，因此，注解者的見解隱藏在所引錄諸家文字的背後。研究這類經注，應注意到注解者在進行集注時，如何擇善而從，如何發明文意，才有助於掌握注解者的觀點，使相關的研究，更為深入。

第二節　朱熹、呂祖謙與「集注體」注經體式

以《經義考》為材料，集中地觀察宋代以前經注之書名中，標舉「集」字的經注的名稱有「集注」、「集解」、「集傳」、「集錄」、「集傳」、「集疏」、「集說」等。這類經注，在宋代開始大量出現，顯示宋儒普遍重視前人研究成果的態度。[14]在宋人的相關著作中，與蔡沈《書集傳》的注經體式關係最密切的，當為朱熹和呂祖謙的經注。朱熹與呂祖謙，在學術史的分派上雖被歸為兩個不同的學派，但二人的交往其實非常密切，亦時常相互交流、切磋。在經典注解所採取的體式上，都極重視對前人相關意見的理解和消化，並留下多種「集注體」的經注。呂祖謙影響後世最大的集注體經注，當為晚年所編著的《呂氏家塾讀詩記》，而朱熹則除了《四書章句集注》中的《論語集注》、《孟子集注》外，尚有《詩集傳》。（另外，朱熹尚有《楚辭集注》，雖非經書的注解，亦採集注體。）顯然朱熹和呂祖謙在進行經書注解時，自覺地以集注體作為經注的

---

14 這或許與宋代雕版印刷事業的盛行，書籍流通與取得較前代更為方便有關。

主要體式。只是二人所採的形式並不完全相同：呂祖謙詳細注出所引用每一則材料的出處，其「集注」的特徵較為明顯。朱熹則並未將所錄的每一家說法都清楚注出來源，以致於單從形式上看，較接近於一般注解，有不少學者在進行相關研究時，便忽略了這些經注「集注」的本質。

根據第一章所引錄的黃自然之說，蔡沈《書集傳》處理所引錄諸家說法的體式，主要承自《詩集傳》。現存朱熹的相關著作中，對《詩集傳》的著作體例並未提出明確的說明。然根據呂祖謙和朱熹的通信，《呂氏家塾讀詩記》的編纂，曾以朱熹的《詩集傳》為重要依據。呂祖謙《東萊集》別集卷八〈與朱侍講（元晦）〉：

> 《詩說》止為諸弟輩看，編得詁訓甚詳，其它多以《集傳》為据，只是寫出諸家姓名，令後生知出處。唯太不信〈小序〉一說，終思量未通也。其它受之當能道，已詳語之矣！餘乞為道惢重。[15]

又說：

> 如《詩》解多是因《集傳》，只寫出諸家姓名。縱有增補，亦祇堪曉童蒙耳。[16]

---

15 〔宋〕呂祖謙撰，黃靈庚點校：《東萊呂太史文集》（《呂祖謙全集》第一冊，杭州市：浙江古籍出版社，2008），頁435。

16 〔宋〕呂祖謙撰，黃靈庚點校：《東萊呂太史文集》，頁439。

呂祖謙雖然對朱熹後來不信《詩序》的立場無法贊同，在以「集注」
的方式進行注解這一點，二人卻相當一致，甚至在內容的安排上有
著相當的一致性。朱熹的《詩集傳》曾經多次的修正改寫，《呂氏
家塾讀詩記》所引用的朱氏之說，一般認為即朱熹早年所作的《詩
集解》。《詩集解》今已不傳，然以《呂氏家塾讀詩記》與現存的
《詩集傳》相參照，仍可看出二書之間的密切關聯。[17]朱熹對《詩
經》的解釋，最大的轉變在於對《詩序》的態度——從早年的尊信
《詩序》到後來的不信《詩序》。他曾寫《詩序辨說》來駁正《詩序》
之誤。從《詩序辨說》的內容看，朱熹對《詩序》並非全然地反對。
如〈樛木序〉：「〈樛木〉，后妃逮下也。言能逮下，而無嫉妒之
心焉。」《詩序辨說》：「此《序》稍平，後不注者放此。」[18]〈東
門之墠序〉：「〈東門之墠〉，刺亂也。男女有不待禮而相奔者也。」
《詩序辨說》：「此《序》得之。」[19]可見朱熹雖然不信《詩序》，
但基本的態度仍相當持平，對《詩序》中可取的說法，仍予以表彰。
因此，經過朱熹修訂後的《詩集傳》，雖然改變了他在《詩集解》
中對《詩經》的某些解釋，仍然有一些篇章維持舊說，而與《呂氏
家塾讀詩記》的注解內容有著相當明顯的一致性。如〈秦風·權輿〉，

---

17 郝桂敏《宋代〈詩經〉文獻研究》在體式上將呂祖謙《呂氏家塾讀詩記》
　　歸入「集解體」，而將朱熹《詩集傳》歸入「集傳體」，並認為兩體是不
　　同的。（見郝桂敏著：《宋代〈詩經〉文獻研究》（北京市：中國社會科
　　學出版社，2006），頁 189-198。）但從呂、朱二人的書信以及二書的近
　　似處看，這兩體的區別並不是那麼絕對。

18 〔宋〕朱熹撰，朱傑人點校：《詩集傳》（收於《朱子全書》第壹冊，上
　　海市：上海古籍出版社，2002），頁 354。

19 〔宋〕朱熹撰，朱傑人點校：《詩集傳》，頁 372。

〈小序〉：「〈權輿〉，刺康公也。忘先君之舊臣與賢者，有始而
無終也。」《詩序辨說》於此則無注，符合朱熹「此序稍平」的判
定。此詩，朱熹《詩集傳》於篇題「權輿二章，章五句」說：

> 漢楚元王，敬禮申公、白公、穆生。穆生不嗜酒。元王每置
> 酒，嘗為穆生設醴。及王戊即位，常設。後忘設焉。穆生退
> 曰：「可以逝矣。醴酒不設。王之意怠。不去，楚人將鉗我
> 於市。」遂稱疾。申公、白公強起之曰：「獨不念先王之德
> 歟？今王一旦失小禮，何足至此？」穆生曰：「先王之所以
> 禮吾三人者，為道之存故也。今而忽之，是忘道也。忘道之
> 人，胡可與久處？豈為區區之禮哉！」遂謝病去。亦此詩
> 之意也。[20]

於首章：「於我乎夏屋渠渠，今也每食無餘。于嗟乎，不承權輿！」
朱熹《詩集傳》的傳文作：

> 賦也。夏，大也。渠渠，深廣貌。承，繼也。權輿，始也。
> ○此言其君始有渠渠之夏屋以待賢者，而其後禮意寖衰，供
> 意寖薄。至於賢者每食而無餘，於是歎之。言不能繼其始
> 也。[21]

呂祖謙《讀詩記》的注解作：

> 毛氏曰：夏，大也。孔氏曰：夏屋。王肅云：大屋。崔駰《七

20　〔宋〕朱熹撰，朱傑人點校：《詩集傳》，頁514。
21　〔宋〕朱熹撰，朱傑人點校：《詩集傳》，頁514。

依》說宮室之美云「夏屋渠渠」。蘇氏曰：<u>渠渠，深廣。毛氏曰：承，繼也。權輿，始也。</u>（《釋詁》文。）朱氏曰：<u>言康公其初有渠渠之夏屋以待賢者，而其後待賢之意寖衰，供意寖薄，賢者每食而無餘，於是歎之，言不能繼其始也。</u><u>漢楚元王，敬禮申公、白公、穆生。穆生不嗜酒。元王每置酒，嘗為穆生設醴。及王戊即位，常設。後忘設焉。穆生退曰：「可以逝矣，醴酒不設，王之意怠。不去，楚人將鉗我於市。」遂稱疾。申公、白公強起之曰：「獨不念先王之德歟？今王一旦失小禮，何足至此？」穆生曰：「先王之所以禮吾三人者，為道之存故也。今而忽之，是忘道也。忘道之人，胡可與久處？豈為區區之禮哉！」遂謝病去。此詩其當之矣。</u>[22]

第二章：「於我乎，每食四簋，今也每食不飽。于嗟乎，不承權輿。」朱熹《詩集傳》的作文作：

賦也。簋，瓦器，容斗二升。方曰簠，圓曰簋。簠盛稻粱，簋盛黍稷。四簋，禮食之盛也。[23]

呂祖謙《讀詩記》的注解作：

孔氏曰：<u>簋是瓦器，容斗二升。方曰簠，圓曰簋。簠，稻器</u>

---

22 〔宋〕呂祖謙撰，梁運華點校：《呂氏家塾讀詩記》（《呂祖謙全集》第 4 冊，杭州市：浙江古籍出版社，2008），頁 246。

23 〔宋〕朱熹撰，朱傑人點校：《詩集傳》，頁 514。

也。簋，黍稷器也。朱氏曰：<u>四簋，禮食之盛也。</u>[24]

又如〈鄭風・東門之墠〉第一章：「東門之墠，茹藘在阪。其室則邇，其人甚遠。」朱熹《詩集傳》的傳文作：

> 賦也。東門，城東門也。墠，除地町町者。茹藘，茅蒐也，一名茜，可以染絳。陂者曰阪。門之旁有墠，墠之外有阪，阪之上有草，識其所與淫者之居也。「室邇」、「人遠」者，思之而未得見之詞也。[25]

呂祖謙《讀詩記》的注解作：

> 毛氏曰：<u>東門，城東門也。墠，除地町町者。茹藘，茅蒐也。</u>（孔氏曰：除地去草，故云町町。茅蒐，<u>一名茜，可以染絳</u>。）《爾雅》曰：<u>陂者曰阪。</u>（孔氏曰：陂陀不平而可種者名阪。）朱氏曰：<u>門之旁有墠，墠之外有阪，阪之上有草，</u>誌其所<u>欲奔之處</u>也。「其室則邇，其人甚遠」者，思之切，欲奔而未得間之辭。《釋文》墠作壇，曰：依字當作墠。[26]

第二章：「東門之栗，有踐家室。豈不爾思，子不我即。」朱熹《詩集傳》的傳文作：

> 賦也。踐，行列貌。門之旁有栗，栗之下有成行列之家室。

24　〔宋〕呂祖謙撰，梁運華點校：《呂氏家塾讀詩記》，頁 247。

25　〔宋〕朱熹撰，朱傑人點校：《詩集傳》，頁 477

26　〔宋〕呂祖謙撰，梁運華點校：《呂氏家塾讀詩記》，頁 174。

亦識其處也。即，就也。[27]

呂祖謙《讀詩記》的注解作：

> 毛氏曰：栗，行道上栗。（孔氏曰：「行，謂道也。《左傳》
> 云：『趙武、魏絳斬行栗。』杜預云：『行栗，表道樹。』」）
> 踐，行列貌。（〈伐柯〉傳。）即，就也。朱氏曰：門之旁
> 有栗，栗之下有成行列之家室。亦誌其處也。「豈不爾思，
> 子不我即」，俟其就己而俱往耳。[28]

即使朱熹《詩集傳》對《詩序》整體態度已經改變，從上列例子仍
可以看出《呂氏家塾讀詩記》的確如呂祖謙所說的——「多以《集
傳》為據」。只是朱熹未將所有的引文出處明確標示出來，呂祖謙
則一一予以標明。因此，朱熹〈答潘文叔二〉（1186）亦說：

> 《尚書》亦無他說，只是虛心平氣，闕其所疑，隨力量看教
> 浹洽，便自有得力處，不須預為較計，必求赫赫之近功也。
> 近亦整頓諸家說，欲放伯恭《詩說》作一書，但鄙性褊狹，
> 不能兼容曲徇，恐又不免少紛紜耳。《詩》亦再看舊說，多
> 所未安，見加刪改，別作一小書，庶幾簡約易讀。若詳考，
> 即自有伯恭之書矣。[29]

27　〔宋〕朱熹撰，朱傑人點校：《詩集傳》，頁478。

28　〔宋〕呂祖謙撰，梁運華點校：《呂氏家塾讀詩記》，頁174。

29　〔宋〕朱熹撰，劉永翔、朱幼文點校：《晦庵先生朱文公文集》（參）（收
　　於《朱子全書》第貳拾貳冊，上海市：上海古籍出版社，2002），頁2290。

此信雖是朱子較早的說法，卻可見二人對《詩集傳》和《讀詩記》二書的關係，有共同的默契。另外，亦應注意到，朱熹當時已計畫為《尚書》作注。其所規畫的注解體式，正是「放伯恭《詩說》作一書」，想要兼容並蓄，但卻又自覺地指出自己性格上不易曲徇諸說。朱熹的規畫在當時雖未能完成，卻已為後來命蔡沈所作的《書集傳》為何採「集注體」，提出解釋。而朱熹對自己性格不易曲徇諸說的反省，亦可以作為吾人了解朱、呂二人經注區別的重要參考。從前述朱、呂二人注解體式的近似處著眼，我們對朱熹所未能清楚說明的注解體式，可以從呂祖謙的凡例中得到啟發。[30]對於經注體式的選擇，至少在以朱熹、呂祖謙所代表的學派上，是有特殊意義的。而這也涉及他們對讀經目標、注解目標等問題的思考。（見第五章第一節）

從上面所引錄的例子可以看出，呂祖謙雖然採集注體的注經體式，但他在編排相關注文時，仍要顧及到經注的功能，以及讀者閱讀理解的方便。因此在說解的安排上，一般而言皆先「辨析名物」，進行詞義的解釋，然後才是「敷繹文義」，解釋句義，最後則是敷衍與發揮經旨。這種編排方式，和朱熹《詩集傳》是一致的。

至於呂祖謙《呂氏家塾讀詩記》在卷一「條例」所強調的，是他對前人說法的處理原則。「條例」說：

30　目前對《呂氏家塾讀詩記》注經體式的探討最深入的，當為黃忠慎〈經典的重構：論呂祖謙《呂氏家塾讀詩記》在《詩經》學史上的承衍與新變〉（《清華學報》新 42 卷第 1 期，2002 年 3 月）一文。

01 諸家解定從一說。辨析名物，敷繹文義，可以足成前說者注其下。說雖不同，當兼存者，亦附注焉。

02 諸家解文句小未安者，用啖、趙《集傳》例，頗為刪削。陸淳曰：「啖、趙所取《三傳》之文，皆委曲翦裁，去其妨礙，故行有刊句，句有刊字，實懼曾學《三傳》之人，不達斯意，以為文句脫漏，隨即注之。此則《集傳》之蠹也。」閱此記者亦然。

03 諸家先後，以經文為序。或一章首用甲說，次用乙說，末復用甲說，則再出甲姓氏。

04 經子史傳引《詩》文句與毛氏不同者，各見章末。

05 諸家或未備，頗以己說足之，錄於每條之後，比諸家解低一字寫。[31]

以這五則條例與朱熹《詩集傳》相參照，依序說明二人經注體式之異同：

　　一、呂祖謙希望明白顯現其兼存諸家之說的立論特色，因而在注文中以大小字區別主次。大字為主，小字為對大字的補充，從而形成完整的說法。《詩集傳》對兼存諸家之說的表現企圖較不明顯，而有著比呂祖謙更清楚的個人抉擇傾向。因此，若諸家之說有可以互相補足者，朱熹習慣直接加以綜合，而以如一家之言的方式呈現。

31　〔宋〕呂祖謙撰，梁運華點校：《呂氏家塾讀詩記》，頁 23-24。

如〈東門之墠〉第一章「茹藘」的解釋，呂祖謙先引毛傳，然後用小字引孔氏之言加以補充。朱熹則直接將毛傳和孔氏兩家的解釋融合，而無明顯的主次之別。

　　二、對所集諸家文字，朱、呂二人皆依注解的需要，改動原注的文字。其改動的地方，並非出於隨意的刪削與改寫，而是寓有他們的判斷與見解。所以呂祖謙特別引用陸淳之言，強調「實懼曾學《三傳》之人，不達斯意，以為文句脫漏，隨即注之。此則《集傳》之蠹也。」這些文字的改動，實寓有集注者的用心。「集注體」經注，雖然以集諸家見解為主要的手段，卻不宜簡單視為資料彙編，過度強調其資料性而忽略集注者的思想。

　　三、呂祖謙清楚注出每則資料的來源，朱熹則大多不注。

　　四、呂祖謙於每章之末標注異文，朱熹則不注出。

　　五、呂祖謙個人的意見，置於每條最後，並不與諸家之說相混。這與朱熹往往隨注文加以表露不同。

　　整體而言，朱、呂二人對《詩經》注解所採用的注經體式，有著相近的基調。就朱熹將書名作《詩集傳》，可知他自覺地將自己所作的《詩經》注解歸入「集注體」經注。但朱熹在主觀意識上雖自覺地以「集注體」來進行注解，整體表現上較呂祖謙更趨近於表現個人一家之言的注解形式的經注。

第三節　蔡沈、陳大猷注經體式對朱熹、呂祖謙的繼承

　　朱、呂二人的注經體式對他們的後學影響頗大。以《尚書》的

注解言，現存相關著作中，除了蔡沈《書集傳》在體式上直承朱熹外，屬於呂祖謙一系的陳大猷亦以《書集傳》為名，為《尚書》作注。[32]二人的書名相同，亦同為「集注體」，但二書的區別，一如朱熹、呂祖謙的表現：蔡沈《書集傳》雖以「集傳」為名，但卻以體系一致，文字精簡，貌似一般注解的形式來呈現其內容。根據第一章所引的黃自然之說，這與蔡沈的引書體例仿照朱熹《詩集傳》的體例有關——若完整引用某一家的意見，一定注明姓氏；如果對所引諸說的文字有所改動，乃至加入自己的見解，則不注明姓氏的作法。（蔡沈之所以不仿朱熹代表作《論語集注》、《孟子集注》的體式，卻仿《詩集傳》的原因，很可能是緣於朱熹曾有意仿呂祖謙《呂氏家塾讀詩記》為《尚書》作注的言論有關。）陳大猷《書集傳》則一如呂祖謙《呂氏家塾讀詩記》，注出所引用的每一則材料的來源。依拙著〈陳大猷《書集傳》的解經原則及其意義〉的研究，陳大猷解經：

> 將「並存諸說」的訴求，轉化為積極的解經原則，用以指導經文的實際解釋，使得《書集傳》不僅只是在形式上為集成眾說的「集傳」，更形成「融合諸說以成一說，而由此一說包眾說而無餘」的獨特注經風格。[33]

---

32 陳大猷的學派歸屬，見許華峰：〈陳大猷《書集傳》與《書集傳或問》的學派歸屬問題〉（收於《宋代經學國際研討會論文集》，臺北市：中央研究院中國文哲研究所，2006），頁 229-248。

33 許華峰：〈陳大猷《書集傳》的解經原則及其意義〉（收於《文獻學叢刊——古典文獻的考證與詮釋》，臺北市：臺灣學生書局，2006），頁 121-138。

體式上強調集合眾家注解，但又不只是漫無目標地輯錄眾說而已。
此一精神顯然與呂祖謙一致。陳大猷對《書集傳》注釋體例，亦有
「條例」的說明。「集傳條例」說：

> 01 諸家說依經文為次敘，先訓詁而後及意義。或先用甲說，
> 次用乙說，而後復用甲說者，則再出甲姓氏。大概期使意義
> 貫串，如出一家。間有己意，則以愚曰別之。

> 02 諸家說或未純者，用《呂氏讀詩記》例，行有刊句，句
> 有刊字。或語字未圓者，用朱氏《論孟集註》例，間推其意
> 以改之。至於大意雖是，而語未到，意未全，或得此失彼，
> 難以盡改者，亦不免用《集註》例，以己意更之，而非敢掠
> 他人之美，以為己出也。至於去取之當辨者，則別識於《或
> 問》。

> 03 諸家說意正語全者，大字註於上。其推明可以足上說，
> 及雖非正意而不可遺者，小字疏於下。或立說不同，當並存
> 者，亦附疏之。[34]

相較於呂祖謙的凡例，第 01 則相當於呂祖謙的第 03、05 兩則。陳
大猷指出，其說解的順序為「先訓詁而後及意義」，這一點與朱、

關於陳大猷《書集傳》的價值與注經特色，還可參考陳良中：〈東陽陳大
猷《書集傳》學術價值譾議〉（《圖書情報工作》第 54 卷第 23 期，2010
年 12 月），頁 144-148。

34　〔宋〕陳大猷撰：《書集傳》（收於《續修四庫全書》經部・書類第 42
　　冊，上海市：上海古籍出版社，1995），東齋書序，頁 4 右-4 左，總頁 2。

呂的安排一致。第 02 則相當於呂祖謙的第 02 則。第 03 則相當於呂祖謙的第 01 則。其中，陳大猷的第 02 則將呂祖謙「啖、趙《集傳》例」改為「朱氏《論孟集註》例」。這是因為陳大猷所身處的理宗朝，朱熹的地位崇高，《論孟集註》正是朱熹《四書章句集註》中關於《論語》、《孟子》的注解，而《或問》的安排，亦仿自朱熹的《四書或問》。至於呂祖謙凡例的第 04 則，為呂氏對《詩經》異文的記錄，陳大猷自不必處理。[35]

以二人對〈甘誓〉的注解為例，「大戰于甘，乃召六卿」句，蔡沈的傳文作：

> 「六卿」，六鄉之卿也。按，《周禮‧鄉大夫》：「每鄉卿一人」[36]，六鄉六卿。平居無事，則各掌其鄉之政教禁令，而屬於大司徒。有事出征，則各率其鄉之一萬二千五百人，而屬於大司馬，所謂軍將皆卿者是也。意夏制亦如此。古者四方有變，專責之方伯。方伯不能討，然後天子親征之。天子之兵，有征無戰。今啟既親率六軍以出，而又書「大戰于甘」，則有扈之怙強稔惡，敢與天子抗衡，豈特《孟子》所

---

35 關於陳大猷體例的討論，可參見許華峰：〈陳大猷《書集傳》與《書集傳或問》的學派歸屬問題〉，頁 229-248。

36 《周禮注疏‧地官司徒第二》：「鄉大夫，每鄉卿一人。」賈公彥疏：「鄉大夫每鄉卿一人者，六鄉則卿六人，各主一鄉之事。」（〔漢〕鄭玄注，〔唐〕賈公彥疏：《重刊宋本周禮注疏附校勘記》（據清嘉慶 20 年江西南昌府學本影印，臺北市：藝文印書館，1997），卷 9，頁 2 右-2 左，總頁 138）

謂「六師移之」[37]者。《書》曰「大戰」，蓋所以深著有扈不臣之罪，而為天下後世諸侯之戒也。[38]

這段傳文，先解釋「六卿」，然後發揮天子率軍親征之意。傳文主要取自林之奇《尚書全解》卷十二：

> 案，〔《周禮·夏官》〕大司馬法:「凡制軍，萬二千五百人為軍。王六軍，大國三軍，次國二軍，小國一軍。軍將皆命卿。」「乃召六卿」者，王之六卿皆行也。李子真曰:「此所謂六卿，非自冢宰至於司空之六卿也。《周禮·地官·鄉大夫》:『每鄉卿一人。』蓋王之六鄉別有此六卿，平居無事則各掌其鄉之政教禁令，屬於大司徒。有事出征，則率其鄉之萬二千五百人而為之將，屬於大司馬。所謂軍將皆命卿，即此卿也。若以王朝之六卿，即當用兵之時，大司馬主軍政，冢宰而下無緣亦屬於司馬，故凡戰而言六卿者，皆六鄉之六卿也。」此論得之。六卿皆行而誓師於甘之野，則是天子親

---

37 見《孟子注疏·告子章句下》:「孟子曰:『五霸者，三王之罪人也。今之諸侯，五霸之罪人也。今之大夫，今之諸侯之罪人也。天子適諸侯曰巡狩，諸侯朝於天子曰述職。春省耕而補不足，秋省斂而助不給，入其疆土，地辟田野，治養老尊賢，俊傑在位則有慶，慶以地入其疆土地荒蕪，遺老失賢，掊克在位則有讓，一不朝則貶其爵，再不朝則削其地，三不朝則六師移之，是故天子討而不伐，諸侯伐而不討，五霸者摟諸侯以伐諸侯者也，故曰五霸者三王之罪人也。』」（〔漢〕趙歧注，〔宋〕孫奭疏:《重刊宋本孔子注疏附校勘記》（據清嘉慶 20 年江西南昌府學本影印，臺北市:藝文印書館，1997），卷 12 下，頁 1 右-1 左，總頁 218）

38 〔宋〕蔡沈:《朱文公訂正門人蔡九峯書集傳》，卷 2，頁 29 右。

率六師而征之也。天子親征，六卿各率其鄉之師以從，故其
戰謂之「大戰」，蓋舉國而伐之也。扈之威強，至於舉國而
伐之，是其勢將與京師抗衡而方伯連率之力所不能討。啟之
是行也，社稷之安危，蓋係於此矣。然則其用兵者，豈得已
而不已者乎！[39]

和《尚書全解》在〈小序〉「啟與有扈戰于甘之野，作甘誓。甘誓。」
之注：

啟誓師於甘之野，當是親征至其地也。周希聖曰：「天子之
兵常隱於六鄉，四方有變，專責於方伯。方伯不能討，則天
子親征之。啟與有扈戰於甘之野，是天子親征之。」此說是
也。[40]

按，夏僎《尚書詳解》此處之注解，亦幾乎與林之奇完全相同。[41]
宋人注《尚書》，往往有許多共同的見解，甚至有著相近的說解文

---

39 〔宋〕林之奇：《尚書全解》，卷12，頁2左-3右，總頁6639-6640。
40 〔宋〕林之奇：《尚書全解》，卷12，頁2右，總頁6639。
41 夏僎《尚書詳解》：「《周官》大司馬萬二千五百人為軍。王六軍，大國
三軍，次國二軍，小國一軍。軍將皆命卿，今啟召六卿，則六軍皆行也。
李〔李〕氏謂：『此六卿非自冢宰至司空也。《周禮·地官》：「鄉大夫，
每鄉卿一人。」蓋王之六卿，別有所任，惟此六卿，無事則各掌其鄉之政，
今屬于大司徒。有事則率其鄉之萬二千五百人出征，屬于大司馬。所謂「乃
召六卿」，即此卿也。若以為王朝六卿，則用兵時，大司馬以主軍政，冢
宰而下，無緣亦屬焉。』此說得之。今啟征有扈，至于親率六鄉之人以出，
則有扈之國，其負固不服，敢與天子抗衡，而方伯連率不能討，故『戰』
謂之『大戰』又何疑焉。啟將戰于甘，乃先事召六卿而誓之，所以責其用

字。注解者所屬學派，與其對《尚書》文句內容的解釋，並沒有必然的對立關係。換言之，注解者在面對經書的解釋時，仍然要受到經書詞義、文句、篇章乃至所解釋的經典性質的規範，並受到前人注解成果的影響。林之奇先引《周禮·夏官·大司馬》之文，說明天子六軍，「軍將皆命卿」，故為「六卿」。然後引李子真（生平不詳，當為宋人）之說，認為此處的「卿」應當是指《周禮·地官·鄉大夫》「每鄉卿一人」之「卿」。然後發揮經文「大戰」之旨，強調這是天子率師親征，為舉國而伐有扈的重大戰事，可見有扈氏之罪大惡極。蔡沈對「六卿」的解釋，正是改寫自林之奇所引的李子真之說。其對經文「大戰」所引申出的「恃強稔惡，敢與天子抗衡」雖與林之奇的文字差異較多，但整體的解釋仍是一致的。可見，如忽視《書集傳》以「集傳」為名的事實，不能參照諸書找出蔡沈相關說解的依據，就表面上看來的確就像是一般的經書注解。

與陳大猷《書集傳》相對照，陳大猷的傳文作：

> 愚曰：此史述作誓之由。○孔氏曰：天子六軍，其將皆命卿。
> （王氏曰：六卿蓋始於夏時。○葉氏曰：天子六軍，六卿將之。惟親
> 征則皆行。○李氏曰：此六卿，非冢宰至司空之六卿。即《周禮·鄉
> 大夫》：『每鄉卿一人』也。蓋王之六卿〔鄉〕別有此六卿，平居則

命也。」（〔宋〕夏僎撰：《尚書詳解》（收於紀昀編《文淵閣四庫全書》第 56 冊，臺北市：臺灣商務印書館，1983），卷 9，頁 2 左-3 右，總頁 583）又說：「天子之兵寓于六鄉，每鄉以卿一人統之。四方有變，專責方伯。方伯不能討，然後天子親征。今扈之事至于天子親率六卿以出，必是方伯所不能討者，則有扈跋扈不臣之甚可知，故特以戰言之。」（〔宋〕夏僎撰：《尚書詳解》，卷 9，頁 1 左，總頁 582）

> 各掌其鄉之政令，屬於大司徒。出征則率其鄉之万二千五百人而為之
> 將，屬於大司馬。所謂軍將皆命卿，即此卿也。○三山陳氏曰：古者
> 文武一道，其將皆公卿，其卒皆農民。無事則為比閭族黨，州鄉有事
> 則為伍兩卒旅。師軍上下，皆有禮義。至漢猶有遺意。後世文武既分，
> 知兵者少，將非士大夫，故多跋扈。卒非農民，故多叛逆。）無垢張
> 氏曰：召六卿，將誓也。○林氏曰：古者四方有變，專責方
> 伯。方伯不能討，然後天子親征。今啟親提六軍，造其城下
> 大戰，有扈之強惡可知。○愚曰：非啟賢能繼禹之道，有扈
> 豈易平哉！[42]

陳大猷之注，先說明段落大意（愚曰），然後是「六卿」、「召六
卿」的解釋，最後是經義的發揮。（即條例所說「依經文為次敘，
先訓詁而後及意義」。）其中，最值得注意的，是對「六卿」的解
釋，他在大字的部分列出孔氏（孔安國）和無垢張氏（張九成）之
說，然後在孔氏說之後以小字列舉王氏（王安石）、葉氏（葉夢得）、
李氏（李子真）、三山陳氏（陳經）諸家之說來補充孔氏之不足。
這種體式，顯然仿自呂祖謙。進一步以陳大猷所列舉的諸家解釋和
蔡沈《書集傳》相參照，與蔡沈傳文有直接關係的，有王氏、李氏
和林氏三則材料。孔氏、葉氏、無垢張氏諸說雖未直接在文字上為
蔡沈所引用，但蔡沈傳文實隱含了相關的意思。只有三山陳氏之說，
算是更進一步的引申發揮，雖與蔡沈傳意仍不相違，但關係較遠。
從陳大猷書中所提供的資料，可以確定蔡沈《書集傳》這一節的注

42　〔宋〕陳大猷撰：《書集傳》，卷3，頁28左，總頁49。

文，應當是以林之奇《尚書全解》（含李子真之說）為最主要的來源，並可能參考了王安石之說。但由於文字經過改寫，依《書集傳》的注經體式，蔡沈並未將這些出處一一注明。

另外，就注解者對諸家說法的抉擇上，蔡沈並不像陳大猷企圖包容諸說而無餘，因此傳文中個人學術色彩較陳大猷更為鮮明。仍以〈甘誓〉為例，「不用命，戮于社；予則孥戮汝。」蔡沈《書集傳》的注解作：

> 「戮」，殺也。《禮》曰：「天子巡狩，以遷廟主行。」[43]
> 《左傳》：「軍行祓社釁鼓。」[44]然則天子親征，必載其遷廟之主與其社主以行，以示賞戮之不敢專也。祖左，陽也，故「賞于祖」。社右，陰也，故「戮于社」。「孥」，子也。「孥戮」，與上「戮」字同義。言若不用命，不但戮及汝身，將併汝妻子而戮之。戰，危事也。不重其法，則無以整肅其眾而使赴功也。或曰：「戮，辱也。孥戮，猶〈秋官〉：『司

43　《禮記・曾子問》：「曾子問曰：古者師行必以遷廟主行乎？孔子曰：天子巡守以遷廟主行，載于齊車，言必有尊也。今也取七廟之主以行，則失之矣。」（〔漢〕鄭玄注，〔唐〕孔穎達等正義，〔清〕阮元校勘：《重刊宋本禮記注疏附校勘記》（臺北市：藝文印書館，1997），卷 18，頁 20 右，總頁 367）

44　《春秋左傳・定公四年》：「君以軍行祓社釁鼓。」（〔晉〕杜預注，〔唐〕孔穎達等正義，〔清〕阮元校勘：《重刊宋本左傳注疏附校勘記》（臺北市：藝文印書館，1997），卷 54，頁 14 右，總頁 946）

屬孥男子以為罪隸』[45]之孥。古人以辱為戮，謂戮辱之以為
孥耳。古者『罰弗及嗣』[46]，孥戮之刑，非三代之所宜有
也。」[47]按，此說固為有理，然以上句考之，不應一戮而二
義。蓋「罰弗及嗣」者，常刑也。「予則孥戮」者，非常刑
也。常刑，則「愛克厥威」。非常刑，則「威克厥愛」。[48]
盤庚遷都尚有「剿殄滅之無遺育」[49]之語，則啟之誓師，豈
為過哉！[50]

在注解的安排上，依經文的順序，說解「戮于社」之「戮」、「戮
于社」之「社」、「孥」、「孥戮」之「戮」，然後檢討所引的「或
曰」之說，認為「孥戮」之「戮」不當解為「辱」。蔡沈此段注解

---

45 《周禮·秋官司寇》：「司屬掌盜賊之任器貨賄，辨其物，皆有數量，賈
而楬之，入于司兵。其奴，男子入于罪隸；女子入于舂稾。凡有爵者，與
七十者，與未齔者，皆不為奴。」（〔漢〕鄭玄注，〔唐〕賈公彥疏：《重
刊宋本周禮注疏附校勘記》（據清嘉慶 20 年江西南昌府學本影印，臺北
市：藝文印書館，1997），卷 36，頁 9 右-9 左，總頁 543。）

46 《尚書·大禹謨》：「罰弗及嗣，賞延于世。」（舊題〔漢〕孔安國傳，
〔唐〕孔穎達等正義，〔清〕阮元校勘：《重刊宋本尚書注疏附校勘記》
（臺北市：藝文印書館，1997），卷 4，頁 7 右，總頁 55。）

47 「或曰」不詳為何人。

48 《尚書·胤征》：「嗚呼！威克厥愛，允濟。愛克厥威，允罔功。」（舊
題〔漢〕孔安國傳，〔唐〕孔穎達等正義，〔清〕阮元校勘：《重刊宋本
尚書注疏附校勘記》，卷 7，頁 13 右-13 左，總頁 104。）

49 《尚書·盤庚中》：「我乃剿殄滅之，無遺育。」（舊題〔漢〕孔安國傳，
〔唐〕孔穎達等正義，〔清〕阮元校勘：《重刊宋本尚書注疏附校勘記》，
卷 9，頁 15 右，總頁 133。）

50 〔宋〕蔡沈：《朱文公訂正門人蔡九峯書集傳》，卷 2，頁 30 右。

的前半部，除了「孥戮」之「戮」的解釋之外，主要取自《尚書正
義》中的孔安國《傳》和孔穎達《正義》。包括蔡沈所引的《禮》、
《左傳》之文，其實都見於《尚書正義》。關於「孥戮」的解釋，
孔《傳》注「弗用命戮于社，予則孥戮汝」說：

> 天子親征，又載社主謂之社。事不用命奔北者，則戮之於社
> 主前。社主陰，陰主殺，親祖嚴社之義。

> 「孥」，子也。非但止汝身，<u>辱及汝子</u>，言恥累也。[51]

孔《傳》特別將「孥戮」之「戮」解作「辱」，使得「孥戮」未必
得要解作連坐殺人。孔穎達《正義》在疏解文義時說：

> 若不用我命，則戮之於社主之前。所戮者非但止汝身而已，
> 我則<u>并殺汝子</u>以戮辱汝，汝等不可不用我命以求殺敵。戒之
> 使齊力戰也。[52]

仍解作「殺」，但在進一步的說明中，則又有所遲疑。《正義》說：

> 《詩》云：「樂爾妻孥」，對妻別文，是孥為子也。<u>非但止
> 辱汝身，并及汝子亦殺，言以恥惡累之</u>。〈湯誓〉云：「予
> 則孥戮汝」，傳曰：「古之用刑，父子兄弟，罪不相及。今

---

51 舊題〔漢〕孔安國傳，〔唐〕孔穎達等正義，〔清〕阮元校勘：《重刊宋
本尚書注疏附校勘記》，卷7，頁2右，總頁98。

52 舊題〔漢〕孔安國傳，〔唐〕孔穎達等正義，〔清〕阮元校勘：《重刊宋
本尚書注疏附校勘記》，卷7，頁2左，總頁98。

云孥戮汝，權以脅之使勿犯。」此亦然也。[53]

〈湯誓〉亦有相同的「孥戮」文句，孔《傳》在該篇指出，此語真正的用意在於「權以脅之使勿犯」[54]。認為即使在誓文中的文意為連坐殺人，亦未必要真的殺人。可見孔《傳》雖可能解為「殺」，但其真正的態度，並不認為當時有連坐殺人的可能。孔安國之所以特別將「戮」解為「辱」，其實是緣於啟之時是否有連坐法的質疑。歷來的注解，對這個問題，曾提出許多的討論。由於孔安國的解釋，在道理上顯得迂曲，蔡沈又不贊同孔安國將「孥戮」之「戮」解作「辱」。因此，蔡沈於此處特別提出解釋，可視為他對當時所面對的《尚書》注解傳統的回應。他強調兩個「戮」字皆當解為「殺」，理由是「以上句考之，不應一戮而二義」，認為文脈接續的句子中的兩個「戮」字意義應當相同。在義理的前提下，蔡沈頗重視文獻語言的客觀規律，他顯然認為經典解釋不能與此規律相違。但如此一來，「連坐」的疑慮便無法消解。因此，蔡沈又指出這應當是軍法的特殊情況，與一般常法中的「罰弗及嗣」並不相同。他同時顧及文獻的規律，並回應了「連坐」的質疑。又蔡《傳》中特別引用，並提出反駁的「或曰」雖不詳為何人，但對照林之奇《尚書全解》說：

蓋其所謂「戮」者，非殺之之謂也。《左氏傳·僖二十七年》：

53　舊題〔漢〕孔安國傳，〔唐〕孔穎達等正義，〔清〕阮元校勘：《重刊宋本尚書注疏附校勘記》，卷7，頁4右，總頁99。

54　舊題〔漢〕孔安國傳，〔唐〕孔穎達等正義，〔清〕阮元校勘：《重刊宋本尚書注疏附校勘記》，卷8，頁2左，總頁108。

「楚子之治兵於睽，終朝而畢，不戮一人。夷之蒐、賈季戮
臾駢，臾駢之人，欲盡殺賈氏以報焉。臾駢曰：『不可以。』」
是知謂之「戮」者，非是殺之，但加恥辱焉。雖加鞭扑，亦
謂之戮也。「孥戮」者，猶所謂「其孥，男子入罪隸，女子
入舂藁」者是也。夫從天子以征伐不庭而不用命，則其孥之
至於罪隸、舂藁，豈為過哉！非「罪人以族」與夫「參夷」
之比也。

又《漢書·王莽傳》舉此言，顏師古曰：「〈夏書·甘誓〉
之辭，孥戮之以為孥也。說《書》者以為：孥，子也，戮及
其子。非也。〈秦誓〉曰：『囚孥正士』，豈戮子之謂耶？」
此一說，理亦可通。

夫天生五材，民並用之，闕一不可，誰能去兵？兵之設久矣！
兵不可去，則誓亦不可去也。夫驅民於鋒鏑戰爭之下，苟不
先為之誓戒，使知坐作進退之節，其有不用命者，遂從而殺
之，是罔民也。焉有仁義用兵，罔民而可為也。[55]

林之奇主張將「孥戮」之「戮」解作「辱」，而不是「殺」的意思。
對〈甘誓〉此句文義的理解則提出兩種說法：第一種，根據《左傳》
臾駢之例，將「戮」解為「加恥辱」之意。「孥戮」是指其子女亦
將連坐為罪隸、舂藁。第二種說法則出自顏師古《漢書》注，認為
意思是「奴辱之以為奴」，不涉及對不用命者子女的處罰。第二說

55　〔宋〕林之奇：《尚書全解》，卷12，頁7右-8右，總頁6642。

與蔡沈所引之「或曰」意思相近，認為「孥」當解作「奴」，意思是將不用命之人辱之以為奴。

與陳大猷相參照，陳大猷《書集傳》的注解作：

> 無垢張氏曰：用命，謂恭命；不用命，謂不恭命。○社，說見〈太甲上〉。○孔氏曰：天子親征，必載遷廟之祖主與社主。行有功，則賞於祖主前；不用命，則戮於社祖前，示不敢專。（張氏曰：禮：左廟右社。祖，人道也，屬陽。社，地道也，屬陰。賞，陽也，故于祖；戮，陰也，故于社。各從其類。○唐孔氏曰：大功大罪，則在軍賞罰，其遍敘諸勳，乃至太祖廟耳。）○王氏曰：出師載廟、社主行，示民以用命也。上用命，則民用命，此所謂以躬率之也。○孔氏曰：孥，子也。非但止汝身，辱及子。戮言恥累也。（愚曰：戮不獨是殺，亦有不殺之戮。勾踐謂：身死，妻子為戮是也。○呂氏曰：古者父子兄弟，罪不相及。啟度德量時，故臨陣申戒，加嚴以行法。○永嘉鄭氏曰：征苗之誓，不及賞罰。〈甘誓〉重賞、孥戮，仍有不足之意，虞夏之德衰矣。）[56]

陳大猷依經文順序解釋「用命」、「社」、「戮于社」、「孥戮」。其對「戮」字的解釋，引孔安國「辱及子」之說，並在小字注中強調「戮不獨是殺」，所引呂氏（呂祖謙）、永嘉鄭氏（鄭伯熊）之說，皆強調重罰之意。陳大猷的解釋只強調了第二個「戮」字應當不是「殺」的意思，至於第一個「戮」字則未明確指出殺或不殺。這應當是因為「孥戮」之「戮」若解為殺，將涉及連坐殺人的疑慮。

---

56 〔宋〕陳大猷撰：《書集傳》，卷3，頁30右，總頁50。

而第一個「戮」用較寬泛的方式解釋，可以包含殺的可能性之故。
這正是「融合諸說以成一說，而由此一說包眾說而無餘」的具體表
現。又，對於林之奇所提及的兩種解釋，陳大猷之說與第一種解釋
相近。至於林氏第二說則同為陳大猷和蔡沈所反對，但二人的理由
並不相同。陳大猷《書集傳或問》說：

> 或問：「林氏說『孥戮』（林曰：「顏師古注《漢書》『孥戮』，
> 戮之以為孥也。猶『囚孥正士』之孥。」）正合『罪人不孥』之
> 意。今兼呂說，何也？」曰：「林說固善，但上既言『戮于
> 社』以指其人之身，而又戮為孥隸，則文意重疊。若施於〈湯
> 誓〉之『孥戮』，又恐太輕，豈軍法而無殺戮之刑乎？臨陣
> 軍刑，不可與常刑比，若戮辱及子，誓師亦未害也。」[57]

認為「孥戮」若解為「辱之以為奴」，則前文「戮于社」已對不用
命之人施以刑罰，後面的「戮」字處罰的對象若仍是前文所說的不
用命之人，則文意重疊。此外，陳大猷認為相同的解釋若放到同樣
有「予則孥戮汝」句的〈湯誓〉篇之中，處罰似乎又太輕。所以他
認為軍法非常刑，若連坐而辱及子，應當是合理的。他曾見蔡沈《書
集傳》，此說或受蔡沈軍法說的影響。但陳大猷的重點在於「孥」
字的解釋應解作「子」而不宜解作「奴」。他對林之奇第二說的反
駁，著眼於文意是否優長。而就算認為軍法有連坐的可能，仍認為
只是「戮辱及子」，並不主張連坐殺人。

---

57 〔宋〕陳大猷撰：《書集傳》，書問上，頁 34 右，總頁 193。

　　從上述例子可知，陳大猷的注解，是在抉擇的前提下包容諸說，而不是僅著眼於「包容」而全無抉擇。蔡沈相對於陳大猷之書，形式上雖然也是綜合諸家之說以成一家之言，但蔡沈對相關問題的討論與判斷，顯得更加強調對諸說提出合理的個人「抉擇」，而不是如陳大猷將其抉擇的理由放在書後的《書集傳或問》之中，在正文的注解強調「融合諸說以成一說，而由此一說包眾說而無餘」。陳大猷、蔡沈二人的區別，正和呂祖謙、朱熹二人類似，而這也表明了「集注體」經注的成果，受到編纂者所設定的注解原則影響。兩種《書集傳》對於諸家注解，表面上是資料的引錄，而實質上卻是作者注經觀點的呈現。這種注經的方式所代表的作者觀點，具有相當重要的意義。要真正了解這類經注的內涵與意義，勢必要觸及集注者的思想，從思想與資料兩方面的關聯進行分析探討。研究集注體的注解時，若未能對集錄眾說一點有所關注，而以一般的注解體式的框架來說明這類注解，並無法合宜地理解其中的注解問題。

第四章 《書集傳》的注解依據

第一節 前人的研究成果與問題

　　蔡沈《書集傳》既以「集傳」為名，又以博採前人之說的方式進行注解，說明蔡沈作傳的依據，是了解此書根本性質應當正視的問題。關於蔡沈與朱熹《尚書》說的關係，拙著《董鼎〈書傳輯錄纂註〉研究》一書已有詳細的整理與討論，此處不再重複。本章將著重在蔡沈引用朱熹之外的前人說法的具體狀況。

　　蔡沈《書集傳》對於所依據資料的呈現方式，依第一章所引黃自然之說，可分為「注明出處」和「未注明出處」兩種情況。黃自然指出，《書集傳》「注明出處」的資料，為原文照錄，文字未經改動的情形。「未注明出處」的部分，文字往往經過蔡沈的改動。從《書集傳》的實際表現看，可以發現蔡沈《書集傳》中，有許多注明出處的引文，亦曾經過文字的改動。而未注明出處的部分，亦有不少幾乎是原文照錄的情形。（詳本章第三節）這意味著，黃自然所說的原則，只能是一種形式上的大略原則，並非在文獻精細對照的前提下所提出的說法。不過，黃氏此說之所以重要，在於他提醒我們，《書集傳》未注明出處的傳文，未必全是蔡沈的文字。因此，要如實地了解《書集傳》「集注體」的根本性質，有必要將《書

集傳》的資料來源進行分析,進行較深入的考索。

關於蔡沈《書集傳》的注解依據,幾乎未曾有人作過深入的研究。現代學者的研究成果較值得注意的,為蔡根祥《宋代尚書學案·蔡沈》[1]、宋鼎宗〈尚書蔡傳初探〉[2]和游均晶《蔡沈〈書集傳〉研究》[3]。其中,蔡根祥對《書集傳》所依據的資料說明雖較早,卻有頗為重要的觀察。故本節說明前人的看法與問題,便以蔡根祥的說法為主要的對象。以下分為「注明出處」和「未注明出處」兩部分進行討論。

一、前人對《書集傳》注明出處的傳文的討論

關於《書集傳》所注明出處的諸家說法,在研究上頗易為人所注意。過去的學者論及《書集傳》引用前人說法的問題時,大多根據《書集傳》標明出處的資料來進行論說與統計。如蔡根祥說:

> 蔡沈集註《書經》,其明稱其名氏而引用者,有歐陽修、程伊川、王安石、劉敞、蘇軾、范祖禹、曾旼、楊時、程大昌、陳鵬飛、晁以道、吳棫、林之奇、呂祖謙、夏僎、薛季宣、張栻、胡旦、葛子平、施氏、周氏、李氏、程伯圭,其引用諸家,與朱子所稱許者相若,而其中以稱引蘇軾、林之奇、

1　蔡根祥:《宋代尚書學案》(下),頁 584-629。

2　此文原刊於《成功大學學報》第十四卷,〈人文篇〉,1997 年 5 月,頁 99-122。後收於宋鼎宗著:《拙齋經義論叢》,(林慶彰主編《中國學術思想研究輯刊》五編·第 19 冊,臺北縣:花木蘭文化,2009),頁 79-99。

3　游均晶:《蔡沈〈書集傳〉研究》,頁 36-53。

呂祖謙、吳棫、王安石等五家為最多，蓋朱熹於此五家，許之甚殷也。〔……〕而其中又以引呂祖謙者四十九條，蘇東坡者四十七條為最，蓋《東坡書傳》每倡新說，於《孔傳》而言則為創新，於王氏《三經》而言則為力辯故也；而呂祖謙則擅長發揮文辭義理，觀省二帝三王氣象，朱子雖謂之失於巧，然其說於理學諸家《尚書》學中，說義理最契最盡。至於周誥、殷盤，亦無不巧為旨說，故朱子稱之甚篤，而蔡沈取之最多也。蔡氏《集傳》引《東坡書傳》四十七條，然其中引之而復加批評六條，此或因理學者之與東坡立場不同，而程伊川與東坡意見又相牾逆故也。[4]

蔡氏認為蔡沈引用了二十三家的意見。游均晶的論文對這個部分的說明較為詳細。他在《蔡沈〈書集傳〉研究》的第二章較為詳細地列舉了蔡沈所引用的資料共七十八家。[5]這一部分，因蔡沈自己標明說法的來源，所以爭議不大。然可惜的是，二人的資料統計，頗有失誤之處（詳第四章第三節）。而相關評論較值得注意的是，蔡根祥指出《書集傳》引《東坡書傳》，復加以批評的地方計有六條。他認為這是因為學術立場不同造成的。其實，蔡沈注明出處的資料，主要有兩種情況：一是認同其說而加以引用。這個部分，蔡沈大抵在引用之後，不會提出批評的意見。另一種則是因為該說有所缺失，蔡沈又認為有較重大的影響，故引用的目的其實在於訂正其說，故往往會附上批評的意見。這其中雖然也涉及學術立場的問題，卻不

4　蔡根祥：《宋代尚書學案》（下），頁599。
5　游均晶：《蔡沈〈書集傳〉研究》，頁39-49。

能過度擴大。因不論是注明出處抑或是未注明出處，蔡沈在書中其實有更大的比例是以集前人之說的方式來進行注解。所以蔡沈雖然對六則《東坡書傳》的意見提出批評，依蔡氏的統計，卻仍有四十一條未予批評的材料認同蘇軾的法說。就數量上，這四十一則佔了《書集傳》引用《書坡書傳》的絕大多數。所以，面對《書集傳》所引用的材料，與其強調學派立場不同的問題，不如重新檢視並回到《書集傳》「集注體」面對闡發經書義理諸家說法「兼收並蓄」的根本態度。本章第二節，將重新統計注明出處的情形，並與未注明出處的情形相對照以說明《書集傳》的實質表現。

二、前人對《書集傳》未注明出處的傳文的討論

《書集傳》未注明出處，卻實有所據的傳文，比想像中要多。清代以前的學者，特別是宋、元時期的學者，於《書集傳》「集注」的特性，了解似較現代學者深入。故本書第一章所引述，對《書集傳》集諸家之說的情況，雖未大肆張揚，卻頗含蓄地呈現出他們在這部分認知上的共識。或許一方面出於他們對朱子學派經注的共同認識，並不認為「集注體」有何不妥。另一方面，則是在朱子學乃至《書集傳》成為官方科舉的標準後，閱讀者對朱子學的根本認識反而受到限制。因此，明清時期的讀者雖多，但當大多數的閱讀者主要以《書集傳》為科考的工具，主流的《尚書》研究者又多為考據學家，學者並不見得能夠相應地理解《書集傳》的根本

性質。[6]目前為止，亦尚未有學者對這個部分進行過較全面而詳密地分析。

現代學者對這部分的探討，以蔡根祥的發現最為重要。他說：

> 蔡沈集《書傳》，必於諸家有所資取，然未必皆一一指名稱引也。〔……〕雖然，於其他篇章，朱子未嘗論述及之者，蔡《傳》更時加引用他說而不指名，尤以〈周官〉篇以下為甚。[7]

故他以〈畢命〉一篇為例，指出：

> 總觀〈畢命〉一篇，全篇注解，幾皆旁引《孔傳》、蘇東坡《書傳》、吳棫《書裨傳》、林之奇《全解》、呂祖謙《書說》為之，而尤以呂東萊之說為大宗。而其引用諸家之說，多未指稱其名氏，而文辭亦多襲取之而稍事改易，或撮取其要，如是而已。[8]

---

6 清人的評斷，最值得重視的是桐城派戴鈞衡（1815-1855）《書傳補商》，他在〈書傳補商序例〉說：「《書》有蔡《傳》，猶《易》之有程子，《四書》之有朱子也。雖分量微有不同，而發前儒之未明，為功則一。觀其所採，於漢則孔《傳》之說為多，於本朝則東坡、少穎、伯恭三家之言為夥，而去取一宗朱子，故精當迥異各家。後來諸儒所參，使蔡氏見之，當必更有為其所用者。」（收於《續修四庫全書》經部・書類第50冊，上海市：上海古籍出版社，1995，序例頁3左，總頁36。）他的觀察，在清儒的說法中，最能符合蔡沈《書集傳》的實情。

7 蔡根祥：《宋代尚書學案》（下），頁600。

8 蔡根祥：《宋代尚書學案》（下），頁600-605。

蔡根祥的觀察，極具意義。《書集傳》的書名本來就以「集傳」為名，因此其根本的性質，不同於「創注體」的經注。可惜的是，在清代以來，很少有學者注意到此書未明確注明出處的傳文，實參照了大量的前人見解，也因而無法較精準而合宜地評價《書集傳》。蔡根祥此說，無疑對《書集傳》的研究，提出一根本的問題：如果此書為「集注體」經注，有那些內容才是蔡沈的特殊見解呢？只是很可惜的是，蔡根祥在論文中僅以一篇為例，未能比對全書的資料來源，且在評論上似亦未能警覺《書集傳》的「集注體」注經體式，與朱熹相關經注體式大體相合的事實，而謂：

> 此與蔡沈序云「凡引師說，不復識別」之語，並不相符。或謂此亦朱子所面授取納諸家《書》說之旨意；然其說既出於他人，而文辭相襲如是類似，其不指名徵引以淵識其源所自，實有掠美之嫌。且朱子論《尚書》，凡引他人之說，多稱其名氏，今蔡氏如此，亦失其師為學宗旨。或謂行文之間，有不容一一識別者；今蔡氏《書傳》中，既已有指名徵引者矣，若於引自諸家者皆一一指名識別，雖稍增語句段落，諒亦無礙；今蔡《傳》隱其源而用之，而謂「凡引師說，不復識別」，實易導後人於歧路，並陷其師於嫌疑之域也。吳澄謂蔡《傳》自〈洪範〉以下，傳說彌與師說疏脫，亦非無得之見也。[9]

此一評論，仍是以現代的學術習慣與立場來評定《書集傳》，對《書集傳》其實並不公平。關於《書集傳》注解體式的討論，由第三章

9　蔡根祥：《宋代尚書學案》（下），頁605。

的引證可知朱熹所採之集注體注經體式，本來就未詳細注出資料來源。至於吳澄所說，應是與朱熹之說相較之後，認為蔡沈在〈洪範〉篇之後的注解有不從師說的情形，與不注出處無關。而且，僅以〈畢命〉一篇為例，在研究的舉證上，並不充足。至於較晚出的宋鼎宗論文立有「因先儒成說而不明所由來」一節，舉例指出其因襲先儒成說「不復識別者，朱文公外，為數甚多，讀者不知，每以為係仲默之新義，而不知其來有自也。此豈非仲默之瑕疵乎？」[10]強調這是《書集傳》的瑕疵。游均晶的論文亦提及「引文不注所出」的情形，但在解說上，卻僅引用兩例，並簡單地以「或因未及鈔錄出處，應非有意剽竊」[11]帶過。這些說法皆落於以一般注解體式的理解框架進行評論，又未曾進行全面的檢證，並不能反映出《書集傳》的真實面貌。

為了釐清《書集傳》引用前人之說的具體狀況，第二節以表格的方式，呈現蔡沈引錄前人之說的情形。

第二節　《書集傳》所引據的資料分篇整理

這一節內容，建立在個人所點校的《書集傳》初稿的基礎上，試著將筆者目前已考知蔡沈所依據的資料列表。表格的整理依循下列原則：

10　宋鼎宗著：《拙齋經義論叢》，頁83。

11　游均晶：《蔡沈〈書集傳〉研究》，頁48。

01 表格以篇為單位(同一書序的篇章,放在同一個表格之中)。為了讓材料的呈現不致過於粗疏,每一篇以蔡沈《書集傳》對經文注解的分節為最小單位來進行傳文溯源,標明該節傳文所引據的資料出處。

02 表格區分「注明出處」、「未注明出處」兩部分。「注明出處」的資料,除列出《書集傳》所標舉的用語(如呂氏、林氏等),同時用〔〕注出書名。「未注明出處」的部分,則只注出書名。若書名相同,則加注人名。篇名、人名用()標示。

03 所找到的出處,為免過於泛濫,以與傳文文句相近者為據。若同時有多種文句相近的可能來源,則以較早出現的著作為據。

04 蔡沈只注「或曰」、「或以為」、「先儒」的資料亦歸入「注明出處」的部分,並盡量找出真正的來源。若無法找到出處,或雖找到可能出處,但仍有疑問,則加上〔?〕注明。

05 每一章節的資料標注,「注明出處」的部分,資料依傳文引用的順序安排。「未注明出處」的部分則依書名筆畫為序。

06 因蔡沈引用文字,經常有改寫的情形,往往難以計算清楚,故同一節傳文中,只注明引自何書,不注引用次數。最後的統計次數,計算的最小單位為「節」。

07 為省篇幅,不標注引文的內容。

08 若《書集傳》該節傳文全引自某一家之說,加〔A〕標示,若該節傳文一半以上的文字皆出於某一家之說,則加〔A－〕標示。

09 蔡沈所標明之出處若有誤 ，加＊為記，並注明正確出處。

10 所引據的資料，除了下列最常被引用的《尚書》注解外，主要以迪志文化出版有限公司的《文淵閣四庫全書電子版》為依據，若《四庫全書》未收的著作，在處理時主要參考北京愛如生數字化技術研究中心的《中國基本古籍庫》。然由於《中國基本古籍庫》的檢索功能有嚴重缺失，資料庫文字錯誤亦較多，故僅作為輔助之用。[12]由於絕大多數資料若是出自《尚書》相關注解，注解出處大多與《尚書》經文相關聯，為省篇幅，表中並不注明每一則資料的頁碼。表中所依據重要著作的簡稱及版本如下：

○舊題〔漢〕孔安國傳，〔唐〕孔穎達等正義，〔清〕阮元校勘，《重刊宋本尚書注疏附校勘記》（臺北市：藝文印書館，1997）〔簡稱：孔安國《尚書孔傳》：孔傳、陸德明《經典釋文》：釋文、孔穎達《尚書正義》：正義〕

○〔宋〕林之奇《尚書全解》，（《索引本通志堂經解》，臺北市：漢京文化事業有限公司，1980）〔簡稱：尚書全解〕

○〔宋〕呂祖謙撰，陳金生、王煦華點校，《東萊書說二種》《呂祖謙全集》第三冊，杭州市：浙江古籍出版社，2008）〔簡稱：東萊書說〕

12　《中國基本古籍庫》在檢索時，凡遇到檢索詞在資料庫中跨行的情形，檢索結果便無法精確列出的嚴重缺失，無法作為文獻統計的依據。

〇〔宋〕蘇軾撰，舒大剛、張尚英校點：《東坡書傳》（《三蘇全書》第二冊，北京：語文出版社，2001）〔簡稱：東坡書傳〕

〇〔宋〕夏僎撰，《尚書詳解》（收於紀昀編《文淵閣四庫全書》第 56 冊，臺北市：臺灣商務印書館，1983~1986）〔簡稱：尚書詳解（夏僎）〕

〇程元敏輯，《三經新義輯考彙評（一）》（臺北市：國立編譯館，1986）〔簡稱：尚書新義〕又，〔宋〕陳大猷《書集傳》中，大量引用王安石之說，然大此書公諸於世的時間較晚，為《三經新義輯考彙評（一）》輯錄時所未及見，故部分內容，以陳氏此書所引補充。

卷一

篇名	蔡傳引用資料		
虞書	分節	注明出處	未注明出處
	00	或以為〔？〕	正義
001 堯典	分節	注明出處	未注明出處
	0	說文	釋文
	1	周書〔尚書（召誥）〕 孔子〔論語（泰伯）〕 孟子（離婁下）	孔傳 程頤〔經說〕 東萊書說
	2	x	釋文 孔傳 正義 大學
	3	x	孔傳 正義 尚書全解

			尚書新義 東坡書傳
	4	或曰〔？〕 禹貢〔尚書〕 唐一行	大戴禮（五帝德）史記 （五帝本紀） 孔傳 正義 馬融〔正義〕引
	5	陳氏〔書解（陳鵬飛） *當為鄭玄〕 史記索隱 周禮（馮相氏、大司徒）	孔傳 東坡書傳
	6	x	孔傳 東坡書傳
	7	唐一行 虞喜 何承天 劉焯	孔傳 正義
	8	x	孔傳 正義 尚書全解
	9	或曰〔孔傳、正義〕	孔傳 尚書（益稷） 東坡書傳
	10	x	孔傳 正義 尚書新義 尚書全解
	11	孟子 王氏〔尚書新義〕 楚辭	孔傳 正義 尚書全解 東坡書傳

	12	吳氏〔書裨傳〕 莊子〔*當為史記或淮南子〕 爾雅〔*當為小爾雅〕	孔傳 正義 孟子〔滕文公下〕 尚書全解 尚書新義 東坡書傳

篇名		蔡傳引用資料	
002 舜典	分節	注明出處	未注明出處
	0	唐孔氏〔正義〕 孔傳 堯典〔尚書〕	x
	1	x	孔傳 正義
	2	左氏〔左傳（文公十八年）〕 史記（五帝本紀） 蘇氏〔東坡書傳〕 易〔周易（震卦卦辭）〕	孔傳 釋文
	3	或曰〔？〕	孔傳
	4	葉氏〔書傳（葉夢得） *當為王安石〕 曾氏〔尚書講義（曾旼）〕	孔傳 正義
	5	天文志〔蔡邕〕 沈括〔渾儀議〕	王蕃〔正義〕引 正義 尚書新義 東萊書說 晉書（天文志） 渾儀議（沈括） 虞喜〔正義〕引

	6	周禮（春官肆師） 注〔周禮注（鄭玄）〕 禮記（王制、祭法） 泰誓〔尚書〕	孔傳
	7	周禮（冬官玉人） 鄭注〔周禮注（鄭玄）〕 程子〔二程集〕	孔傳 正義 尚書全解
	8	孟子（梁惠王） 周禮（春官大宗伯） 劉侍講〔公是七經小傳 （劉敞）〕 或曰〔？〕 王制〔禮記〕 鄭玄注〔禮記注〕	孔傳 東坡書傳 禮記（王制）
	9	周禮（夏官司勳） 程子〔二程集〕 林氏〔尚書全解〕	孔傳 春秋考（葉夢得）
	10	職方氏〔周禮（夏官）〕 吳氏〔書裨傳〕	孔傳 正義 詩經（長發、玄鳥）
	11	周禮秋官 呂刑〔尚書〕	孔傳 周易（繫辭上） 尚書（康誥）
	12	程子〔二程集〕 春秋傳〔左傳（文公十 八年）〕	孔傳 尚書（禹貢）
	13	儀禮〔鄭注（喪服）〕	孔傳
	14	漢孔氏〔孔傳〕 蘇氏〔東坡書傳〕	孔傳 東坡書傳
	15	x	孔傳
	16	x	孔傳 孟子（梁惠王上） 東坡書傳

	17	x	孔傳
	18	x	孔傳 正義
	19	孟子（滕文公上）	孔傳
	20	曾氏〔尚書講義（曾旼）〕 呂刑〔尚書〕 孔氏〔孔傳〕	孔傳 正義
	21	曲禮〔禮記〕 周禮（冬官考工記） 莊子（外篇胠篋）	孔傳
	22	周禮夏官〔*當為周禮 地官〕 史記（五帝本紀）	孔傳
	23	周禮（春官宗伯）	孔傳 正義
	24	周禮（春官大司樂） 孔子〔論語（泰伯）〕 禮運〔禮記〕 蘇氏〔東坡書傳〕	五經算術（禮記月令黃 鍾律管法（北周甄鸞 撰，唐李淳風注）） 孔傳 史記（樂書） 正義 隋書（律曆志）
	25	x	孔傳
	26	周官〔尚書〕 曾氏〔尚書講義（曾 旼）〕（A－） 周禮（夏官、秋官）	孔傳
	27	典、謨、益稷、禹貢、 呂刑〔尚書〕	正義
	28	韓子〔韓昌黎文集（黃 陵廟碑）（韓愈）〕 史記（五帝本紀） 孟子（離婁下）	法言（問明篇（楊雄））
003—013			

篇名	蔡傳引用資料		
014 大禹 謨	分節	注明出處	未注明出處
	0	林氏〔尚書全解〕	孔傳
	1	史記（夏本紀） 蘇氏〔東坡書傳〕	孔傳 釋文 尚書全解
	2	孔子〔論語（子路）〕	孔傳
	3	程子〔二程集〕	孔傳
	4	或曰〔尚書全解〕 傳〔孔傳〕	尚書全解
	5	x	孔傳 東坡書傳
	6	易（繫辭下）	孔傳 東坡書傳
	7	周禮（大司樂） 太史公〔史記（樂書）〕 葛氏（葛真？葛子平？ 葛興仁？）	孔傳
	8	x	孔傳 正義
	9	x	正義
	10	x	孔傳
	11	x	孔傳 正義
	12	x	孔傳
	13	x	
	14	孟子（滕文公）	孔傳
	15	x	孔傳
	16	x	正義 尚書全解
	17	孟子（盡心下）	東萊書說
	18	x	孔傳 尚書全解

	19	蘇氏〔東坡書傳〕	正義
	20	禮〔禮記（檀弓）〕 林氏〔尚書全解〕	孔傳
	21	易〔周易（謙・彖傳）〕 孟子（離婁上） 或謂〔尚書全解〕	孔傳 正義 東坡書傳
015 皋陶謨	分節	注明出處	未注明出處
	0	x	x
	1	堯典〔尚書〕 舜典〔尚書〕 禹謨〔尚書〕	孔傳 尚書全解
	2	或曰〔黃度〕 楊氏〔楊時〕	孔傳
	3	x	孔傳 尚書全解 東坡書傳
	4	禮運〔禮記〕	孔傳 正義 尚書全解
	5	易（繫辭上）	孔傳 正義 老子（六十三章）
	6	楊氏（楊時）	孔傳 尚書全解 東坡書傳 釋文
	7	x	尚書全解
	8	x	尚書新義 孔傳 尚書全解 東坡書傳

016 益稷	分節	注明出處	未注明出處
	0	x	正義 尚書全解
	1	史記 漢書 左傳 周禮（匠人）	孔傳 正義 尚書全解 尚書新義 東坡書傳
	2	x	尚書全解 東萊書說
	3	x	尚書全解
	4	孟子（滕文公上） 易曰（繫辭下） 鄭氏〔鄭玄〕	孔傳 正義 尚書全解
	5	x	尚書全解
	6	周禮（冢宰、考工記）	孔傳 尚書（舜典） 論語（為政） 東坡書傳
	7	蘇氏〔東坡書傳〕	孔傳 尚書全解
	8	漢志〔律歷志〕 程子〔二程集（上太皇 太后書）〕 孟子（滕文公） 或者乃謂〔尚書全解〕	孔傳 正義 尚書全解 東坡書傳
	9	周禮（大司樂） 郭璞 葉氏〔葉夢得書傳〕 詩〔詩經（靈臺）〕 大射禮〔儀禮〕	孔傳 正義 尚書（大禹謨） 尚書全解 詩經（抑）

		鄉飲酒禮〔儀禮〕 說文 先儒〔孔傳〕 孔子〔禮記（樂記）〕 唐孔氏〔正義〕 或曰〔？〕 風俗通 季札〔左傳（襄公二十九年）〕 孔子〔論語（述而）〕 皋陶謨〔尚書〕 諸儒之說	
	10	記〔禮記（樂記）〕 詩〔詩經（那）〕 或曰〔孟子集註〕 考工記〔周禮〕	孔傳 尚書全解
	11	林氏〔尚書全解〕	孔傳 尚書全解

卷二

篇名	蔡傳引用資料		
夏書	分節	注明出處	未注明出處
	00		孔傳
017 禹貢	分節	注明出處	未注明出處
	0	孟子（滕文公上）	尚書全解
	1	曾氏〔尚書講義（曾旼）〕	孔傳 尚書全解
	2	周禮（職方氏） 晁氏（晁說之　以道）	正義 尚書全解
	3	漢地志〔漢書（地理志）〕 禹言〔尚書（益稷）〕	孔傳 正義

	4	爾雅（釋山） 呂不韋〔呂氏春秋（開春論）〕 春秋（經成公五年） 左氏〔左傳（成公五年）〕 穀梁〔穀梁傳（成公五年）〕 酈道元〔水經注（河水、文水）〕 先儒〔孔傳〕	x
	5	周・職方〔周禮（職方氏）〕 地志〔漢書（地理志）〕 揚子雲〈冀州箴〉（百官箴・冀州牧箴）	孔傳 曾旼〔尚書講義〕〔尚書全解〕引
	6	地志〔漢書（地理志）〕 曾氏〔尚書講義（曾旼）〕 桑欽〔水經？〕 酈道元〔水經注〕 唐人（蓋匡）	孔傳 正義 漢書（溝洫志）
	7	漢孔氏〔孔傳〕 顏氏〔漢書（顏師古注）〕 夏氏〔尚書詳解（夏僎）〕 周官〔周禮（大司徒、草人）〕 曾氏〔尚書講義（曾旼）〕	x
	8	林氏〔尚書全解〕（A一）	孔傳 東坡書傳

	9	地志〔漢書（地理志）〕 薛氏〔書古文訓〕 晁氏（晁說之　以道） 孫炎〔爾雅注（釋地）〕 程氏〔禹貢論（程大昌）〕 爾雅（釋地） 杜佑〔通典〕 李吉甫〔元和郡縣志〕	孔傳 正義
	10	x	孔傳
	11	地志〔漢書（地理志）〕 程氏〔禹貢論（程大昌）〕 酈道元〔水經注〕 韋昭〔？〕 戰國策〔？〕 鄭氏（鄭玄）	正義
	12	蘇氏〔東坡書傳〕 林氏〔尚書全解〕 說文注〔說文繫傳（徐鍇）〕	孔傳
	13	爾雅（釋水） 先儒〔正義〕 地志〔漢書（地理志）〕 寰宇記〔太平寰宇記（樂史）〕 許商〔漢書（溝洫志）〕 元和志〔元和郡縣志〕 輿地記〔輿地廣記（歐陽忞）？〕 通典 鄭氏（鄭玄） 漢王橫〔漢書（溝洫志）〕	正義

		酈道元〔水經注〕 程氏〔禹貢論（程大昌）〕	
	14	地志〔漢書（地理志）〕 山海經（海內東經）	尚書詳解（夏僎） 禹貢論（程大昌）
	15	曾氏〔尚書講義（曾旼）〕 晁氏（晁說之 以道） 爾雅（釋水） 許慎〔說文（灉、汳）〕 地志〔漢書（地理志）〕	孔傳
	16	x	孔傳 正義
	17	左氏〔左傳（僖公四年）〕 林氏〔尚書全解〕（A一）	尚書全解
	18	先儒〔孔傳〕	孔傳 正義
	19	經〔尚書（武成）〕 林氏〔尚書全解〕	孔傳 正義
	20	地志〔漢書（地理志）〕 程氏〔禹貢論（程大昌）〕	漢書注（顏師古） 正義
	21	x	孔傳
	22	薛氏〔書古文訓〕 堯典〔尚書〕	正義 尚書新義
	23	地志〔漢書（地理志）〕 林氏〔尚書全解〕	尚書講義（史浩）
	24	許慎〔說文（鹵）〕	孔傳
	25	x	孔傳（A）

26	林氏〔尚書全解〕 顏師古〔漢書注（地理志）〕 蘇氏〔東坡書傳〕	孔傳 正義
27	x	正義
28	爾雅（釋地） 周禮（夏官職方氏） 林氏〔尚書全解〕	孔傳
29	曾氏〔尚書講義（曾旼）〕 地志〔漢書（地理志）〕 周·職方氏〔周禮（夏官職方氏）〕	孔傳
30	地志〔漢書（地理志）〕	孔傳 正義
31	地志〔漢書（地理志）〕 水經（桑欽） 酈道元〔水經注〕 何承天	孔傳 正義
32	晁氏（晁說之　以道）	漢書（地理志）
33	老氏〔老子（十一章）〕 易〔周易（漸卦象傳）〕 詩〔詩經（斯干）〕	孔傳
34	x	孔傳（A）
35	周書·作雒〔逸周書〕 染人〔周禮（天官染人）〕 鄭氏〔周禮注（鄭玄）〕 林氏〔尚書全解〕 地志〔漢書（地理志）〕 詩〔詩經（卷阿）〕 或曰〔？〕	太平寰宇記（樂史） 孔傳 正義

		曾氏〔尚書講義（曾旼）〕 武成〔尚書〕 禮〔禮記（間傳）〕 記〔禮記（王制）〕	
	36	許慎〔說文（汳、泗）〕	x
	37	x	孔傳（A－）
	38	地志〔漢書（地理志）〕	x
	39	夏小正〔大戴禮〕	孔傳
	40	唐仲初《吳都賦注》 蘇氏〔東坡書傳〕 或曰〔？〕	x
	41	周·職方〔周禮（夏官職方氏）〕 地志〔漢書（地理志）〕 曾氏〔尚書講義（曾旼）〕	孔傳 正義
	42	郭璞〔*爾雅疏（邢昺）引作孫炎〕	孔傳 正義
	43	x	孔傳 正義（A－）
	44	詩〔詩經(公劉、巷伯)〕 說文（琨） 周官·掌節〔周禮（地官）〕 張氏（張綱？）	孔傳 正義
	45	孟子（滕文公）	尚書全解（A－）
	46	唐孔氏〔正義〕	孔傳
	47	x	周禮（大宗伯） 尚書全解 尚書詳解（夏僎）（A－）
	48	水經（桑欽） 楚地記	正義 尚書詳解（夏僎）

		漢志〔漢書（地理志）〕 尋陽記 胡氏（胡旦） 曾氏〔尚書講義（曾 旼）〕	胡旦
	49	爾雅（釋水）	尚書注（鄭玄）〔正義〕 引
	50	周官·職方〔周禮（夏 官職方氏）〕 左傳（昭公三年）	孔傳 尚書全解 尚書新義
	51	x	孔傳
	52	漢孔氏〔*當為唐孔氏〕 職方氏〔周禮（夏官職 方氏）〕 孔氏〔孔傳〕 管子（輕重） 周禮（天官染人）	孔傳 正義 說文 尚書全解 戰國策（趙策）
	53	程氏〔禹貢論（程大 昌）〕	孔傳
	54	x	孔傳（A－）
	55	山海經（中山經） 郭璞〔山海經注（中山 經）〕 地志〔漢書（地理志）〕 水經（桑欽） 酈道元〔水經注〕	正義 尚書全解
	56	鄭康成〔尚書注（鄭 玄）〕 酈道元〔水經注〕 漢志〔漢書（地理志）〕 周·職方〔周禮（夏官 職方氏）〕	x

		爾雅（釋水） 山海經（中山經） 孔氏〔孔傳〕	
	57	地志〔漢書（地理志）〕 水經（桑欽） 爾雅（釋地） 曾氏〔尚書講義（曾 旼）〕	x
	58	顏氏〔*尚書全解引作 顧氏〕	孔傳
	59	x	孔傳
	60	林氏〔尚書全解〕 顏師古〔漢書注〕	孔傳 施博士〔尚書全解〕引
	61	x	x
	62	x	孔傳
	63	地志〔漢書（地理志）〕 晁氏（晁說之　以道）	孔傳 尚書全解
	64	地志〔漢書（地理志）〕 酈道元〔水經注〕	x
	65	輿地記〔輿地廣記（歐 陽忞）？〕 地志〔漢書（地理志）〕 酈道元〔水經注〕	孔傳
	66	晁氏（晁說之　以道）	正義
	67	x	東坡書傳
	68	或以為〔？〕 周官〔周禮（地官大司 徒）〕	x
	69	林氏〔尚書全解〕	孔傳 正義 曾旼〔尚書全解〕引
	70	地志〔漢書（地理志）〕 水經（桑欽）	孔傳 東坡書傳

		蘇氏〔東坡書傳〕 酈道元〔水經注〕	漢書（溝洫志）
	71	x	孔傳 正義
	72	柳宗元〔河東先生集 （愚溪對）〕 地志〔漢書（地理志）〕 薛氏〔書古文訓〕 通鑑〔資治通鑑（宋文 帝元嘉六年）〕 北史（蠕蠕傳） 程氏〔禹貢論（程大 昌）〕	x
	73	地志〔漢書（地理志）〕 周·職方〔周禮（夏官 職方氏）〕 詩〔詩經（公劉）〕	正義
	74	寰宇記〔太平寰宇記 （樂史）〕 地志〔漢書（地理志）〕 晁氏（晁說之　以道） 水經（桑欽） 程氏〔雍錄（程大昌）〕	正義
	75	地志〔漢書（地理志）〕	孔傳 正義
	76	地志〔漢書（地理志）〕	孔傳 正義
	77	詩〔詩經（公劉）〕 鄭氏（鄭玄） 地志〔漢書（地理志）〕	孔傳
	78	x	正義 尚書（舜典）

79	林氏〔尚書全解〕（A－）	x
80	x	孔傳（A－）
81	爾雅（釋地）	正義（A－）
82	地志〔漢書（地理志）〕 邢恕、李復〔潏水集（乞 罷造船）（李復）〕	禹貢論（程大昌）
83	水經（桑欽） 蘇氏〔東坡書傳〕	馬融〔釋文〕
84	地志〔漢書（地理志）〕 周禮（夏官職方氏） 寰宇記〔太平寰宇記 （樂史）〕 晁氏（晁說之　以道）	x
85	地志〔漢書（地理志）〕	x
86	地志〔漢書（地理志）〕 左傳（定公四年） 水經（桑欽）	孔傳
87	地志〔漢書（地理志）〕 晁氏（晁說之　以道） 孔氏〔孔傳〕	x
88	隋·地志〔隋書（地理 志）〕 杜佑〔通典（州郡四）〕	尚書注（鄭玄）〔正義〕 引
89	地志〔漢書（地理志）〕 水經（桑欽） 唐樊綽〔蠻書〕 程氏〔禹貢論（程大 昌）〕	x
90	杜預〔春秋左傳注〕 孔氏〔孔傳〕 張揖 鄭玄〔尚書注〕	孔傳

		臣瓚〔漢書注〕 地志〔漢書（地理志）〕 程氏〔禹貢論（程大昌）〕 孟康（？） 漢·西域傳〔漢書（西域傳） 薛元鼎（？） 李復〔潏水集（馮詡行記）〕	
	91	水經（桑欽） 常璩〔華陽國志〕 酈道元〔水經注〕 左傳（宣公四年、昭公二十三年）	孔傳
	92	水經（桑欽） 鄭氏（鄭玄） 地志〔漢書（地理志）〕	孔傳
	93	地志〔漢書（地理志）〕 唐李賢〔後漢書注（李賢）〕 樂史〔太平寰宇記〕 程氏〔禹貢論（程大昌）〕 南豐曾氏·齊二堂記〔元豐類藁（齊州二堂記）（曾鞏）〕 吳興沈氏〔夢溪筆談（沈括）〕	正義
	94	水經（桑欽）	正義
	95	地志〔漢書（地理志） *今本漢書未見〕	x

		孔氏〔孔傳〕 酈道元〔水經注〕	
	96	x	x
	97	李氏（李巡）	孔傳
	98	周大司徒〔周禮（地官）〕	孔傳
	99	左傳（隱公八年）	x
	100	x	孔傳
	101	x	孔傳 正義
	102	x	孔傳
	103	x	孔傳 正義
	104	左傳（昭公元年）	孔傳 左傳注（杜預）
	105	益稷〔尚書〕 漢・地志〔漢書（地理志）〕 先儒〔正義〕	正義
	106	林氏〔尚書全解〕	孔傳 尚書（堯典） 〔尚書全解〕引薛氏（季宣？）

篇 名	蔡傳引用資料		
018 甘誓	分節	注明出處	未注明出處
	0	史記 唐孔氏〔正義〕 左傳	孔傳 尚書全解 釋文
	1	周禮・鄉大夫 孟子	尚書全解
	2	x	正義

	3	x	釋文 東坡書傳
	4	左傳	孔傳 正義 孟子 尚書詳解（夏僎）
	5	禮〔禮記〕 左傳 或曰〔？〕	孔傳 正義 尚書（胤征） 尚書（盤庚） 絜齋家塾書鈔（袁燮）

篇名	蔡傳引用資料		
019 五子 之歌	分節	注明出處	未注明出處
	0	x	孔傳 益稷〔尚書〕
	1	夏諺〔孟子（梁惠王 下）〕	尚書全解
	2	或曰〔？〕 賈逵 說文	孔傳 正義 尚書全解
	3	孟子（告子下） 小弁〔詩經〕	孔傳 孟子（告子下） 尚書全解
	4	x	尚書全解（A）
	5	x	正義 孔傳 尚書全解
	6	x	孔傳 尚書全解
	7	左氏	白虎通 孔傳
	8	x	東萊書說

			孔傳 正義 尚書講義（史浩） 尚書全解
	9	x	孔傳 尚書全解

篇名	蔡傳引用資料		
020 胤征	分節	注明出處	未注明出處
	0	孟子 或曰〔尚書全解（引東坡書傳）〕	尚書全解（A）
	1	林氏〔尚書全解〕	
	2	x	尚書全解
	3	周禮 孟子	尚書全解
	4	周禮	尚書全解 東坡書傳
	5	x	尚書全解
	6	x	尚書全解 （A）
	7	記曰	尚書全解
021—025			

卷三

篇名	蔡傳引用資料		
商書	分節	注明出處	未注明出處
	00	x	孔傳
026 湯誓	分節	注明出處	未注明出處
	0	x	釋文
	1	x	孔傳

			尚書全解
			尚書新義
	2	x	尚書全解
			東坡書傳
	3	x	史記集解
			正義
	4	x	孔傳
			東萊書說
027—029			
030			

篇名	蔡傳引用資料		
	分節	注明出處	未注明出處
031 仲虺之誥	0	周禮	孔傳
			正義
	1	陳氏〔書解（陳鵬飛）〕	孔傳
			東坡書傳
			尚書詳解（夏僎）
	2	林氏〔尚書全解〕	孔傳
			論語
	3	王氏〔尚書新義〕	孔傳
		吳氏〔書裨傳〕	
	4	x	孔傳
			尚書全解
	5	易（乾文言）	孔傳
			東萊書說
			尚書全解
			尚書（大禹謨）
	6	呂氏〔東萊書說〕	孔傳
	7	說文	尚書全解
	8	湯之盤銘〔大學〕	孔傳

		孟子（公孫丑下）	正義 尚書講義（史浩）
	9	x	孔傳 伊訓〔尚書〕 東坡書傳

篇名		蔡傳引用資料	
032 湯誥	分節	注明出處	未注明出處
	0	x	〔尚書〕書序 尚書全解
	1	x	孔傳 尚書全解
	2	x	孔傳 正義 仲虺之誥〔尚書〕 尚書新義 東萊書說
	3	屈原〔史記（屈原列傳）〕 周語〔國語〕	孔傳 正義 尚書全解
	4	x	孔傳 正義 尚書全解
	5	x	孔傳 東萊書說
	6	x	孔傳
	7	x	孔傳
	8	x	正義 尚書新義
	9	吳氏〔書裨傳〕	東坡書傳 東萊書說
033			

篇名	蔡傳引用資料		
034 伊訓	分節	注明出處	未注明出處
	0	x	x
	1	禮〔禮記（內則）〕 商頌〔詩經（那）〕 或曰〔尚書全解〕 孔氏〔孔傳〕 詩〔詩經（四月）〕 史記（秦始皇本紀） 蘇氏〔東坡書傳〕 吳氏〔書裨傳〕	尚書全解 尚書詳解（夏撰） 東坡書傳 釋文
	2	詩〔詩經（蕩）〕	孔傳 正義 尚書全解
	3	易（繫辭上）	尚書全解
	4	孔子〔禮記（祭義）〕	x
	5	呂氏〔東萊書說〕	x
	6	x	x
	7	劉侍講〔公是七經小傳 （劉敞）〕 夏書〔左傳（昭公十四 年引）〕	孔傳 尚書新義
	8	x	孔傳 尚書全解
035—036			

篇名	蔡傳引用資料		
037 太甲 上	分節	注明出處	未注明出處
	0	唐孔氏〔正義〕 林氏〔尚書全解〕	x
	1	或曰〔東坡書傳〕	東坡書傳 尚書說（黃度）

	2	x	孔傳
	3	國語（魯語下） 施氏（施博士，〔尚書全解〕引）	東坡書傳
	4	x	孔傳
	5	x	孔傳 尚書詳解（夏僎） 東萊書說
	6	x	東坡書傳
	7	虞書〔尚書〕	孔傳 正義 東坡書傳
	8	x	x
	9	x	孔傳 尚書全解
	10	x	孔傳 孟子（盡心下）
038　太甲中	分節	注明出處	未注明出處
	1	唐孔氏〔正義〕	孔傳
	2	x	尚書全解
	3	x	孔傳 正義 尚書全解 東萊書說
	4	x	x
	5	仲虺〔尚書（仲虺之誥）〕	正義
	6	湯之盤銘（大學）	x
	7	x	孔傳
039　太甲下	分節	注明出處	未注明出處
	1	x	正義
	2	x	尚書全解 東坡書傳

	3	x	尚書詳解（夏撰）
	4	中庸 呂氏〔東萊書說〕	尚書全解
	5	x	x
	6	x	x
	7	x	x
	8	x	孔傳
	9	吳氏〔書裨傳〕	孔傳 正義

篇名	蔡傳引用資料		
040 咸有 一德	分節	注明出處	未注明出處
	0	x	正義 尚書全解
	1	x	孔傳 正義
	2	x	孔傳 正義
	3	x	孔傳 尚書全解
	4	x	x
	5	x	孔傳
	6	x	正義
	7	x	x
	8	張氏（張栻）	孔傳
	9	x	孔傳
	10	x	孔傳 正義
	11	上篇〔（太甲中）尚書〕	正義
041—050			

篇名	蔡傳引用資料		
	分節	注明出處	未注明出處
051 盤庚上	0	王氏〔尚書新義〕 左傳（哀公十一年）	正義 尚書全解 東坡書傳
	1	周氏（周希聖，〔尚書全解〕引）	正義 東坡書傳
	2	x	孔傳 東坡書傳
	3	漢孔氏〔孔傳〕 史記（殷本紀）	孔傳 尚書全解 尚書詳解（夏僎）
	4	x	孔傳
	5	x	孔傳 尚書全解（A－）
	6	x	尚書全解 東坡書傳
	7	x	東坡書傳
	8	x	孔傳
	9	x	孔傳 尚書新義
	10	蘇氏〔東坡書傳〕（A－）	x
	11	x	孔傳
	12	x	孔傳
	13	蘇氏〔東坡書傳〕	孔傳 尚書全解
	14	x	孔傳 尚書全解
	15	x	孔傳
	16	x	孔傳
	17	x	東萊書說（A）

052 盤庚中	分節	注明出處	未注明出處
	1	蘇氏〔東坡書傳〕	孔傳 東坡書傳
	2	x	孔傳（A）
	3	蘇氏〔東坡書傳〕 林氏〔尚書全解〕	東坡書傳
	4	x	東坡書傳
	5	或曰〔尚書全解〕 蘇氏〔東坡全集（思治論）〕	尚書全解 東坡書傳
	6	詩〔詩經（桑柔）〕	尚書全解（A－）
	7	孟子（離婁上）	尚書全解
	8	x	孔傳
	9	x	孔傳
	10	x	x
	11	x	孔傳
	12	x	孔傳 東坡書傳
	13	x	孔傳
	14	王氏〔尚書新義〕	孔傳 東坡書傳
	15	x	孔傳
	16	x	孔傳
	17	x	孔傳 正義
053 盤庚下	分節	注明出處	未注明出處
	1	x	尚書全解
	2	x	孔傳
	3	x	x
	4	立政〔尚書〕 鄭氏（鄭玄）	尚書全解（A－）
	5	x	尚書全解（A－）

	6	x	孔傳
	7	x	孔傳
	8	x	孔傳
	9	爾雅（釋詁）	x
	10	或曰〔尚書全解〕	孔傳 尚書全解
	11	x	孔傳 東坡書傳
	12	x	東坡書傳
	13	蘇氏〔東坡書傳〕	孔傳

篇 名		蔡傳引用資料	
054 說命上	分節	注明出處	未注明出處
	0	蔡仲之命〔尚書〕 微子之命〔尚書〕	尚書全解
	1	喪服四制〔禮記〕 鄭氏注〔禮記注、儀禮注（鄭玄）〕 鄭氏〔儀禮注（鄭玄）〕 儀禮（喪服） 先儒〔孔傳〕	尚書全解
	2	x	孔傳 尚書詳解（夏僎） 東萊書說
	3	x	孔傳
	4	史記（殷本紀） 荀卿〔荀子（勸學）〕	孔傳 尚書全解
	5	孟子（離婁下） 呂氏〔東萊書說〕	尚書全解
	6	x	孔傳 尚書全解
	7	x	孔傳 正義

	8	方言	尚書詳解（夏僎）
	9	x	孔傳 尚書全解 尚書詳解（夏僎）
	10	x	孔傳
	11	x	孔傳 尚書全解
055 說命中	分節	注明出處	未注明出處
	1	x	孔傳 （A）
	2	x	正義 尚書全解
	3	x	孔傳 尚書全解
	4	x	x
	5	王制〔禮記〕 吳氏〔書裨傳〕	尚書全解
	6	x	東萊書說
	7	x	x
	8	張氏（張綱？）	x
	9	x	孔傳
	10	x	x
	11	x	孔傳 正義
	12	蘇氏〔東坡書傳〕	孔傳
	13	x	x
056 說命下	分節	注明出處	未注明出處
	1	君奭〔尚書〕 無逸〔尚書〕 國語（楚語上） 唐孔氏〔正義〕 蘇氏〔東坡書傳〕	孔傳 正義
	2	范氏（范祖禹） 孔氏〔孔傳〕	孔傳

	3	林氏〔*此乃林之奇尚書全解引王氏，當為王氏〕	x
	4	x	孔傳
	5	或曰〔朱子語錄引「一士子」〕	孔傳
	6	孟子（離婁上）	孔傳
	7	x	孔傳
	8	x	孔傳
	9	x	孔傳
	10	x	孔傳 正義 東萊書說
	11	x	尚書全解

篇名	蔡傳引用資料		
057 高宗肜日	分節	注明出處	未注明出處
	0	x	正義
	1	序〔尚書（書序）〕	孔傳 正義
	2	x	尚書（冏命） 尚書全解 釋文
	3	x	東萊書說 尚書全解 漢書（武帝本紀）
	4	x	尚書全解
	5	x	孔傳 尚書全解
058			

篇名	蔡傳引用資料		
059 西伯 戡黎	分節	注明出處	未注明出處
	0	史記（殷本紀） 或曰〔東萊書說〕	孔傳 正義 尚書全解
	1	x	孔傳
	2	x	尚書全解
	3	x	孔傳 尚書全解
	4	史記（殷本紀）	孔傳
	5	x	x
	6	呂氏〔東萊書說〕	尚書全解
	7	蘇氏〔東坡書傳〕	孔傳 尚書全解

篇名	蔡傳引用資料		
060 微子	分節	注明出處	未注明出處
	0	x	孔傳 正義
	1	x	孔傳
	2	x	x
	3	x	孔傳 尚書全解
	4	小旻〔詩經〕	孔傳
	5	孔子〔論語（季氏）〕	x
	6	x	孔傳
	7	x	x
	8	x	東坡書傳
	9	孔子〔論語（微子）〕 左傳（僖公六年）	正義

卷四

篇名	蔡傳引用資料		
周書	分節	注明出處	未注明出處
		x	x
061—063 泰誓上	分節	注明出處	未注明出處
	0	國語（周語下） 偽泰誓〔漢泰誓〕 周本紀〔史記〕 吳棫〔書裨傳〕	正義 尚書全解
	1	漢孔氏〔孔傳〕 歐陽氏〔泰誓論（歐陽脩）〕 序〔尚書（書序）〕 太甲〔尚書〕 或曰〔？〕 鄭氏箋詩〔毛詩鄭箋〕 臣工〔詩經〕	正義 泰誓論（歐陽脩）
	2	x	孔傳
	3	x	孔傳 周易（乾卦象傳、坤卦象傳）
	4	x	x
	5	皇甫謐	孔傳 正義
	6	先儒〔孔傳〕	孔傳 尚書（咸有一德、微子）
	7	x	孔傳
	8	林氏〔尚書全解〕	正義
	9	律〔正義〕引	正義
	10	王制〔禮記〕	尚書全解
	11	x	孔傳 東萊書說

泰誓中	分節	注明出處	未注明出處
	1	x	孔傳
	2	x	正義
	3	微子〔尚書〕 呂氏〔東萊書說〕	孔傳 正義 廣韻
	4	x	孔傳
	5	x	孔傳 正義 尚書（西伯勘黎）
	6	孔子〔論語（泰伯）〕 劉侍讀〔七經小傳（劉 敞）〕	孔傳 正義 釋文
	7	廣韻 孟子（梁惠王下）	x
	8	孟子（滕文公下）	孔傳
	9	x	孔傳 正義
泰誓 下	分節	注明出處	未注明出處
	1	牧誓〔尚書〕	孔傳
	2	x	孔傳
	3	孔氏〔孔傳〕 史記（殷本紀） 列女傳（殷紂妲己）	孔傳 正義 尚書詳解（夏僎）
	4	孟子（梁惠王下）	孔傳
	5	x	x
	6	x	x

篇名	蔡傳引用資料		
064 牧誓	分節	注明出處	未注明出處
	0	泰誓〔尚書〕	說文（坶）
	1	武成〔尚書〕	孔傳 東坡書傳

	2	唐孔氏〔正義〕 周禮（地官司徒）	孔傳 尚書詳解（夏僎）
	3	左傳（文公十九年）	孔傳
	4	唐孔氏〔正義〕	孔傳
	5	x	正義
	6	列女傳（殷紂妲己）	孔傳
	7	x	孔傳 尚書詳解（夏僎）
	8	x	尚書詳解（夏僎）
	9	x	孔傳 東坡書傳
	10	湯誓、湯誥、泰誓、武成〔尚書〕	x

篇名	蔡傳引用資料		
065 武成	分節	注明出處	未注明出處
	0	x	尚書（書序） 尚書詳解（夏僎）
	1	x	孔傳 正義
	2	樂記〔禮記〕	孔傳 正義
	3	爾雅（釋詁）	孔傳
	4	x	孔傳 尚書詳解（夏僎）
	5	史記（周本紀） 詩經（閟宮）	孔傳 正義 尚書詳解（夏僎）
	6	周禮（太祝） 孔氏〔孔傳〕 湯誓〔尚書〕 廣韻	孔傳 正義 尚書詳解（夏僎）

		或曰〔尚書詳解（夏僎）〕 泰誓〔尚書〕	
	7	或曰〔？〕	x
	8	詩經（大明） 帝王世紀〔正義〕引 唐孔氏〔正義〕	孔傳
	9	x	孔傳
今考定武成		劉氏〔七經小傳（劉敞）〕 王氏〔尚書新義〕 程子〔二程集〕	x

篇名	蔡傳引用資料		
066 洪範	分節	注明出處	未注明出處
	0	漢志〔漢書（五行志）〕 史記（宋微子世家）	x
	1	箕子〔尚書（微子）〕 史記（宋微子世家） 蘇氏〔東坡書傳〕	尚書全解 東坡書傳
	2	x	孔傳 正義 詩經（烝民）
	3	孔氏〔孔傳〕 易（繫辭上）	孔傳 五行大義（蕭吉）
	4	x	正義
	5	唐孔氏〔正義〕	正義 東坡書傳 洪範口義（胡瑗）
	6	x	孔傳 絜齋家塾書鈔（袁燮）
	7	x	x

	8	x	孔傳
	9	x	x
	10	x	x
	11	或曰〔？〕	孟子（盡心下）
	12	x	x
	13	康誥〔尚書〕	孔傳
	14	x	孔傳
	15	x	x
	16	x	x
	17	x	孔傳 論語（衛靈公）
	18	x	x
	19	x	x
	20	x	孔傳
	21	x	孔傳
	22	左傳（僖公十五年） 國語（晉語四）	孔傳
	23	x	x
	24	舊說〔正義〕	x
	25	禮記（曲禮上・鄭玄注） 傳〔左傳（僖公四年）〕	孔傳
	26	吳仁傑〔洪範辨〕 小明〔詩經〕 漢志〔漢書（五行志）〕 顏師古注〔漢書注〕	孔傳
	27	唐孔氏〔正義〕	x
	28	x	孔傳
	29	x	x
	30	x	x
	31	x	x
	32	漢志〔漢書（天文志）〕	孔傳 漢書（天文志）

	33	x	孟子（盡心上）
	34	x	x
067			

篇名	蔡傳引用資料		
068 旅獒	分節	注明出處	未注明出處
	0	x	孔傳
	1	職方〔周禮（職方氏）〕 爾雅（釋地） 說文（獒） 公羊傳（宣公六年） 史記（燕召公世家）	孔傳 正義 尚書全解
	2	x	孔傳 正義 東萊書說
	3	x	正義
	4	x	東萊書說（Ａ－）
	5	x	孔傳
	6	x	x
	7	x	x
	8	孔氏〔孔傳〕 蘇氏〔東坡書傳〕	x
	9	呂氏〔東萊書說〕	孔傳
	10	x	東萊書說（Ａ－）
069			

篇名	蔡傳引用資料		
070 金縢	分節	注明出處	未注明出處
	0	唐孔氏〔正義〕	x
	1	x	孔傳 尚書講義（史浩）
	2	李氏（李經？）	孔傳 正義

	3	x	鄭玄〔正義〕引
	4	詩〔詩經（雲漢）〕 周禮（春官宗伯・典瑞）	孔傳 正義
	5	舊說（晁說之以道）	孔傳 張綱〔尚書精義（黃倫）〕引
	6	x	正義
	7	x	孔傳
	8	x	孔傳 孟子（萬章上）
	9	x	孔傳 正義
	10	x	孔傳
	11	x	孔傳 尚書新義
	12	x	四書章句集注〔孟子（公孫丑下）〕 尚書全解
	13	鄭氏詩傳〔毛詩鄭箋〕 孔氏〔孔傳〕	x
	14	鄭氏〔毛詩鄭箋〕 孔氏〔孔傳〕	x
	15	x	孔傳 東坡書傳
	16	孔氏〔孔傳〕 東山〔詩經〕	x
	17	x	x
	18	孔氏〔孔傳〕	x
	19	鄭氏詩傳〔毛詩鄭箋〕 大學	孔傳
	20	洪範〔尚書〕	國語韋昭解 史記正義（周本紀（張守節））

篇名	蔡傳引用資料		
071 大誥	分節	注明出處	未注明出處
	0	x	x
	1	虞書〔尚書〕 爾雅（釋詁、釋言） 詩〔詩經（節南山）〕	孔傳
	2	x	孔傳
	3	蘇氏〔東坡書傳〕	正義 尚書詳解（夏僎） 東坡書傳 程氏經說（采芑（程頤））
	4	x	孔傳
	5	左傳（成公十三年）	孔傳 正義
	6	x	孔傳 尚書全解
	7	x	孔傳 東坡書傳
	8	x	孔傳
	9	x	孔傳 尚書（泰誓中）
	10	x	孔傳 張綱〔尚書精義（黃倫）〕引
	11	孟子（滕文公上）	孔傳
	12	蘇氏〔東坡書傳〕	絜齋家塾書鈔（袁燮）
	13	先儒〔孔傳〕 君奭〔尚書〕	孔傳 尚書（仲虺之誥）
	14	x	東坡書傳
	15	x	孔傳

篇名	蔡傳引用資料		
072 微子之命	分節	注明出處	未注明出處
	0	x	孔傳
	1	孔子〔論語（八佾）〕 振鷺〔詩經〕 左氏〔左傳（僖公二十四年）〕 呂氏〔東萊書說〕	孔傳 正義
	2	伊尹〔尚書（太甲上）（伊訓）〕	孔傳
	3	x	孔傳
	4	詩〔詩經（振鷺）〕 林氏〔尚書全解〕	孔傳
	5	x	孔傳
073—074			

篇名	蔡傳引用資料		
075 康誥	分節	注明出處	未注明出處
	0	書序〔尚書〕 說者〔孔傳〕 或又謂〔尚書全解〕 汲冢周書・克殷篇〔逸周書〕 史記（周本紀）	皇王大紀（胡宏）
	1	說文（士） 詩〔詩經（東山）〕 呂氏〔東萊書說〕 蘇氏〔東坡書傳〕	孔傳
	2	舊說〔孔傳〕	皇王大紀（胡宏） 孔傳

	3	左氏〔左傳（成公二年）〕	x
	4	吳氏〔書裨傳〕漢書〔*當為後漢書（蘇竟楊厚列傳上）〕	孔傳
	5	易（畜·象傳）呂氏〔東萊書說〕	孔傳尚書（益稷）
	6	x	孔傳
	7	大學	尚書全解
	8	舜典〔尚書〕	孔傳
	9	左氏〔左傳（僖公二十三年）〕	孔傳
	10	周官〔周禮（秋官司刑）〕呂刑〔尚書〕	孔傳正義
	11	陳氏〔書解（陳鵬飛）〕呂氏〔東萊書說〕史記（管蔡世家）	孔傳正義
	12	x	孔傳
	13	x	孔傳
	14	x	x
	15	盤庚（中）〔尚書〕	孔傳
	16	孝經（感應章）	孟子（離婁上）
	17	周禮	五誥解（楊簡）
	18	x	孔傳
	19	x	孔傳
	20	詩〔詩經（下武）〕	孔傳
	21	x	孔傳
	22	x	孔傳
	23	x	孔傳
	24	x	孔傳

076 酒誥	分節	注明出處	未注明出處
	0	吳氏〔書裨傳〕	x
	1	詩〔詩經（桑中）〕	x
	2	詩〔詩經（文王）〕 或曰〔孔傳〕	孔傳 東坡書傳
	3	x	尚書（微子）
	4	x	孔傳
	5	x	孔傳 東萊書說
	6	薛氏〔*當為東坡書 傳，薛乃蘇之誤〕	孔傳 東萊書說
	7	x	孔傳
	8	x	孔傳
	9	x	孔傳
	10	呂氏〔東萊書說〕	東萊書說
	11	泰誓（下）〔尚書〕 史記（殷本紀）	孔傳
	12	x	x
	13	孟子（萬章下）	孔傳
	14	蘇氏〔東坡書傳〕	孔傳
	15	x	孔傳
	16	x	孔傳
	17	x	x
077 梓材	分節	注明出處	未注明出處
	0	洛誥〔尚書〕 召誥〔尚書〕 無逸〔尚書〕	尚書全解
	1	孟子（離婁上） 孔氏〔孔傳〕	x
	2	律〔唐律疏議〕 漢律〔漢書〕	孔傳
	3	x	x

	4	x	孔傳
	5	泰誓〔尚書〕	孔傳
	6	x	x
	7	x	孔傳
	8	孔氏〔孔傳〕 王氏〔尚書新義〕 吳氏〔書裨傳〕	x

卷五

篇名	蔡傳引用資料		
078 召誥	分節	注明出處	未注明出處
	0	左傳 史記	尚書全解
	1	x	孔傳 正義 尚書全解 東萊書說
	2	孟康（漢書·律歷志下）引	正義
	3	x	正義
	4	x	正義
	5	x	尚書全解
	6	春秋傳（左傳） 王氏〔尚書新義〕	x
	7	x	尚書全解
	8	呂氏〔東萊書說〕（A）	x
	9	x	孔傳 尚書（太甲下）
	10	x	孔傳 尚書詳解（夏撰）
	11	x	孔傳
	12	x	孔傳

	13	x	孔傳 東萊書說 東坡書傳
	14	王氏〔尚書新義〕	孔傳
	15	x	東萊書說
	16	x	張九成〔尚書精義（黃倫）〕引
	17	x	尚書新義
	18	x	孔傳
	19	x	孔傳
	20	x	孔傳
	21	x	東坡書傳
	22	x	孔傳
	23	蘇氏〔東坡書傳〕	x
	24	x	孔傳 東坡書傳

篇　名	蔡傳引用資料		
079 洛誥	分節	注明出處	未注明出處
	0	x	孔傳 正義
	1	蔡仲之命〔尚書〕 蘇氏〔東坡書傳〕	五誥解（楊簡） 孔傳 周禮（太僕） 尚書新義 東萊書說
	2	x	孔傳 東萊書說
	3	召誥〔尚書〕	孔傳 正義 東萊書說

4	x	孔傳 正義 尚書全解
5	呂氏〔東萊書說〕	孔傳 尚書新義
6	x	孔傳
7	祭法〔禮記〕	正義 東坡書傳 東萊書說
8	x	孔傳 東萊書說
9	x	孔傳 東萊書說
10	x	孔傳 東坡書傳 東萊書說
11	x	東萊書說
12	x	孔傳 東萊書說
13	或曰〔絜齋家塾書鈔 （袁燮）〕 呂氏〔東萊書說〕	孔傳 正義 東萊書說
14	x	孔傳
15	x	孔傳
16	x	孔傳 東坡書傳
17	x	孔傳
18	費誓〔尚書〕 先儒〔孔傳〕	尚書全解
19	x	孔傳
20	x	孔傳
21	爾雅（釋詁）	孔傳

		吳氏〔書裨傳〕 前漢書〔*今本漢書未見〕	
	22	x	x
	23	x	孔傳
	24	唐孔氏〔正義〕	孔傳 正義
	25	x	x
	26	蘇氏〔東坡書傳〕	孔傳 正義 尚書新義 東坡書傳
	27	顧命〔尚書〕	x
	28	x	孔傳 東坡書傳
	29	召誥〔尚書〕	東坡書傳
	30	x	孔傳 正義 尚書全解 尚書新義 東坡書傳
	31	x	x
	32	吳氏〔書裨傳〕	x

篇名	蔡傳引用資料		
080 多士	分節	注明出處	未注明出處
	0	吳氏〔書裨傳〕 召誥〔尚書〕 書序〔尚書〕	尚書詳解（夏撰）
	1	x	正義 東萊書說
	2	x	馬融〔釋文〕引

			東萊書說
	3	x	孔傳 東萊書說
	4	詩〔詩經（烝民）〕	東坡書傳 東萊書說
	5	呂刑〔尚書〕 呂氏〔東萊書說〕（A 一）	x
	6	x	孔傳 東萊書說
	7	x	x
	8	x	孔傳 東萊書說（A－）
	9	x	孔傳
	10	x	x
	11	x	x
	12	x	孔傳 東萊書說（A－）
	13	武成〔尚書〕	東萊書說
	14	武成〔尚書〕	東萊書說（A－）
	15	x	詩經（大明） 東萊書說（A－）
	16	伊訓〔尚書〕	x
	17	x	孔傳 東萊書說（A－）
	18	x	孔傳
	19	x	孔傳
	20	x	東萊書說（A－）
	21	x	x
	22	吳氏〔書裨傳〕	東坡書傳
	23	孔氏〔孔傳〕	孔傳
	24	x	x

	25	x	周禮（地官大司徒） 東萊書說（Ａ－）
	26	x	東萊書說（Ａ－）

篇名	蔡傳引用資料		
081 無逸	分節	注明出處	未注明出處
	0	益戒舜〔尚書（大禹謨）〕	東萊書說
	1	x	東萊書說
	2	x	東萊書說 論語（憲問）
	3	劉裕奮農畝〔宋書（武帝紀下）〕	東萊書說（Ａ－）
	4	書序〔尚書〕	孔傳
	5	說命〔尚書〕	孔傳
	6	史記（殷本紀） 鄭玄〔正義〕引 漢孔氏〔孔傳〕 國語（周語下） 太甲〔尚書〕 邵子《經世書》〔皇極經世〕	x
	7	x	東萊書說（Ａ－）
	8	x	x
	9	x	論語（泰伯） 孟子（盡心上） 東萊書說
	10	立政〔尚書〕	孔傳 東萊書說（Ａ－） 斐然集（無逸傳（胡寅））
	11	漢孔氏〔孔傳〕	尚書（五子之歌）

			東萊書說 絜齋家塾書鈔（袁燮）
	12	x	孔傳
	13	韓子（〈原道〉韓愈）	孔傳 原道（韓愈）
	14	x	孔傳 東坡書傳
	15	x	孔傳 東坡書傳
	16	孟子（離婁上）	孔傳 東萊書說（A－）
	17	x	東萊書說
	18	x	孔傳
	19	x	x

篇名		蔡傳引用資料	
082 君奭	分節	注明出處	未注明出處
	0	史記（燕召公世家） 唐孔氏〔正義〕 葛氏（葛真？葛子平？ 葛興仁？） 蘇氏〔東坡書傳〕	二程遺書
	1	x	孔傳 尚書詳解（夏僎）
	2	x	孔傳
	3	x	東坡書傳
	4	詩〔詩經（敬之）〕 吳氏〔書裨傳〕	x
	5	吳氏〔書裨傳〕（A－）	x
	6	x	x
	7	說命〔尚書〕	孔傳

		呂氏〔東萊書說〕 蘇氏〔東坡書傳〕	正義
	8	x	孔傳
	9	孟子（盡心下）	孔傳
	10	呂氏〔東萊書說〕（A）	x
	11	x	孔傳
	12	康誥〔尚書〕 無逸〔尚書〕	孔傳 釋文
	13	夏氏〔尚書詳解（夏僎）〕	x
	14	x	尚書詳解（夏僎）（A－）
	15	呂氏〔東萊書說〕	孔傳 東萊書說
	16	卷阿〔詩經〕	孔傳 東萊書說
	17	呂氏〔東萊書說〕（A－）	孔傳 東萊書說
	18	蘇氏〔東坡書傳〕（A－）	孔傳
	19	x	孔傳 張九成〔尚書精義（黃倫）〕引
	20	x	孔傳 東萊書說（A－） 東坡書傳
	21	吳氏〔書裨傳〕	東萊書說
	22	韓子（爭臣論（韓愈））	x
	23	x	東萊書說

篇名	蔡傳引用資料		
083 蔡仲之命	分節	注明出處	未注明出處
	0	x	孔傳

	1	孔氏〔孔傳〕 蘇氏〔東坡書傳〕 左傳 呂氏〔東萊書說〕 吳氏〔書裨傳〕	孔傳 正義 東萊書說
	2	呂氏〔東萊書說〕	孔傳 東萊書說
	3	x	尚書新義
	4	x	x
	5	x	東萊書說
	6	x	孔傳
	7	呂氏〔東萊書說〕	孔傳
	8	x	孔傳
084—085			

篇名		蔡傳引用資料	
086 多方	分節	注明出處	未注明出處
	0	費誓〔尚書〕 蘇氏〔東坡書傳〕（A 一）	正義
	1	杜預〔春秋左傳注（定 公四年）〕〔春秋釋例〕 呂氏〔東萊書說〕（A 一）	孔傳 正義
	2	呂氏〔東萊書說〕（A）	x
	3	呂氏〔東萊書說〕（A 一）	孔傳
	4	x	孔傳 東萊書說
	5	x	東萊書說
	6	呂氏〔東萊書說〕（A 一）	x

7	x	孔傳 東萊書說
8	x	東萊書說
9	x	孔傳
10	x	孔傳
11	x	x
12	呂氏〔東萊書說〕（A）	x
13	唐孔氏〔正義〕 呂氏〔東萊書說〕	孔傳
14	多士〔尚書〕	尚書詳解（夏僎）
15	x	東萊書說
16	x	孔傳
17	孔氏〔孔傳〕 或曰〔？〕	東萊書說
18	x	東萊書說（A－）
19	呂氏〔東萊書說〕（A－）	孔傳 東萊書說
20	x	x
21	x	東萊書說（A－）
22	x	尚書詳解（夏僎） 東坡書傳
23	x	x
24	x	東萊書說
25	周官〔周禮〕	東萊書說（A－）
26	x	東萊書說（A－）
27	x	孔傳
28	多士〔尚書〕	東萊書說（A－）
29	x	東萊書說（A－）
30	x	x
31	呂氏〔東萊書說〕	東萊書說（A－）

篇名	蔡傳引用資料		
087 立政	分節	注明出處	未注明出處
	0	吳氏〔書裨傳〕 葛氏（葛真？葛子平？ 葛興仁？）	x
	1	吳氏〔書裨傳〕 葛氏（葛真？葛子平？ 葛興仁？）	孔傳 東坡書傳
	2	蘇氏〔東坡書傳〕 吳氏〔書裨傳〕	孔傳 東萊書說
	3	x	孔傳
	4	x	東萊書說（A－）
	5	x	孔傳 尚書新義 東萊書說
	6	x	尚書全解 東萊書說
	7	x	孔傳 東坡書傳
	8	x	孔傳 尚書新義 尚書詳解（夏撰）
	9	呂氏〔東萊書說〕（A－）	x
	10	牧誓〔尚書〕	東萊書說
	11	x	東萊書說（A－）
	12	x	孔傳
	13	漢孔氏〔孔傳〕	東坡書傳
	14	呂氏〔東萊書說〕（A－）	x
	15	君奭〔尚書〕	孔傳 尚書詳解（夏撰）
	16	孔子〔論語（為政）〕	孔傳

	17	x	孔傳 尚書全解（A－）
	18	康誥〔尚書〕	尚書新義
	19	x	x
	20	呂氏〔東萊書說〕（A －）	正義（A－） 東萊書說（A－）
	21	x	東萊書說
	22	孔傳 呂氏〔東萊書說〕（A －）	x
	23	皋陶〔尚書（皋陶謨）〕	東萊書說
	24	左傳（成公十一年）	東萊書說（A－）

卷六

篇名	蔡傳引用資料		
088 周官	分節	注明出處	未注明出處
	0	周禮 或謂〔六經奧論（鄭 樵）〕 或又謂〔樂軒集（陳 藻）〕	尚書全解
	1	禹貢〔尚書〕 周禮 唐孔氏〔正義〕 葛氏（葛真？葛子平？ 葛興仁？）	孔傳 正義
	2	x	孔傳
	3	x	孔傳 東萊書說
	4	x	孔傳
	5	賈誼〔新書（保傳）〕	中庸

		易〔周易（繫辭上）〕	東萊書說（Ａ－）
	6	易〔周易（繫辭上）〕	東坡書傳 尚書新義
	7	x	孔傳 東萊書說（Ａ－）
	8	x	孔傳
	9	x	孔傳
	10	x	孔傳 東萊書說
	11	呂氏〔東萊書說〕	孔傳
	12	周禮·冬官	孔傳
	13	周禮 呂氏〔東萊書說〕（Ａ－）	x
	14	x	孔傳 尚書（舜典）
	15	x	x
	16	蘇氏〔東坡書傳〕（Ａ－）	孔傳 東萊書說
	17	王氏〔尚書新義〕 呂氏〔東萊書說〕（Ａ－）	x
	18	或曰〔？〕	孔傳 孟子（離婁上）
	19	x	尚書詳解（夏僎） 東萊書說（Ａ－）
	20	王氏〔尚書新義〕（Ａ－）	張綱〔尚書精義（黃倫）〕引
	21	x	孔傳
089—090			

篇名	蔡傳引用資料		
091 君陳	分節	注明出處	未注明出處
	0	唐孔氏〔正義〕（A－）	正義（A－）
	1	孔子〔孝經（廣揚名章）〕 陳氏〔書解（陳鵬飛）〕 畢命〔尚書〕	x
	2	x	東萊書說（A－）
	3	呂氏〔東萊書說〕（A）	x
	4	x	孟子（滕文公上） 林希（？）
	5	孟子（梁惠王下）	孔傳
	6	或曰〔東萊書說〕 葛氏（葛真？葛子平？ 葛興仁？）（A－）	x
	7	x	尚書（畢命）
	8	x	x
	9	x	孔傳
	10	x	孔傳
	11	x	x
	12	孔子〔論語（衛靈公）〕	東萊書說（A－）
	13	王氏〔尚書新義〕（A）	
	14	大學	東萊書說（A－）

篇名	蔡傳引用資料		
092 顧命	分節	注明出處	未注明出處
	0	鄭玄曰〔正義〕引 呂氏〔東萊書說〕	正義
	1	x	孔傳（A）
	2	x	孔傳（A）
	3	x	孔傳（A－）
	4	x	孔傳

			東萊書說
	5	x	孔傳 東萊書說
	6	x	孔傳 東坡書傳
	7	x	孔傳 東萊書說
	8	x	x
	9	子思〔中庸〕 孔子〔周易（繫辭下）〕 周子〔通書（周敦頤）〕 蘇氏〔東坡書傳〕	孔傳 東萊書說
	10	喪大記〔禮記〕	孔傳（A－）
	11	呂氏〔東萊書說〕（A－）	孔傳 東坡書傳
	12	x	孔傳（A）
	13	x	孔傳
	14	祭統〔禮記〕 喪大記〔禮記〕	孔傳
	15	周禮（春官宗伯·司几筵）	孔傳 周禮（春官）
	16	x	孔傳（A－） 正義
	17	x	孔傳（A）
	18	x	孔傳 正義 東坡書傳
	19	易·大傳（繫辭上） 孔氏〔孔傳〕 呂氏〔東萊書說〕 楊氏《中庸傳》（楊時）	孔傳（A－）
	20	周禮·典路（春官宗	孔傳

		伯)	正義 尚書新義
	21	說文 呂氏〔東萊書說〕	孔傳 正義
	22	呂氏〔東萊書說〕	孔傳 正義
	23	蘇氏〔東坡書傳〕	孔傳 正義 東萊書說
	24	x	孔傳 東萊書說 禮記（曲禮上）
	25	x	孔傳
	26	葛氏（葛真？葛子平？ 葛興仁？）	孔傳（Ａ－）
	27	祭禮〔禮記（祭統）〕	孔傳
	28	x	孔傳 東萊書說
	29	x	孔傳 正義

篇名	蔡傳引用資料		
093 康王 之誥	分節	注明出處	未注明出處
	0	x	正義
	1	漢孔氏〔孔傳〕 鄭氏〔周禮注疏（鄭 眾）〕 或曰〔東萊書說〕 吳氏〔書裨傳〕	東萊書說
	2	蘇氏〔東坡書傳〕 或曰〔？〕	孔傳
	3	立政〔尚書〕	孔傳

			東萊書說
	4	春秋（昭公二十二年經）	孔傳
	5	x	東萊書說
	6	x	孔傳
	7	蘇氏〔東坡書傳〕（A一）	x

篇名	蔡傳引用資料		
094 畢命	分節	注明出處	未注明出處
	0	唐孔氏〔正義〕 漢・律歷志〔漢書〕	x
	1	x	孔傳 東坡書傳 東萊書說
	2	x	孔傳 正義
	3	x	孔傳（A一）
	4	x	孔傳
	5	x	尚書（大禹謨） 東萊書說
	6	x	孔傳
	7	禮記（王制）	東萊書說
	8	蘇氏〔東坡書傳〕（A一）	東萊書說
	9	x	東萊書說
	10	呂氏〔東萊書說〕（A）	x
	11	x	東萊書說
	12	x	x
	13	吳氏〔書裨傳〕	東萊書說
	14	呂氏〔東萊書說〕（A一）	孔傳

15	蘇氏〔東坡書傳〕（A）	x

篇名	蔡傳引用資料		
095 君牙	分節	注明出處	未注明出處
	0	x	尚書（書序）
	1	周禮（司勳、司常）	孔傳 正義
	2	x	孔傳
	3	x	孔傳
	4	孔子〔論語（顏淵）〕 周公〔尚書（蔡仲之命）〕	孔傳
	5	x	孔傳
	6	x	孔傳
	7	陳氏〔書解（陳鵬飛）〕	孔傳

篇名	蔡傳引用資料		
096 冏命	分節	注明出處	未注明出處
	0	呂氏〔東萊書說〕（A-）	尚書（書序）
	1	x	孔傳
	2	x	孔傳
	3	x	孔傳
	4	周禮（夏官太僕） 或曰〔正義〕	正義
	5	x	x
	6	呂氏〔東萊書說〕（A-）	尚書全解
	7	x	孔傳
	8	x	x
	9	呂氏〔東萊書說〕（A）	孔傳

篇名	蔡傳引用資料		
097 呂刑	分節	注明出處	未注明出處
	0	舜典〔尚書〕 史記（周本紀）	孔傳 正義
	1	孟子（梁惠王下） 蘇氏〔東坡書傳〕	孔傳 尚書全解 尚書新義
	2	x	東萊書說 東坡書傳
	3	x	東坡書傳（A）
	4	呂氏〔東萊書說〕	孔傳
	5	書〔尚書〕	東萊書說（A－） 東坡書傳
	6	呂氏〔東萊書說〕（A－） 國語（楚語下）	孔傳
	7	x	x
	8	蘇氏〔東坡書傳〕 吳氏〔書裨傳〕	孔傳 東萊書說
	9	吳氏〔書裨傳〕（A－） 呂氏〔東萊書說〕	x
	10	x	東萊書說（A－）
	11	x	孔傳 東萊書說
	12	漢孔氏〔孔傳〕	孔傳 東坡書傳
	13	康誥〔尚書〕	孔傳 東萊書說 東坡書傳
	14	x	尚書（大禹謨） 尚書說（黃度）

	15	周官〔周禮（秋官大司寇）〕	孔傳
	16	x	孔傳 東萊書說 東坡書傳
	17	周禮（秋官司寇）	正義 東萊書說
	18	周禮（秋官司刑） 或曰〔？〕 蘇氏〔東坡書傳〕	孔傳 東萊書說 東坡書傳
	19	康誥〔尚書〕 周官〔周禮（秋官大司寇）〕	尚書（大禹謨） 東萊書說
	20	x	孔傳 東萊書說
	21	x	孔傳 東萊書說 張九成〔尚書精義（黃倫）〕引
	22	x	孔傳

篇名	蔡傳引用資料		
098 文侯之命	分節	注明出處	未注明出處
	0	x	孔傳 正義
	1	x	孔傳 尚書全解
	2	x	孔傳
	3	x	孔傳 東萊書說
	4	春秋傳〔左傳〕	孔傳

		史記（周本紀）蘇氏〔東坡書傳〕	

篇名	蔡傳引用資料		
099 費誓	分節	注明出處	未注明出處
	0	呂氏〔東萊書說〕	孔傳正義
	1	孔傳蘇氏〔東坡書傳〕	x
	2	王肅	正義東萊書說
	3	x	東萊書說（A）
	4	x	x
	5	x	東萊書說（A）

篇名	蔡傳引用資料		
100 秦誓	分節	注明出處	未注明出處
	0	左傳	孔傳正義
	1	x	x
	2	x	孔傳東坡書傳
	3	x	東坡書傳東萊書說
	4	x	孔傳東萊書說
	5	先儒〔正義〕	正義
	6	大學	正義
	7	x	東坡書傳
	8	x	孔傳東坡書傳

第三節　《書集傳》所引據的資料分析[13]

　　對《書集傳》所依據的資料進行溯源的研究，難度頗高，且不易精準地以量化的方式呈現。理由有三：

　　一、是因宋代以前的相關著作並未完整保留下來，經由對比的研究，只能指出「找得到出處」的部分，卻不能保證未找到出處的傳文，完全是蔡沈的見解。以〈召誥〉為例，朱熹的文集卷六十五中，有朱熹較早期未完成的〈召誥〉解。[14]其內容除了朱熹的意見外，凡引錄諸家說法，且清楚地標明每一則資料的來源。朱熹在這一篇所引的資料有王氏（安石）、蘇氏（東坡）、林氏（之奇）、葉氏（夢得）、程氏（程顥、程頤）、傳（孔《傳》）、疏（《正義》）、陳氏（鵬飛）、劉諫議（安世）、朱子發（依引錄的次第為序），以及未明示出處的「或曰」。其中陳鵬飛與葉夢得的《尚書》注，今已失傳。蔡沈《書集傳》注此篇「嗚呼！皇天上帝，改厥元子，茲大國殷之命。惟王受命，無疆惟休，亦無疆惟恤。嗚呼！曷其奈何弗敬！」說：

　　　　此下皆告成王之辭，託周公達之王也。「曷」，何也。「其」，
　　　　語辭。商受嗣天位為元子矣，元子不可改而天改之，大國未

13　本節的主要內容，曾以〈蔡沈《書集傳》所引據的資料分析〉為題，發表在《東華漢學》第十六期，2012 年 12 月，頁 185-220。現根據本書增改後，第四章第二節的表格，將其中的數據重新校正，期能更加精確。相關的增改重點，主要釐清了書已不存，蔡沈可能出自轉引的資料，並重新統計。故數據與原論文略有不同，但整體的判斷，並無差異。

14　相關考證見許華峰：《董鼎〈書傳輯錄纂註〉研究》，頁 56。

> 易亡而天亡之，皇天上帝，其命之不可恃如此。今王受命，
> 固有無窮之美，然亦有無窮之憂，於是歎息言王「曷其奈何
> 弗敬」乎！蓋深言不可以弗敬也。又按，此篇專主「敬」言，
> 「敬」則誠實無妄，視聽言動一循乎理，好惡用捨不違乎天。
> 與天同德，固能受天明命也。人君保有天命，其有要於此哉！
> 伊尹亦言「皇天無親，克敬惟親」[15]，敬則天與我一矣，尚
> 何踈之有。[16]

這段注解完全未注明其所據的資料。如果僅用傳世的《尚書》注解
對照，只能知道蔡沈這段注解的資料依據為孔《傳》[17]與呂祖謙《東
萊書說》[18]。然若與朱熹的注解對照，便可發現朱熹所引陳鵬飛的
意見：

> 陳曰：元子不可改而天改之，大國未易亡而天亡之，天命之
> 無常如此。今王受天命，誠無疆之福，然亦無疆之憂也。其

---

15 〈太甲下〉：「惟天無親，克敬惟親」，「皇」作「惟」。舊題〔漢〕孔
安國傳，〔唐〕孔穎達等正義，〔清〕阮元校勘，《重刊宋本尚書注疏附
校勘記》，卷8，頁22左，總頁118。

16 〔宋〕蔡沈：《朱文公訂正門人蔡九峯書集傳》，卷5，頁2左。

17 「『曷』，何也」，出自孔《傳》。舊題〔漢〕孔安國傳，〔唐〕孔穎達
等正義，〔清〕阮元校勘：《重刊宋本尚書注疏附校勘記》，卷15，頁6
右，總頁220。

18 「此下皆告成王之辭，託周公達之王也」，出自〔宋〕呂祖謙撰，陳金生、
王煦華點校：《東萊書說二種》，頁294。

可不敬乎！[19]

已全被《書集傳》所吸收，而蔡沈並未注明。如果沒有間接的引用
資料被保存下來，很可能會誤以為這是蔡沈的見解。所以，若蔡沈
用了今日已經失傳的資料而未加標明，其它著作亦未見有清楚的引
用，便很難被發現。這意味著，由於客觀條件的限制，此一溯源工
作，不可能將《書集傳》所有的依據窮盡而無餘。

　　二、根據第一章所引黃自然之說，《書集傳》未注明出處的部
分，曾經過改寫。其實，即使《書集傳》標明出處的引文文字，蔡
沈亦經常會依己意加以增改。以《書集傳》明引「呂氏曰」的文字
為例，其中雖有原文照錄的情形，如〈西伯戡黎〉：「祖伊反，曰：
『嗚呼！乃罪多，參在上，乃能責命于天？』」《書集傳》明引呂
祖謙說：

　　呂氏曰：「責命於天，惟與天同德者方可。」[20]

呂祖謙《增修東萊書說·費誓》的原文作：

　　大抵責命于天，惟與天同德者為可耳。[21]

文字幾乎完全相同。但綜觀全書之例，蔡沈刪改引文的情形亦相當
多。例如〈費誓〉篇題下之傳文，明引呂祖謙（呂氏）說：

19　〔宋〕朱熹撰，朱傑人等主編：《晦庵先生朱文公文集》（肆）（收於《朱
　　子全書》（貳拾參），上海市：上海古籍出版社，2002），頁 3185。

20　〔宋〕蔡沈：《朱文公訂正門人蔡九峯書集傳》，卷 3，頁 41 右。

21　〔宋〕呂祖謙撰，陳金生、王煦華點校：《東萊書說二種》，頁 189。

　　呂氏曰：伯禽撫封於魯，夷、戎妄意其未更事，且乘其新造之隙。而伯禽應之者甚整暇有序，先治戎備，次之以除道路，又次之以嚴部伍，又次之以立期會，先後之序皆不可紊。[22]

呂祖謙《增修東萊書說・費誓》的原文作：

　　戎狄之於中國，每觀釁而動。伯禽免於保傅，而撫封於魯，淮夷、徐戎固<u>妄意其未更事</u>，所以並起而欲<u>乘其新造之隙</u>也。<u>伯禽應之者</u>，乃<u>甚整暇而有序，先治戎備，次之以除道路，又次之以嚴部伍，又次之以立期會，先後之序皆不可紊。</u>[23]

此則引文，與原文意義雖然相同，文句亦大致被保留下來，但《書集傳》所引的文字，明顯經過刪削。也有的例子，是只保留大意，文字則被大幅度改動。如〈伊訓〉「嗚呼！先王肇修人紀，從諫弗咈，先民時若。居上克明，為下克忠，與人不求備，檢身若不及，以至于有萬邦，茲惟艱哉。」《書集傳》明引呂祖謙說：

　　呂氏曰：湯之「克忠」，最為難看。湯放桀，以臣易君，豈可為忠？不知湯之心最忠者也。天命未去，人心未離，事桀之心，曷嘗斯須替哉？與人之善不求其備，檢身之誠有若不及，其處上下人己之間又如此。是以德日以盛，業日以廣，天命歸之，人心戴之，由七十里而至于有萬邦也。積累之勤，茲亦難矣。伊尹前既言夏失天下之易，此又言湯得天下之難，

22　〔宋〕蔡沈：《朱文公訂正門人蔡九峯書集傳》，卷6，頁36右。

23　〔宋〕呂祖謙撰，陳金生、王煦華點校：《東萊書說二種》，頁444。

太甲可不思所以繼之哉。[24]

呂祖謙《增修東萊書說·伊訓》原文作：

> 惟「克忠」為難求。湯不幸處君臣之大變，此心之忠，何以知其「克」也？當天命未絕之時，桀、紂為君，湯、武安於為臣，湯、武之本心也。及天命之既絕，則桀、紂不可以為君矣，故湯、武不得已應命而起。故詩人美武王曰「媚茲一人」，觀「媚」之一辭與「忠」之一辭，氣象有肅恭之態，而無一毫干名犯分之心。不然，五進伊尹，湯豈不忠於為下邪！
>
> 惟「檢身若不及」，故能於人不求備。大抵用工於自檢，實見天下之理如此其難踐，實見一身之行如此其難全，則不敢責人之備。蓋己之所素嘗者難，敢以難望於人哉！
>
> 湯自「肇修人紀」至「檢身若不及」，工夫之多，踐履之深，其得天下如此之難，以湯之聰明其難且爾，太甲中材之主，則難又奚止於湯也！[25]

《嚴修能手寫宋本東萊書說》的文字略有不同，作：

> 至「克忠」最難求。<u>湯之放桀，以臣易君</u>，不幸處天下大變，何謂「克忠」然？<u>不知湯之心最忠</u>也。湯之忠惟伊尹知之。當<u>天命未絕</u>之時，則桀、紂為君，而湯、武樂於為臣，是湯、

24　〔宋〕蔡沈：《朱文公訂正門人蔡九峯書集傳》，卷3，頁11右-11左。
25　〔宋〕呂祖謙撰，陳金生、王煦華點校：《東萊書說二種》，頁128。

武之本心也。及天命之既絕,則桀、紂不可以為君矣,故湯、武不得已應命而起。故詩人美武王曰「媚茲一人」,觀「媚」之一辭與「忠」之一字,氣象有肅恭之態,無一毫干名犯分之心,不然,遺伊尹而五就桀,湯豈不忠於為下邪!

上一句歸在下一句,惟其「檢身若不及」,故能於人不求備。蓋自見得私情難克,故於人亦不敢求備。大率人自能檢其身,親見天下之事如此其難成,親見一身如此其難全,則自不敢責人之備。蓋己之所素嘗者難,豈敢以難望於人哉!

夫湯自「肇修人紀」至「檢身若不及」,<u>其自一邦以至于萬邦</u>,其得天下如此之艱難。況湯之聰明尚如此之難,則太甲中材之主,其難又當多於湯也。[26]

《書集傳》的引文,與《嚴修能手寫宋本東萊書說》較為接近。蔡沈顯然檃括呂祖謙的注文,故主要意思雖然一致,但傳文文字與原文差異頗大。可見,蔡沈標明出處的引文,在文字上並非完全照錄。這種情形,意味著蔡沈的引文文字,並不太忠於原著。他注明來源的傳文,雖保留了所引原書之意,卻不一定是對原書文字的精確徵引。蔡沈徵引文獻的態度,較不嚴格。

這些改動,因蔡沈自己注明出處,我們得以與原書對照,了解其文句的異同。對於《書集傳》未注明出處的傳文,如果蔡沈對所依據文獻的改動幅度較大,又不明言出處,就不太容易判別。比較

26　〔宋〕呂祖謙撰,陳金生、王煦華點校:《東萊書說二種》,頁 592。

下列兩個例子。〈文侯之命〉篇題下之說明，《書集傳》主要集孔《傳》和《正義》的文字而成。《書集傳》的文字作：

> 幽王為犬戎所殺，晉文侯與鄭武公迎太子宜臼立之，是為平王，遷於東都。平王以文侯為方伯，賜以秬鬯弓矢，作策書命之。史錄為篇。[27]

其中，「幽王為犬戎所殺」句，根據的是孔《傳》：「幽王爲犬戎所殺。」[28]「晉文侯與鄭武公」至「史錄為篇」，則是根據〈文侯之命〉正義，《正義》原文作：

> <u>晉文侯與鄭武公迎宜臼立之，是為平王，遷於東都。平王乃以文侯為方伯</u>，賜其秬鬯之酒，以圭瓚副焉，<u>作策書命之。史錄其策書</u>，作〈文侯之命〉。[29]

蔡沈未注明傳文的來源。從文字的比對，可以看出這段傳文幾乎完全錄自孔《傳》和《正義》，但對於平王賜給晉文候的物品，則由「秬鬯之酒，以圭瓚副焉」改為「秬鬯弓矢」。究其改動的理由，在於〈文侯之命〉經文所提及的只有「秬鬯一卣，彤弓一、彤矢百，盧弓一、盧矢百，馬四匹」，並未言及「圭瓚」。而《書序》「平

27　〔宋〕蔡沈：《朱文公訂正門人蔡九峯書集傳》，卷6，頁34右。

28　舊題〔漢〕孔安國傳，〔唐〕孔穎達等正義，〔清〕阮元校勘：《重刊宋本尚書注疏附校勘記》，卷20，頁1右，總頁309。

29　舊題〔漢〕孔安國傳，〔唐〕孔穎達等正義，〔清〕阮元校勘：《重刊宋本尚書注疏附校勘記》，卷20，頁1右，總頁309。

王錫晉文侯秬鬯圭瓚，作〈文侯之命〉」卻增加了「圭瓚」。蔡沈本不信《書序》，所以他在這則《書序》的辨說文字指出：

> 經文止言「秬鬯」，而此益以「圭瓚」，有所傳歟？抑賜秬鬯者必以圭瓚，故經不言歟？[30]

於傳文中則將《正義》的文字改為「賜以秬鬯弓矢」。從這個例子來看，除了可以確定《書集傳》未注明出處的傳文當有其來源，同時也表明了蔡沈的改動，應當有其考量（不論理由是否可以被接受）。然而，並非每一處未注明出處傳文的來源都如此容易掌握，當蔡沈的傳文改寫他人之說，而文字的改動幅度較大，便不太容易判別。〈五子之歌〉：「其一曰：『皇祖有訓，民可近，不可下。民惟邦本，本固邦寧。』」《書集傳》說：

> 此禹之訓也。「皇」，大也。君之與民，以勢而言則尊卑之分，如霄壤之不侔。以情而言，則相須以安，猶身體之相資以生也。故勢疎則離，情親則合。以其親，故謂之「近」。以其疎，故謂之「下」。言其可親而不可疎之也。且民者國之本，本固而後國安。本既不固，則雖強如秦，富如隋，終亦滅亡而已矣。「其一」、「其二」，或長幼之序，或作歌之序，不可知也。[31]

這則傳文改寫自林之奇《尚書全解》。林氏原文作：

30　〔宋〕蔡沈：《朱文公訂正門人蔡九峯書集傳》，書序，頁8右。
31　〔宋〕蔡沈：《朱文公訂正門人蔡九峯書集傳》，卷2，頁31左。

自「民可近不可下」至「若朽索之馭六馬」皆是禹之言，所以垂訓於後世者也。「故曰皇祖有訓」，皇，大也。尊而親之故曰皇祖。……夫君之與民，以其勢而言之，則其尊卑之際，如霄壤之不相侔。以其情而言之，則其相須以安，猶心體之相須以生也。苟君民之情不合，而徒以尊卑之勢相較，則將渙然而離矣。是故君民之分，以情則合而安，以勢則離而危。蓋以情則近之，故曰親。以勢則下之，故曰踈。此實治亂安危之所係也。禹之謨訓，首之以一言曰：「民可近，不可下」，孔子謂一言興邦，此之謂也。所謂「民可近，不可下」者，以民乃邦之本故也。《孟子》曰：「民為貴，社稷次之，君為輕。」蓋民心附則社稷固，社稷固則君安矣。故邦以民為本，本既固則邦未有不寧者。苟民心離，則其本先撥，雖強如秦，富如隋，亦無救於滅亡也。以是知人君所以安廟堂之上，享其無敵之貴，無倫之富，所恃者惟人心而已。苟不以人心為恃，而徒恃勢力以為安，其勢力之所不至，則匹夫匹婦之愚者亦足以勝之矣。[32]

《尚書全解》又說：

其一、其二，蓋是昆弟之次，或是作歌之次，不可知也。[33]

可以看出，蔡沈的傳文乃根據《尚書全解》加以簡化改寫而來。另外，亦有蔡沈傳文乃集數家之說而成者。如〈說命上〉「王庸作書

32　〔宋〕林之奇：《尚書全解》，卷12，頁17右-18右，總頁6647。
33　〔宋〕林之奇：《尚書全解》，卷12，頁16右，總頁6646。

以誥曰：『以台正于四方，台恐德弗類，茲故弗言，恭默思道。夢帝賚予良弼，其代予言。』」《書集傳》說：

> 「庸」，用也。高宗用作書告喻羣臣以不言之意，言：以我表正四方，任大責重，恐德不類于前人，故不敢輕易發言，惟恭敬淵默，以思治道。夢帝與我賢輔，其將代我言矣。蓋高宗「恭默思道」之心純一不二，與天無間，故夢寐之間，帝賚良弼。其念慮所孚，精神所格，非偶然而得者也。[34]

其中，「庸，用也」出自孔《傳》。[35]「高宗用作書……其將代我言矣」，當是改寫自夏僎《尚書詳解》卷十四：

> 高宗于是作書以告之曰：我既除喪，非不欲言也。但我自念以我一人表正四方，實恐德之不善，無以率天下，故未敢言。但恭敬淵默，沈思治道，庶幾有德而後言。已而思之既深，誠感上天，果然于夢寐之間見上帝其賜以良弼，將以代我出言而令四方。則我之不言，非不言也，有所待而後言也。[36]

「蓋高宗……帝賚良弼」，當是改寫自呂祖謙《東萊書說》：

> 此心純一不二，與天地無間矣。是以形之於夢，若接上帝，受良弼之賚。蓋高宗此心去天不遠，見天如在目中耳。「恭

34　〔宋〕蔡沈：《朱文公訂正門人蔡九峯書集傳》，卷3，頁32左。

35　舊題〔漢〕孔安國傳，〔唐〕孔穎達等正義，〔清〕阮元校勘：《重刊宋本尚書注疏附校勘記》，卷10頁2右，總頁139。

36　〔宋〕夏僎：《尚書詳解》，卷14，頁5右-5左，總頁673。

默思道」此心如何哉！能體此，則見上帝矣！[37]

這些傳文，若未細加對照，未必可以發現傳文的來源。

由於蔡沈未注明來源的傳文比例甚大，對所依據的注解文字又往往加以改動，乃至在同一節的傳文，即同時集合諸家之說而成，因而除非文字的改易不太嚴重，否則要將所有的材料皆一一注出，或用精密統計的方式來呈現，實有困難。因此即使蔡沈所依據的資料現在尚存於世，我們依然不能保證所有的來源都可以被找到。

三、如本書第一章所言，《書集傳》研究的困難之一，在於現今所留存關於此書成書經過及蔡沈編纂此書的相關線索太少。研究者大多只能依靠蔡沈〈九峯蔡先生書集傳序〉、真德秀〈九峯先生蔡君墓表〉和收錄在南宋呂遇龍所刊刻的《朱文公訂正門人蔡九峯書集傳》中的黃自然跋文，配合《書集傳》的內容進行推論。由於所能夠得到的線索過少，並不能保證我們對於蔡沈未注明出處的傳文進行的溯源成果，一定就是蔡沈的直接依據。所以，雖然已經進行了大量的對比研究，相信仍然有增補和刪改的空間。又為了防止溯源過於泛濫，如前文所舉的相關例證，本文在資料對比時，儘量限制在文句相近以及較早出現兩個原則上。

然而，即使有上述的困難，找出《書集傳》的相關依據仍是研究上必要的工作。只是對第二節的工作成果，毋寧持較保守的態度，將此一研究的目標限定在通過溯源工作，確認《書集傳》作為「集注體」的事實，以及就目前可考知的來源，對《書集傳》進行發掘，

---

37 〔宋〕呂祖謙撰，陳金生、王煦華點校：《東萊書說二種》，頁 169。

了解《書集傳》資料依據的大致傾向。以下，便根據第二節的表格
以及資料對比的觀察與整理，分項加以說明：

　　一、第二節的表格所代表的意義，是對與蔡沈《書集傳》每一
節傳文內容可能有關的資料溯源。作為「集注體」的經注，《書集
傳》引用他人的說法，並不僅止於注明出處的部分。經過對比，可
以發現蔡沈參照他人之說的比例極高。例如〈湯誓〉，全篇分為五
節，傳文皆未標明引用他人的意見。然經由對比，可知每一節傳文
都參照了前人的意見。〈盤庚〉上，蔡沈將此篇經文分為十七個章
節。加上篇題，共為十八個章節。其中清楚標明有引用他人之說的
地方，僅有五節。事實上，未標出處的章節，也幾乎都參考了前人
的說法。前人的研究僅根據《書集傳》明確注出出處的資料來探討
蔡沈注《書》的文獻依據，或據以說明《書集傳》之所以為「集注
體」經注，恐怕未能如實地反映出《書集傳》「集注體」的注解內
容，也很難將《書集傳》的解經特色清楚地呈現出來。

　　為了較精細地呈現《書集傳》傳文所依據的材料，第二節的表
格在整理時，先將每篇根據《書集傳》的分節編號，然後以節為單
位，分為「注明出處」與「未注明出處」兩種情況，記錄其傳文的
來源。所以，本書所提及的數據，最小單位是蔡沈所區分的經文章
節。由於《書集傳》所引用的前人注解，基本上與經文相配合，而
且文句也往往經過改動，故表中並不詳注所引據文句的起訖，以避
免過於龐雜。這樣處理，可以突顯出被引用的著作，引用數與章節
數的比例關係。仍以〈盤庚〉上為例，十八個章節中，用到孔《傳》
的章節數為 12/18，《尚書正義》的章節數為 2/18，《尚書新義》
的章節數為 2/18，《東坡書傳》的章節數為 7/18，《尚書全解》的

章節數為 7/18，《尚書詳解》（夏僎）的章節數為 1/18。如此，便可以較具體的了解《書集傳》每一分篇的資料狀況。以上述原則加整理，《書集傳》全書共分為 938 個章節。所以下列表格所統計的數字，在理解上應以 938 為基數。

　　二、若將《書集傳》所依據資料，歸納列表，可分為四種情況（表（三）、表（四）中的「人名、書名」，依筆劃排序。又表（二）、表（三）「重出」一欄，是指在同一節中，「注明出處」和「未注明出處」的傳文皆引據了同一種著作。以節為單位，在計算總數時，理應只計算一次，故標明重出的數量。「說明」，標注蔡根祥、游均晶的相關統計成果）：

　　（一）《書集傳》所標注的出處有誤：

尚書篇名	《書集傳》引用名稱	正確的人名、書名	引用數
01 堯典	陳氏	鄭玄	01
02 堯典	莊子	淮南子、史記	01
03 堯典	爾雅	小爾雅	01
04 舜典	葉氏	尚書新義（王安石）	01
05 舜典	周禮夏官	周禮地官	01
06 禹貢	郭璞	爾雅注（孫炎）	01
07 禹貢	漢孔氏	尚書正義（孔穎達）	01
08 禹貢	顏氏	顧氏	01
09 禹貢	地志	（？）今本漢書未見	01
10 說命下	林氏	尚書新義（王安石）	01
11 康誥	漢書	後漢書（范曄）	01
12 酒誥	薛氏	東坡書傳	01
13 洛誥	前漢書	（？）今本漢書未見	01

　　（二）《書集傳》僅簡略注明或曰、或以為、諸儒等，而詳細來源不可考知者：

《書集傳》引用名稱	正確的人名、書名	引用數
或曰	（？）	14
或以為	（？）	02
諸儒之說	（？）	01

（三）《書集傳》所引用唐以前的資料：

人名、書名	《書集傳》引用名稱	注明出處引用數	未注明出處引用數	重出	總數	說明
一行	唐一行	02	00	00	02	
大學	大學、湯之盤銘	06	01	00	07	
大戴禮	夏小正	01	01	00	02	
山海經	山海經	03	00	00	03	
山海經注（郭璞）	郭璞	01	00	00	01	
中庸	子思、中庸	02	01	00	03	
五行大義（蕭吉）		00	01	00	01	
五經算術（北周甄鸞撰，唐李淳風注）		00	01	00	01	
元和郡縣志（李吉甫）	元和志、李吉甫	02	00	00	02	
天文志(蔡邕)	天文志	01	00	00	01	
方言（揚雄）	方言	01	00	00	01	
毛詩箋(鄭玄)	毛詩鄭箋、鄭氏、鄭氏詩傳、鄭氏箋詩	04	00	00	04	
水經（桑欽）	水經、桑欽	13	00	00	13	
水經注（酈道元）	酈道元	12	00	00	12	
王蕃		00	01	00	01	
王肅	王肅	01	00	00	01	

北史（李延壽）	北史	01	00	00	01	
史記（司馬遷）	太史公、史記、周本紀、屈原	27	01	00	28	
史記正義（張守節）		00	01	00	01	
史記索隱（司馬貞）	史記索隱	01	00	00	01	
史記集解（裴駰）		00	01	00	01	
白虎通		00	01	00	01	
列女傳（劉向）	列女傳	02	00	00	02	
老子	老氏	01	01	00	02	
何承天	何承天	02	00	00	02	
吳都賦注（唐仲初）	唐仲初吳都賦注	01	00	00	01	
呂氏春秋（呂不韋）	呂不韋	01	00	00	01	
孝經	孔子、孝經	02	00	00	02	
宋書（沈約）	劉裕奮農畝	01	00	00	01	
李巡	李氏	01	00	00	01	
周禮	考工記、周大司徒、周官、周禮、染人、職方、職方氏	54	04	01	57	游均晶：41（頁40）
周禮注（鄭玄）	注、鄭注	03	00	00	03	
周禮注（鄭眾）	鄭氏	01	00	00	01	
孟子（孟軻）	孟子、夏諺	31	12	01	42	游均晶：24（頁40）
孟康	孟康	02	00	00	02	
尚書	太甲、召誥、立政、仲虺、伊尹、伊訓、多士、君奭、	75	30	03	102	

	呂刑、序、典、周公、周官、周書、武成、牧誓、洛誥、洪範、禹言、禹貢、禹謨、書、書序、泰誓、益戒舜、益稷、康誥、畢命、堯典、湯誓、湯誥、無逸、皋陶、皋陶謨、舜典、費誓、微子、微子之命、經、虞書、箕子、說命、盤庚、蔡仲之命、謨、顧命					
尚書孔傳（孔安國）	孔傳、先儒、說者、傳、漢孔氏、舊說	46	543	20	569	游均晶：43(頁 52)
尚書正義（孔穎達）	先儒、唐孔氏、舊說	24	178	9	193	游均晶：22(頁 52)
尚書注(鄭玄)	鄭玄、鄭康成	02	02	00	04	
昌黎文集（韓愈）	韓子、韓愈	03	01	00	04	
周易	孔子、易、易大傳、	14	02	00	16	游均晶：08（頁 40）
河東先生集（柳宗元）	柳宗元	01	00	00	01	
法言（揚雄）		00	01	00	01	
帝王世紀（皇甫謐）	帝王世紀	01	00	00	01	

後漢書注（李賢）	唐李賢	01	00	00	01	
春秋	春秋	02	00	00	02	
春秋公羊傳	公羊傳	01	00	00	01	游均晶：01（頁40）
春秋左氏傳	左氏、左傳、季札、春秋傳、夏書、傳	30	00	00	30	游均晶：12（頁40）
春秋左傳注（杜預）	杜預	02	01	00	03	
春秋穀梁傳	穀梁	01	00	00	01	游均晶：02（頁40）
皇甫謐	皇甫謐	01	00	00	01	
韋昭	韋昭	01	00	00	01	
風俗通義（應劭）	風俗通	01	00	00	01	
唐律疏議（長孫無忌）	律	01	00	00	01	
晉書（房玄齡）		00	01	00	01	
荀子（荀卿）	荀卿	01	00	00	01	
馬融		00	03	00	03	
國語	周語、國語	07	00	00	07	
國語解（韋昭）		00	01	00	01	
張揖	張揖	01	00	00	01	
莊子（莊周）	莊子	01	00	00	01	
許商	許商	01	00	00	01	
通典（杜佑）	杜佑、通典	03	00	00	03	
郭璞	郭璞	01	00	00	01	
尋陽記	尋陽記	01	00	00	01	
華陽國志（常璩）	常璩	01	00	00	01	
逸周書	汲冢周書克殷篇、周書作雒	02	00	00	02	
隋書（魏徵）	隋地志	01	01	00	02	

新書（賈誼）	賈誼	01	00	00	01	
楚地記	楚地記	01	00	00	01	
楚辭	楚辭	01	00	00	01	
經典釋文（陸德明）		00	12	00	12	游均晶：僅謂參酌陸德明之說，然未有說明。（頁43）
虞喜	虞喜	01	01	00	02	
詩經	小弁、小旻、小明、臣工、卷阿、東山、振鷺、商頌、詩、詩經	28	04	01	31	游均晶：20（頁40）
賈逵	賈逵	01	00	00	01	
漢書（班固）	地志、漢王橫、漢地志、漢西域傳、漢志、漢律、漢律歷志、漢書	47	05	03	49	
漢書注（臣瓚）	臣瓚	01	00	00	01	
漢書注（顏師古）	顏氏、顏師古	04	01	00	05	游均晶：缺
漢泰誓	偽泰誓	01	00	00	01	
爾雅	爾雅	14	00	00	14	游均晶：10（頁40）
爾雅注（孫炎）	孫炎	01	00	00	01	
管子	管子	01	00	00	01	
蓋匡	唐人	01	00	00	01	
說文解字（許慎）	說文	11	02	00	13	
說文繫傳（徐鍇）	說文注	01	00	00	01	
儀禮	大射禮、鄉飲	03	00	00	03	

	酒禮、儀禮					
儀禮注（鄭玄）	儀禮、鄭氏	02	00	00	02	
劉焯	劉焯	01	00	00	01	
廣韻	廣韻	02	01	00	03	
論語	孔子	11	05	00	16	游均晶：10（頁40）
鄭玄	鄭氏、鄭玄	08	01	00	09	
冀州箴（揚雄）	揚子雲冀州箴	01	00	00	01	
戰國策	戰國策	01	01	00	02	
禮記	孔子、王制、曲禮、祭、祭法、祭統、喪大記、喪服四制、樂記、禮、禮記、禮運	21	02	01	22	游均晶：03（頁40）
禮記注（鄭玄）	鄭氏注、鄭玄注、禮記	03	00	00	03	
蠻書（樊綽）	樊綽	01	00	00	01	

（四）《書集傳》所引用宋人的資料：

人名、書名	《書集傳》引用名稱	注明出處引用數	未注明出處引用數	重出	總數	說明
二程集（程顥、程頤）	程子	06	03	00	09	游均晶：10（頁43）
中庸傳（楊時）	楊氏中庸傳	01	00	00	01	
五誥解（楊簡）		00	02	00	02	
元豐類稿（曾鞏）	南豐曾氏齊二堂記	01	00	00	01	
公是七經小傳（劉敞）	劉氏、劉侍講	04	00	00	04	
六經奧論（鄭樵）	或謂	01	00	00	01	
太平寰宇記（樂史）	樂史、寰宇記	04	01	00	05	

李經（？）	李氏	01	00	00	01	游均晶：01（頁45）
周希聖	周氏	01	00	00	01	游均晶：僅謂參酌周氏之說，然未有說明。（頁46）
尚書全解（林之奇）	或又謂、或曰、或者乃謂、林氏	29	127	08	148	游均晶：24（頁44）
尚書新義（王安石）	王氏	11	26	00	37	游均晶：13（頁60）
尚書詳解（夏僎）	或曰、夏氏	03	30	01	32	游均晶：02（頁46）
尚書說（黃度）	或曰	01	02	00	03	
尚書講義（史浩）		00	04	00	04	游均晶：未注明次數。（頁44）
尚書講義（曾旼）	曾氏	12	02	00	14	游均晶：12(頁44)
東坡全集（思治論）（蘇軾）	蘇氏	01	00	00	01	
東坡書傳（蘇軾）	或曰、蘇氏	47	89	10	126	蔡根祥：47（頁599）游均晶：46(頁60)
東萊書說（呂祖謙）	呂氏、或曰	58	139	10	187	○蔡根祥:49(頁599) ○游均晶:45(頁60)

林希（？）		00	01	00	01	
律	律	01	00	00	01	
施博士（？）	施氏	01	01	00	02	游均晶僅謂參酌施氏之說，然未有說明。（頁46）
春秋考（葉夢得）		00	01	00	01	
洪範口義（胡瑗）		00	01	00	01	
洪範辨（吳仁傑）	吳仁傑	01	00	00	01	游均晶：02（頁45）
皇王大紀（胡宏）		00	02	00	02	游均晶：01（頁44），指出〈康誥〉「朕其弟小子封」《書集傳》引「胡氏」應指「胡宏」。峰按，〈康誥〉傳文並未明引「胡氏」
皇極經世（邵雍）	邵子經世書	01	00	00	01	
禹貢論（程大昌）	程氏	09	02	00	11	游均晶：10（頁43）
胡旦	胡氏	01	01	01	01	游均晶：01（頁43）
范祖禹	范氏	01	00	00	01	游均晶：01（頁43）

晁以道 說之	晁氏、舊說	10	00	00	10	游均晶：10(頁43)
書傳（葉夢得）	葉氏	01	00	00	01	游均晶：僅謂參酌葉夢得之說，然未有說明。（頁43）
書裨傳（吳棫）	吳氏、吳棫	26	00	00	26	○游均晶：21(頁60)
泰誓論（歐陽脩）	歐陽氏	01	01	01	01	游均晶：01(頁43)
張九成		00	03	00	03	
張栻	張氏	01	00	00	01	游均晶：未注明次數。（頁44）
張綱	張氏	02	03	00	05	游均晶：未注明次數，又以張氏皆為張栻。（頁44）峰按，據黃倫《尚書精義》所引，有二則當為張綱。
通書（周敦頤）	周子	01	00	00	01	
陳鵬飛	陳氏	05	00	00	05	游均晶：未說明（頁45）
斐然集（胡寅）		00	01	00	01	
渾儀議（沈括）	沈括	01	01	01	01	
絜齋家塾書鈔（袁燮）	或曰	01	04	00	05	

楊時	楊氏	02	00	00	02	游均晶：02（頁44）
葛真？ 葛子平？ 葛興仁？	葛氏	07	00	00	07	游均晶：04(頁45)峰按，游以「葛氏」為葛子平，然陳櫟曾以葛氏為「葛真」。董鼎《輯錄纂註》有「葛興仁」，未知所引為誰之說，故並存以待考。
資治通鑑（司馬光）	通鑑	01	00	00	01	
雍錄(程大昌)	程氏	01	00	00	01	
夢溪筆談（沈括）	吳興沈氏	01	00	00	01	
樂軒集(陳藻)	或又謂	01	00	00	01	
潏水集(李復)	李復、邢恕	02	00	00	02	
薛元鼎	薛元鼎	01	00	00	01	
書古文訓（薛季宣）	薛氏	03	01	00	04	游均晶：06（頁44）
輿地廣記（歐陽忞）	輿地記	02	00	00	02	

如上表所示，蔡根祥和游均晶雖企圖處理此書引據的問題，並提出較具體說明，但他們皆只處理了蔡沈明確注明出處的部分。雖有少數例證提及蔡沈有未經注明出處的傳文，但皆只是單一的例

子，未能較全面呈現其中的狀況。現在根據此表，可以看出若不論蔡沈是否注明出處，以及所引資料是否為蔡沈直接引用或是轉引自他書，《書集傳》所涉及的資料多達 147 種。整體來看，蔡沈未注明出處的傳文，引據他書的數量，遠遠超出注明出處的部分。《書集傳》所採用的注經體式，的確是集錄諸家說法的「集注體」。研究上，若未能將這部分納入考慮，將無法如實呈現蔡沈《書集傳》的注解特色。進一步分析蔡沈所引據的資料，值得重視的有下列諸事：

1. 《書集傳》對所引用資料來源的標明並不重視，故注明出處的傳文，就全書的比例而言並不太高。而注明出處的傳文，經詳細比對，可以發現其中出處標注不正確的，有 13 處。如將《小爾雅》誤作《爾雅》、《周禮·地官》誤作《周禮·夏官》、《後漢書》誤作《漢書》、《淮南子》誤作《莊子》、顧氏誤作顏氏、《爾雅》孫炎注誤作郭璞注、鄭玄誤作陳鵬飛、《尚書》孔穎達《正義》誤作孔安國《傳》、王安石《尚書新義》誤作葉夢得和林之奇、蘇軾《東坡書傳》誤作薛季宣。另有兩則雖標明出自《漢書》，但在今本《漢書》中，卻未找到相關內容。配合前文述及的蔡沈對引據資料文字的改動，可知蔡沈引證文獻，並不不太重視引文的精確度。

2. 孔《傳》、《尚書正義》在蔡沈未注明出處的傳文中，並未被嚴格區分。這是因為《尚書正義》在大多數的情況下是依據孔《傳》來作疏的。所以這兩種著作，在蔡沈未注明來源的傳文中，往往未予清楚區隔。若加上出自《經典

釋文》的相關內容，三種著作可以籠統地以「古注」視之。從表中可以看出，《書集傳》引用古注的數量極多。三種文獻共有 774（569+193+12）個節次加以引據。尤其是孔《傳》的引據高達 569 個節次佔全書 938 個節次的一半以上。雖然其中有些引據僅是對經文一、兩個詞語的解釋，但如此高的引據數仍然值得重視。據此，可以確認蔡沈在進行《書集傳》的撰寫時，不僅並未排斥「古注」，甚至是以「古注」作為其「集傳」的重要基礎。在對經文未有更好的解釋時，蔡沈往往採用「古注」來作傳，特別是有關名物制度的部分，更是大量以「古注」作為作傳的依據。所以配合第四章第二節的表格可以看到，《尚書》中涉及名物制度的解釋較多的篇章，如〈顧命〉（29/30）、〈康王之誥〉（5/8）等篇，皆大量引據「古注」的內容。從這個現象來看，「古注」是蔡沈作傳的重要依據。

3. 宋人《尚書》注中，蔡沈所引據，依數量的多寡排列，為呂祖謙《東萊書說》（187）、林之奇《尚書全解》（148）、蘇軾《東坡書傳》（126）、王安石《尚書新義》（37）、夏僎《尚書詳解》（32）、吳棫《書裨傳》（26）、曾旼《尚書講義》（14）、晁以道（10）、葛氏（07）、陳鵬飛（05）、袁燮《絜齋家塾書鈔》（05）、張綱（05）、薛季宣《書古文訓》（04）、史浩《尚書講義》（04）、張九成（03）、黃度《尚書說》（03）、葉夢得《書傳》（01），計 17 家。其中，可以分成三種情形：

（1）數量最多的是《東萊書說》（呂祖謙）、《尚書全解》

（林之奇）與《東坡書傳》（蘇軾），其引據的數量皆超過 100 次以上。這些著作正是朱熹曾經加以評介的重要注解。

（2）書已不傳，但《書集傳》引據較多的著作爲《尙書新義》（王安石）、《書裨傳》（吳棫）、《書解》（曾旼）、（晁以道）諸家，引據的數量皆在 10 次以上。由於相關著作今日已無由得見，所以只能根據蔡沈自注以及從他書轉引才能得知《書集傳》是否加以引據。合理的推測，在蔡沈未標明出處的部分，也許有更多出自這些著作的相關內容。

（3）著作尙存而引據在 10 次以上的有《尙書詳解》（夏僎）。夏僎的時代稍早於蔡沈，但因其書的大量內容與林之奇《尙書全解》相同，故蔡沈引據相對於《尙書全解》的數量，自然比較少。

綜合 2、3 兩點，可以確認《書集傳》引用最多的，除了古注（《尚書》孔《傳》、《正義》、《釋文》）外，最重要的為王安石《尚書新義》、蘇軾《東坡書傳》、林之奇《尚書全解》和呂祖謙《東萊書說》。只是很難說那一種是絕對的多，因就現存的諸家著作看，每一部注解的詳略、字數皆有極大的差異，所以除非蔡沈所引據的數量有極明顯的差距，否則不宜直接以《書集傳》引用的數量來判定蔡沈最看重那一部注解。

上述引據情形頗符合朱熹晚年與蔡沈討論《尚書》諸家注解優劣與注解原則的說法。朱熹曾說：

　　諸說此間亦有之，但蘇氏傷於簡，林氏傷於繁，王氏傷於鑿，
呂氏傷於巧，然其間儘有好處。如制度之屬，秖以《疏》文
為本。若其間有未穩處，更與挑剔，令分明耳。[38]

於宋人的注解，則特別舉出蘇軾、林之奇、王安石、呂祖謙四家，
並強調制度的部分，應以《尚書正義》為基礎。其中，「若其間有
未穩處，更與挑剔，令分明耳」，在斷句上，可以理解成專指《尚
書正義》對制度的說明有未穩處，亦可理解成諸家之說有未穩處，
而以後一說所包含的範圍較廣。如果就《書集傳》改動諸家注解文
句的情形看，後一種理解方式應當比較合乎蔡沈作注的實情。

　　又朱熹所謂宋人四家注「傷於簡」、「傷於繁」、「傷於鑿」、
「傷於巧」之失，未必完全是針對《尚書》內容理解說的。如果考
量朱熹對經注的意見，可以發現朱熹認為經注必須有目標、規範。
注得過少，無法使讀者了解。太繁，則往往流於自作文章，無法使
讀者自行體會經書的內涵。所以注經並非把注解者的體會完全寫出
即可。換言之，《書集傳》對諸家注解的抉擇，在理解的層次上，
至少包括了蔡沈個人對《尚書》的理解體會與如何使讀注之人在基
本的理解、體會的基礎上，能夠自行發掘、闡發經旨。注解提供的
是理解的基礎和方向的規範，是引導作用，而不是決斷性的。所以，
讀注者並非只能依照注解亦步亦趨，更重要的是要能夠從注解的引
導開發義理。了解此點，才能明白何以朱熹的後學，在經注上，每

38　〔宋〕蔡沈：《朱文公訂正門人蔡九峯書集傳》，書傳問答，頁 1 右-1 左。

每採用集注或集錄纂註的體式。因為他們本來就在朱子學體系的主軸下，包容諸家說法。

4. 《書集傳》引林之奇《尚書全解》共 148 次，但《書集傳》前半部引《尚書全解》的情形極多，但到了〈洛誥〉篇之後，只出現 9 次。而《書集傳》引呂祖謙《東萊書說》共 187 次，但《東萊書說》在〈召誥〉篇之前僅出現 43 次。這與當時認為林之奇《尚書全解》只注到〈洛誥〉，呂祖謙《東萊書說》則注〈洛誥〉篇之後的部分有關。《朱子語類》說：

> 林書儘有好處。但自〈洛誥〉已後，非他所解。（祖道）

> 呂伯恭解書自〈洛誥〉始。（道夫）

> 向在鵝湖，見伯恭欲解《書》，云：「且自後面解起，今解至〈洛誥〉。」有印本，是也。（螢）[39]

今本《尚書全解》雖為完本，但這個版本行世的時間較蔡沈注經的時間晚。蔡沈所據，是當時所見的本子。

5. 《尚書》中的〈禹貢〉，在性質上和其他篇章不同。此篇涉及許多地理、山脈、水道等特殊知識。蔡沈為〈禹貢〉作傳，大量引用了地理方面的專著。從表中的引據數量上看，班固《漢書》（49，其中大量引〈地理志〉、〈溝洫志〉）、桑欽《水經》（13）、酈道元《水經注》（12）、

39　〔宋〕黎靖德編：《朱子語類》，頁 1988。

程大昌《禹貢論》（11）之引用的次數雖然較多，但主要皆集中在〈禹貢〉的傳文之中。

6. 《書集傳》明引「薛氏」，集中在〈禹貢〉篇，皆出自薛季宣《書古文訓》。這是因為《朱子語類》曾說：

> 薛士龍《書解》，其學問多於地名上有功夫。（瑩）[40]

然在資料對比的過程發現，「薛」、「蘇」二字因字形相近，在引用上每每造成錯誤。如林之奇《尚書全解》所引「薛氏」便往往出自《東坡書傳》。[41]《書集傳》所明引4處「薛氏」，其中〈酒誥〉所引，亦應作「蘇氏」。所以《書集傳》只在〈禹貢〉篇引薛氏之言，這與朱熹強調薛季宣的學問「於地名上有功夫」是一致的。

7. 從實際的資料對比來看，《書集傳》所參考的資料，可能並不如統計的資料所顯示的那麼多。因為《書集傳》所引唐以前的資料，絕大多數都曾為前人所引用過，特別是《尚書正義》、《尚書全解》二書，應當是蔡沈在作注時的重要資料來源。其中引錄唐代以前的說法，大多參考了《尚書正義》的文字。而引用北宋時期的資料，又往往和《尚書全解》重疊。這意味著蔡沈實際看到的書，可能比表面上的統計數字要少。這種轉引自他書資料的情形，若不注意，很可能會以為蔡沈全部都是直接根據原書引錄。我們

40　〔宋〕黎靖德編：《朱子語類》，頁1989。
41　蔡根祥：《宋代尚書學案》（下），頁371-372。

不宜單從表面上的引用，便以為蔡沈當時看過所有的原書。

第五章 《書集傳》的注經體式與解經特色

這一章將分為三個部分討論《書集傳》的注經體式與解經特色。第一節說明《書集傳》所設定的注解形式，以及在相關注解內容中，如何帶入朱子學派的見解。第二節說明蔡沈抉擇諸家說法的原則，並以〈咸有一德〉「主善、協一」之例加以驗證。第三節總結本書的論述，以〈湯誥〉全文的注解為例，說明《書集傳》的注經體式與解經特色之間的關係。

第一節 《書集傳》的注解形式

如第三章所言，蔡沈《書集傳》仿朱熹的「集注體」經注，在形式上依然維持著一般注解的表述方式，對所引用的諸家說法，則絕大多數未明確注出來源。這種形式上的安排，或許是因為朱子學派重視讀者閱讀上的方便，詳細標注所依據的資料來源，可能影響注解文意的通暢而未成為作注的重點。事實上，他們並未刻意隱沒他們的注解根本性質為「集傳」或「集注體」，所以書名皆清楚標上「集傳」、「集注」之名。如朱熹的《四書章句集注》即清楚地

將〈大學〉、〈中庸〉的注解定名為「章句」,《論語》、《孟子》的注解定名為「集注」,明白區分為兩種不同注經體式。他對於不同體式,有著清楚的意識。

從閱讀的角度言,朱熹並不希望他的學生只讀他的著作。《朱子語類》中,記載了朱熹對學生閱讀《詩經》的相關指點,說:

> 先生謂學者曰:「公看《詩》,只看《集傳》,全不看古注。」曰:「某意欲先看了先生《集傳》,卻看諸家解。」曰:「便是不如此,無卻看底道理。才說卻理會,便是悠悠語。今見看《詩》,不從頭看一過,云且等我看了一箇了,卻看那箇,幾時得再看?如廝殺相似,只是殺一陣便了。不成說今夜且如此廝殺,明日重新又殺一番!」(僩)[1]

> 文蔚泛看諸家《詩》說。先生曰:「某有《集傳》。」後只看《集傳》,先生又曰:「曾參看諸家否?」曰:「不曾。」曰:「卻不可。」(文蔚)[2]

只看《詩集傳》或只看古注,皆為朱熹所指正。朱熹認為,讀《詩經》,應當同時將諸家注解一起參照閱讀。這種建議,其實也是朱熹自己讀《詩經》的方式。他自述讀《詩經》的經驗,即是將數十家注解一起參看。《朱子語類》說:

> 因說學者解《詩》,曰:「某舊時看《詩》,數十家之說一

---

1   〔宋〕黎靖德編:《朱子語類》,頁2088。
2   〔宋〕黎靖德編:《朱子語類》,頁2088。

一都從頭記得，初間那裏敢便判斷那說是，那說不是。看熟久之，方見得這說似是，那說似不是；或頭邊是，尾說不相應；或中間數句是，兩頭不是；或尾頭是，頭邊不是。然也未敢便判斷，疑恐是如此。又看久之，方審得這說是，那說不是。又熟看久之，方敢決定斷說這說是，那說不是。這一部《詩》，並諸家解都包在肚裏。公而今只是見已前人解《詩》，便也要注解，更不問道理。只認捉著，便據自家意思說，於己無益，於經有害，濟得甚事！凡先儒解經，雖未知道，然其盡一生之力，縱未說得七八分，也有三四分。且須熟讀詳究，以審其是非而為吾之益。今公纔看著便妄生去取，肆以己意，是發明得箇甚麼道理？公且說，人之讀書，是要將作甚麼用？所貴乎讀書者，是要理會這箇道理，以反之於身，為我之益而已。」（僩）³

朱熹將讀書視為「格物」的一環。⁴雖然讀書並不是明道的唯一方式，對朱子學派而言，經書的閱讀，旨在體會聖人之道則無可疑。朱熹強調，在讀經的方式上，除了應當熟讀文本，先儒的注解「雖未必知道」，但亦能部分體現真理，故不僅應當參看，甚至要「熟讀詳究」，然後將理會的道理「反之於身」，才能於己有益。所以，朱熹讀《詩經》，取諸家注解同時參看。作為朱子後學，更應將朱熹的《詩集傳》與諸家注解合參，才能明瞭《詩集傳》的抉擇之旨。

3　〔宋〕黎靖德編：《朱子語類》，頁 2092。

4　朱熹曾說：「讀書是格物一事。」（〔宋〕黎靖德編：《朱子語類》，頁 167。）

類似熟讀文本「逐段子細玩味」文義，並參照諸家注解一起體
會，特別看重對諸家說有異同的地方加以窮究，然後將體會的道理
回歸到自心的讀書建議，在《朱子語類》中極為常見。如《朱子語
類》說：

> 為學之道，聖賢教人，說得甚分曉。大抵學者讀書，務要窮
> 究。「道問學」是大事。要識得道理去做人。<u>大凡看書，要</u>
> <u>看了又看，逐段、逐句、逐字理會，仍參諸解、傳，說教通</u>
> <u>透，使道理與自家心相肯，方得。</u>讀書要自家道理浹洽透徹。
> 杜元凱云：「優而柔之，使自求之；厭而飫之，使自趨之。
> 若江海之浸，膏澤之潤，渙然冰釋，怡然理順，然後為得
> 也。」（椿）[5]

> 讀書，須從文義上尋，次則看注解。今人卻於文義外尋索。
> （蓋卿）[6]

> 凡看文字，諸家說有異同處，最可觀。謂如甲說如此，且擋扯
> 住甲，<u>窮盡其詞</u>；乙說如此，且擋扯住乙，<u>窮盡其詞</u>。兩家之
> 說既盡，又參考而窮究之，必有一真是者出矣。（學蒙）[7]

在原文精熟的基礎上，朱熹一再強調閱讀者應透過諸家注解的參互
比較、「窮盡其詞」，並「使道理與自家心相肯」。這種讀書方式，

5　〔宋〕黎靖德編：《朱子語類》，頁 162。

6　〔宋〕黎靖德編：《朱子語類》，頁 193。

7　〔宋〕黎靖德編：《朱子語類》，頁 192。

當是朱熹對經書研讀的基本主張。

關於《尚書》的研讀，朱熹亦有類似的見解。《文集》卷六十四〈答或人〉說：

> 《尚書》頃嘗讀之，苦其難而不能竟也；注疏、程、張之外，蘇氏說亦有可觀，但終是不純粹。林少穎說，〈召誥〉已前亦詳備。聞新安有吳材老〈裨傳〉，頗有發明，却未曾見，試并考之。諸家雖或淺近，要亦不無小補，但在詳擇之耳，不可以篇帙浩汗而遽憚其煩也。大抵讀書，先且虛心考其文詞指意所歸，然後可以要其義理之所在。近見學者多是先立己見，不問經文向背之勢，而橫以義加之，其說雖不悖理，然非經文本意也。如此，則但據己見自為一書亦可，何必讀古聖賢之書哉？所以讀書，政恐吾之所見未必是，而求正於彼耳。惟其闕文斷簡、名器物色有不可考者，則無可奈何；其他在義理中可推而得者，切須字字句句反復消詳，不可草草說過也。[8]

《尚書》一方面具有記言體史書的性質，但因內容多為「聖人之言」，在經書閱讀的目標上，自然是希望能夠從聖人之言以明道。在朱熹所提示的讀《尚書》的方法上，依然是循不先立己見，熟讀文本，並參照前人的注解，以「詳擇之」的原則來進行的。以此來衡量蔡沈《書集傳》「集注體」注經體式，便可以發現蔡沈的體式，正是在朱熹讀書法規範下的成果。所以蔡沈在〈書集傳序〉所說的：

8　〔宋〕朱熹撰，朱傑人等主編：《晦庵先生朱文公文集》（肆），頁 3133。

> （沈）自受讀以來，沉潛其義，參考眾說；融會貫通，廼敢
> 折衷；微辭奧旨，多述舊聞。[9]

正是朱熹讀書法具體實踐的表述。〈書集傳序〉又說：

> 二帝、三王之治本於道，二帝、三王之道本於心，得其心，
> 則道與治固可得而言矣。〔……〕文以時異，治以道同。聖
> 人之心見於《書》，猶化工之妙著於物，非精深不能識也。
> 是《傳》也，於堯、舜、禹、湯、文、武、周公之心，雖未
> 必能造其微；於堯、舜、禹、湯、文、武、周公之書，因是
> 訓詁，亦可得其指意之大略矣。[10]

蔡沈雖謙虛地說，《書集傳》的注解內容對聖人之心的闡明「雖未
必能造其微」，但他的真正目標還是期望讀者能夠經由《書集傳》，
深入二帝、三王之心。《書集傳》乃蔡沈以諸家注解參互考而成，
《書集傳》的閱讀，立足於朱子的讀書建議，自然亦必須與諸家注
解參互考校，從參照中了解蔡沈對諸家說法的抉擇之旨。因此，若
不能體會《書集傳》作為「集注體」經注的用心之所在，忽視此一
體式所代表的意義，將無法合宜地了解《書集傳》的價值。

因此，以下將分成兩個部分來說明《書集傳》的體式與注經特
色：一是依《書集傳》解釋字詞文義的形式進行說明。這是從一般
注解共同的外在形式，說明其注經體式的特徵與問題。二是針對蔡
沈如何抉擇諸家之說的原則進行說明。身為朱熹所託付的注經者，

9　〔宋〕蔡沈：《朱文公訂正門人蔡九峯書集傳》，集傳序，頁 1 左。
10　〔宋〕蔡沈：《朱文公訂正門人蔡九峯書集傳》，集傳序，頁 1 右。

蔡沈必然要以朱熹的思想作為注解的重要指導原則。依第一章所
言,朱熹在《尚書》中極重視〈大禹謨〉的「十六字心傳」,蔡沈
在〈自序〉中亦以此作為理解《尚書》義理的主要框架。此一思想
內容與《書集傳》抉擇諸家之說的關聯為何,是了解《書集傳》的
注經特點,必須特別關注的問題。

　　這一節先對《書集傳》解釋字詞文義的形式進行說明。[11]整體
而言,《書集傳》的注經體式,大致上有相當清楚的形式原則可循。
下面,整理《書集傳》注經的形式,說明其形式上的安排方式,同
時試著指出蔡沈在相關形式的安排中,如何引入具有朱子學派特色
的解釋。

　　《書集傳》對《尚書》的注解,主要可以分為兩部分,一為題
解,二為經文的解釋。分述如下:

一、題解

　　蔡沈《書集傳》的注解,在篇題下的傳文,主要說明該《尚書》
篇章的背景。由於每篇的問題不一,故蔡沈的說明文字繁簡不同。
其中常見的內容有:

　　（一）篇名的意義與得名之由來。如〈堯典〉,《書集傳》說:

> 「堯」,唐帝名。《說文》曰:「典,從冊在丌上,尊閣之
> 也。」 此篇以簡冊載堯之事,故名曰「堯典」。後世以其

11　這一節的主要內容,曾在 2012 年 10 月 20、21 日由國立臺灣師範大學和
　　中研院文哲所合辦的「儒道國際學術研討會——宋元」以〈蔡沈《書集傳》
　　的注解形式析論〉為題宣讀。

所載之事可為常法，故又訓為常也。[12]

先解釋「堯」與「典」的詞義，然後說明此篇因「以簡冊載堯之事」，故篇名作「堯典」。最後，補充說明「典」訓為常之因。又如〈咸有一德〉，《書集傳》說：

> 伊尹致仕而去，恐太甲德不純一，及任用非人，故作此篇。亦訓體也。史氏取其篇中「咸有一德」四字以為篇目。[13]

先說明此篇的背景，乃史官記錄伊尹訓戒太甲之語，然後說明因篇中有「咸有一德」四字而得名。又如〈君奭〉，《書集傳》說：

> 召公告老而去，周公留之，史氏錄其告語為篇，亦誥體也。以周公首呼「君奭」，因以「君奭」名篇。[14]

先說明此篇的背景，乃史官記錄周公留召公之語，然後指出因篇中「周公首呼君奭」，故以「君奭」為篇名。

（二）今古文本的有無。蔡沈是以宋代當時最通行的孔《傳》本為基礎為《尚書》作傳，並未廣泛考求歷史上曾經流傳過的各種《尚書》版本的詳情。《書集傳》在每一篇都有標明「今文、古文皆有」或「今文無，古文有」。其中，標明「今文、古文皆有」的，是指漢代伏生所傳的《今文尚書》和東晉梅賾所獻上的《古文尚書》皆收錄此篇。標明「今文無，古文有」的，是指伏生所傳的《今文

12　〔宋〕蔡沈：《朱文公訂正門人蔡九峯書集傳》，卷1，頁1右。
13　〔宋〕蔡沈：《朱文公訂正門人蔡九峯書集傳》，卷3，頁19右。
14　〔宋〕蔡沈：《朱文公訂正門人蔡九峯書集傳》，卷5，頁25右。

尚書》未收此篇，而東晉梅賾所獻上的《古文尚書》收錄此篇。《書集傳》標注今、文的有無，旨在說明《尚書》學史上因版本與傳承不同所造成的篇章差異，基本上與後來強調的真偽問題，並無明顯的關係。

（三）背景的說明與《書序》辨。《尚書》的每一篇，皆有其特定的歷史背景。解釋者對歷史背景的認定不同，將影響經文的解釋。蔡沈之前的注解者，解釋《尚書》相關篇章歷史背景最重要的依據之一，便是《書序》。由於《書序》在過去曾被認為是孔子所作，故在《尚書》的解釋上，具有重要的影響。其內容，與《尚書》的解讀，關係最密切的有兩部分：一是提供了每個篇章的歷史背景，二是對《尚書》諸篇的順序，依「世次」[15]的先後加以編排。這兩方面，皆可能影響《尚書》單篇內容的理解。

由於蔡沈不信《書序》，除了在卷末特別對《書序》進行考辨外，若認定《書序》的背景說明有誤，亦會在題解中予以駁正與解說。例如，〈胤征〉篇，《書序》說：「羲和湎淫，廢時亂日，胤往征之，作〈胤征〉。」蔡沈辨《書序》說：

> 以經攷之，羲和蓋黨羿惡。仲康畏羿之強，不敢正其罪而誅之，止責其「廢厥職」，「荒厥邑」爾。序《書》者不明此意，亦曰「湎淫，廢時亂日」，亦有所畏而不敢正其罪耶？[16]

---

15 〔唐〕孔穎達說：「編書以世先後為次。」舊題〔漢〕孔安國傳，〔唐〕孔穎達等正義，〔清〕阮元校勘：《重刊宋本尚書注疏附校勘記》，卷17，頁1右，總頁253。

16 〔宋〕蔡沈：《朱文公訂正門人蔡九峯書集傳》，書後序，頁2右。

認為《書序》不能真正了解〈胤征〉之深旨。《書集傳》在〈胤征〉
篇題下的說明，強調：

> 仲康丁有夏中衰之運，羿執國政，社稷安危，在其掌握，而
> 仲康能命胤侯以掌六師，胤侯能承仲康以討有罪，是雖未能
> 行羿不道之誅，明羲和黨惡之罪，猶為禮樂征伐之自天子出
> 也。夫子所以錄其書者，以是歟？○或曰：「蘇氏以為，羲
> 和貳於羿忠於夏者，故羿假仲康之命，命胤侯征之。」今按，
> 篇首言：「仲康肇位四海，胤侯命掌六師。」又曰：「胤侯
> 承王命徂征。」詳其文意，蓋史臣善仲康能命將遣師，胤侯
> 能承命致討，未見貶仲康不能制命，而罪胤侯之為專征也。
> 若果為篡羿之書，則亂臣賊子所為，孔子亦取之為後世法
> 乎？[17]

此段文字雖未注明出處，實全依林之奇《尚書全解》之說（包括「或
曰」的部分）。認為孔子之所以收錄此篇，是因為其內容尚能代表
「禮樂征伐自天子出」的重要意旨。《書序》並不了解孔子的深意，
仍以表面上的「湎淫，廢時亂日」加以解說。「或曰」所引蘇軾之
說，雖不從《書序》，卻認為這篇是羿假借仲康之命，命胤侯征討
羲和，以行篡逆。孔子編《書》，不應收錄這種記載亂臣賊子之所
作所為來讓後世仿效。據此，蔡沈《書集傳》顯然認為《尚書》是
孔子選編以為後世法的經書，內容應以正面的教化為主。《書序》
解〈胤征〉之失，在於未能指出〈胤征〉的深意。而他之所以不認

---

17 〔宋〕蔡沈：《朱文公訂正門人蔡九峯書集傳》，卷2，頁34右。

同蘇軾的解釋，則牽涉到注解者對《尚書》的根本性質認知差異的問題。我們必須將《書集傳》這兩部分的說明合看，才能完整的掌握蔡沈的見解。

關於《尚書》篇章順序的安排，蔡沈並不完全認同《書序》的次第。孔《傳》本〈康誥〉、〈酒誥〉、〈梓材〉三篇共序，《書序》說：

> 成王既伐管叔、蔡叔，以殷餘民封康叔，作〈康誥〉、〈酒誥〉、〈梓材〉。[18]

認為這三篇皆為成王命康叔之文。蔡沈認為這三篇應當都出自武王。蔡沈辨《書序》說：

> 按，胡氏曰：「『康叔』，成王叔父也。經文不應曰：『朕其弟』。成王，康叔猶子也。經文不應曰：『乃寡兄』。其曰『兄』，曰『弟』者，武王命康叔之辭也。」《序》之繆誤，蓋無可疑。詳見篇題。又按，《書序》似因〈康誥〉篇首錯簡，遂誤以為成王之書，而孔安國又以為《序》篇亦出壁中，豈孔鮒藏書之時，已有錯簡耶？不可攷矣。然《書序》之作，雖不可必為何人，而可必其非孔子作也。[19]

又〈康誥〉題解說：

---

18 舊題〔漢〕孔安國傳，〔唐〕孔穎達等正義，〔清〕阮元校勘：《重刊宋本尚書注疏附校勘記》，卷14，頁1右，總頁200。

19 〔宋〕蔡沈：《朱文公訂正門人蔡九峯書集傳》，書後序，頁6右。

按，《書序》以〈康誥〉為成王之書。今詳本篇，康叔於成王為叔父，成王不應以弟稱之。說者謂周公以成王命誥，故曰弟。然既謂之「王若曰」，則為成王之言，周公何遽自以弟稱之也？且〈康誥〉、〈酒誥〉、〈梓材〉三篇言文王者非一，而略無一語以及武王，何邪？說者又謂「寡兄勗」為稱武王，尤為非義。「寡兄」云者，自謙之辭，寡德之稱，苟語他人，猶云可也；武王，康叔之兄，家人相語，周公安得以武王為寡兄而告其弟乎？或又謂康叔在武王時尚幼，故不得封。然康叔，武王同母弟，武王分封之時，年已九十，安有九十之兄，同母弟尚幼不可封乎？且康叔，文王之子；叔虞，成王之弟。周公東征，叔虞已封於唐，豈有康叔得封反在叔虞之後？必無是理也。又按，《汲冢周書・克殷篇》言：「王即位于社南，羣臣畢從。毛叔鄭奉明水，衛叔封傳禮，召公奭贊采，師尚父牽牲。」《史記》亦言衛康叔封布茲，與《汲書》大同小異。康叔在武王時非幼亦明矣！特序《書》者，不知〈康誥〉篇首四十八字為〈洛誥〉脫簡，遂因誤為成王之書。是知《書序》果非孔子所作也。〈康誥〉、〈酒誥〉、〈梓材〉篇次當在〈金縢〉之前。[20]

蔡沈根據胡宏《皇王大紀》之說，認為從經文的稱謂來看，應當是武王命康叔之辭，《書序》之文與經文不相應。胡宏之說，見《胡

---

20 〔宋〕蔡沈：《朱文公訂正門人蔡九峯書集傳》，卷 4，頁 41 右。

宏集·皇王大紀論·載書之叙》（又見《皇王大紀·三王紀·成王》）
說：

> 〈康誥叙〉曰：「成王既伐管叔、蔡叔，以殷餘民封康叔。」
> 謹按，康叔者，成王之叔父也。不應稱之曰「朕其弟」。成
> 王者，康叔之猶子也。不應稱曰「乃寡兄」。其曰兄、曰弟
> 者，蓋武王命康叔之辭也。故《史記》武王封康叔於衛。且
> 康叔，文王之子；叔虞，成王之弟也。周公東征，叔虞已得
> 封於唐，王命歸周公于東，豈有康叔得封反在唐叔之後者
> 乎！故不得不舍《書叙》而從經史也。[21]

蔡沈傳文據此加以發揮，並補充蘇軾《東坡書傳》〈洛誥〉錯簡之
說，來說明《書序》致誤之由。其中所引用，並加以批駁的「說者」，
是孔《傳》的意見，「或又曰」則是林之奇《尚書全解》的意見。
既然這幾篇都出自武王，故蔡沈主張這三篇應放在〈金縢〉之前。

又孔《傳》本之〈蔡仲之命〉放在〈君奭〉之後。《書集傳》
則認為「此篇次叙，當在〈洛誥〉之前。」[22]不過《書集傳》對〈蔡
仲之命〉篇序的調整並未提出具體的理由。〈蔡仲之命〉題解對此
篇背景之說明，與《書序》之說相同。游均晶的解釋是：

> 蔡叔卒於周公營洛邑之前，故〈蔡仲之命〉篇次當在〈洛誥〉

---

21 〔宋〕胡宏著，吳仁華點校：《胡宏集》（《理學叢書》，北京市：中華
　　書局，2009），頁262。

22 〔宋〕蔡沈：《朱文公訂正門人蔡九峯書集傳》，卷5，頁31右。

之前。[23]

然而，《書集傳》全書皆未明說蔡叔卒於何時，故此說未必可以成立。考〈蔡仲之命〉首段述及周公東征之後，「囚蔡叔于郭鄰」。而蔡仲因「克庸祗德，周公以為卿士」。《書集傳》說：

> 周公留佐成王，食邑於圻內。圻內諸侯，孟、仲二卿，故周公用仲為卿，非魯之卿也。[24]

認為這裏所謂的「卿士」，是留佐成王時，在京城內特別任用蔡仲為卿。既然周公居於圻內，時間上應當在治洛之前。或許是這個理由，蔡沈將此篇的次第提前到〈洛誥〉之前。

（四）經旨的提點與章旨的分判。《書集傳》有時會特別標舉一篇的行文要旨，偶爾也會標明分章的大意。不過，大部分的篇章都未特別作這方面的處理，也不一定放在題解的部分，有時也會在經文注釋中重加說明。例如〈大誥〉題解說：

> 按，此篇誥語，多主卜言。如曰「寧王遺我大寶龜」，曰「朕卜并吉」，曰「予得吉卜」，曰「王害不違卜」，曰「寧王惟卜用」，曰「矧亦惟卜用」，曰「予曷其極卜」，曰「矧今卜并吉」，至於篇終又曰「卜陳其若茲」。意邦君、御事有曰「艱大不可征」，欲王違卜，故周公以討叛卜吉之義，

23　游均晶：《蔡沈《書集傳》研究》，頁83。

24　〔宋〕蔡沈：《朱文公訂正門人蔡九峯書集傳》，卷5，頁31左。

與天命人事之不可違者，反復詰諭之也。[25]

強調此篇行文「多主卜言」，但並未特別處理分章大意。又如〈洛誥〉題解特別列舉每一段的大意，說：

> 按「周公拜手稽首」以下，周公授使者告卜之辭也。「王拜手稽首」以下，成王授使者復公之辭也。「王肇稱殷禮」以下，周公教成王宅洛之事也。「公明保予沖子」以下，成王命公留後治洛之事也。「王命予來」以下，周公許成王留洛，君臣各盡其責難之辭也。「伻來」以下，成王錫命毖殷命寧之事也。「戊辰」以下，史又記其祭祀冊誥等事，及周公居洛歲月久近以附之，以見周公作洛之始終。而成王舉祀發政之後，即歸于周，而未嘗都洛也。[26]

並在經文的每一分章中，皆將上述分段的大意列於傳文之首。如〈洛誥〉「周公拜手稽首曰：朕復子明辟。」《書集傳》說：

> 此下周公授使者告卜之辭也。「拜手稽首」者，……[27]

又「王拜手稽首曰：公不敢不敬天之休，……」《書集傳》說：

> 此王授使者復公之辭也。「王拜手稽首」者，……[28]

---

25 〔宋〕蔡沈：《朱文公訂正門人蔡九峯書集傳》，卷4，頁33右。

26 〔宋〕蔡沈：《朱文公訂正門人蔡九峯書集傳》，卷5，頁7右。

27 〔宋〕蔡沈：《朱文公訂正門人蔡九峯書集傳》，卷5，頁7右。

28 〔宋〕蔡沈：《朱文公訂正門人蔡九峯書集傳》，卷5，頁8右。

這種處理方式，雖不影響全書的注解成果，卻顯得重複。

二、經文的注釋

《書集傳》對經文的注釋，仍維持著一般經書注解訓釋的表述形式，除了章旨的提示，大抵先列出單詞的解釋，然後是文句意義的疏解、義理的闡明，最後則是並存異說，或是駁斥前人的錯誤見解。以下，分為四個部分加以說明：

（一）**章旨的提示**。這一部分，未有固定的格式。如前所言，蔡沈有時將章旨集中置於篇首題解的部分，有時則分別置於《書集傳》每章之傳文中。而分置於傳文之中時，有時放在該章傳文之首，如前文所舉〈洛誥〉篇之例的處理方式。有時則放在傳文之末，如〈君牙〉：「今命爾予翼，作股肱心膂。纘乃舊服，無忝祖考。」《書集傳》在這一節傳文最後說：「欲君牙以其祖考事先王者而事我也。」[29] 〈君牙〉：「弘敷五典，式和民則。爾身克正，罔敢弗正。民心罔中，惟爾之中。」《書集傳》這一段傳文最後說：「此告君牙以司徒之職也。」[30]

（二）**名物制度與詞語的解釋**。《書集傳》中關於詞語與名物制度的解釋大多沿襲前人之說。

1.名物制度方面，由於朱熹曾指示以《尚書正義》為依據，所以《書集傳》基本上遵從朱熹所指示的原則來處理這方面的問題。例如〈顧命〉篇為關於成王顧命之禮的重要篇章，內容涉及大量的

29　〔宋〕蔡沈：《朱文公訂正門人蔡九峯書集傳》，卷6，頁22右。
30　〔宋〕蔡沈：《朱文公訂正門人蔡九峯書集傳》，卷6，頁22左。

名物制度。《書集傳》的相關注解，便主要引自《尚書正義》。而即使未用《尚書正義》之說，亦多前有所承。以「牖間南嚮，敷重篾席，黼純，華玉仍几」節為例，《書集傳》說：

> 此平時見羣臣、覲諸侯之坐也。敷設重席，所謂「天子之席三重」者也。「篾席」，桃竹枝席也。「黼」，白黑雜繒。「純」，緣也。「華」，彩色也，「華玉」以飾几。「仍」，因也，因生時所設也。《周禮》：「吉事變几，凶事仍几」是也。[31]

對照孔《傳》說：

> 「篾」，桃枝竹。白、黑雜繒緣之。「華」，彩色。華玉以飾憑几。「仍」，因也。因生時几不改作。此見羣臣、覲諸侯之坐。[32]

《正義》說：

> 《周禮》云：「几，吉事變几，凶事仍几。」禮之於几，有變有仍，故特言「仍几」以見因生時几，不改作也。[33]

---

31 〔宋〕蔡沈：《朱文公訂正門人蔡九峯書集傳》，卷6，頁11右。

32 舊題〔漢〕孔安國傳，〔唐〕孔穎達等正義，〔清〕阮元校勘：《重刊宋本尚書注疏附校勘記》，卷18，頁19左，總頁278。

33 舊題〔漢〕孔安國傳，〔唐〕孔穎達等正義，〔清〕阮元校勘：《重刊宋本尚書注疏附校勘記》，卷18，頁21右，總頁279。

可以很清楚地看出,《書集傳》的解釋完全根據孔《傳》和《正義》
而來。又如同篇「大輅在賓階面,綴輅在阼階面,先輅在左塾之前,
次輅在右塾之前」的大輅、綴輅、先輅、次輅,《書集傳》說:

> 「大輅」,玉輅也。「綴輅」,金輅也。「先輅」,木輅也。
> 「次輅」,象輅、革輅也。[34]

對照孔《傳》說:

> 「大輅」,玉;「綴輅」,金。〔……〕「先輅」,象;「次
> 輅」,木。金、玉、象皆以飾車,木則無飾。[35]

可知「大輅」、「綴輅」的解釋用孔《傳》之說,「先輅」、「次
輅」則異於孔《傳》。根據程元敏所輯《三經新義輯考彙評(一)》
說:

> 先輅為木輅,次輅為革輅、象輅。[36]

則蔡沈此處的根據為王安石《尚書新義》之說。

2.詞語解釋方面,《書集傳》除了集自前人之說,但又經常會
顧慮到自身注解體例以及經文語脈、義理的問題,而在前人的基礎
上對文字加以補充或調整。有些詞語若涉及理學的特殊內涵,則會
在解釋中加入理學的概念。這使得《書集傳》的詞語解釋,一方面

---

34 〔宋〕蔡沈:《朱文公訂正門人蔡九峯書集傳》,卷6,頁12右。

35 舊題〔漢〕孔安國傳,〔唐〕孔穎達等正義,〔清〕阮元校勘:《重刊宋
本尚書注疏附校勘記》,卷18,頁20右,總頁278。

36 程元敏輯:《三經新義輯考彙評(一)》,頁215。

得以在前人注解中找到文獻的根據，一方面在與理學思想闡發有關的特定詞語，呈現出理學家獨特的「字義」解釋內容。

　　《書集傳》的詞語解釋沿襲前人注解的例子極多，如〈盤庚上〉「盤庚斅于民，由乃在位，以常舊服，正法度，曰：『無或敢伏小人之攸箴。』王命眾悉至于庭。」《書集傳》列舉相關單詞解釋說：

> 「斅」，教；「服」，事；「箴」，規也。[37]

這些解釋全出自孔《傳》，但孔《傳》直接列舉的單詞解釋只有「斅，教也。」[38]《書集傳》對「服」、「箴」的解釋，是從孔《傳》傳文抽取出來的。孔《傳》說：

> 教人使用汝在位之命，用常故事，正其法度。[39]

於是蔡沈據此抽取出「服，事也」的單詞解釋。孔《傳》又說：

> 言無有敢伏絕小人之所欲箴規上者。[40]

37　〔宋〕蔡沈：《朱文公訂正門人蔡九峯書集傳》，卷3，頁23右。

38　舊題〔漢〕孔安國傳，〔唐〕孔穎達等正義，〔清〕阮元校勘：《重刊宋本尚書注疏附校勘記》，卷9，頁4左，總頁127。

39　舊題〔漢〕孔安國傳，〔唐〕孔穎達等正義，〔清〕阮元校勘：《重刊宋本尚書注疏附校勘記》，卷9，頁4左，總頁127。

40　舊題〔漢〕孔安國傳，〔唐〕孔穎達等正義，〔清〕阮元校勘：《重刊宋本尚書注疏附校勘記》，卷9，頁4左，總頁127。

於是蔡沈據以抽取出「篴，規也」的解釋。而若涉及蔡沈的特殊見解，亦會盡量找出注解的文獻依據。如〈大誥〉「猷！大誥爾多邦，越爾御事」，孔《傳》說：

> 周公稱成王命，順大道以誥天下眾國，及於御治事者盡及之。[41]

則其斷句作「猷大誥爾多邦，越爾御事」，解「猷」為「道」。蔡沈不從此說，《書集傳》說：

> 「猷」，發語辭也。猶〈虞書〉「咨」、「嗟」之例。按，《爾雅》「猷」訓最多，曰「謀」，曰「言」，曰「已」，曰「圖」，未知此何訓也。[42]

按，此段傳文並未找到蔡沈是否前有所承的依據。從蔡沈之說，可知他雖不從孔《傳》，卻有意引《爾雅》以作為詞語解釋的依據。

　　3.關於詞語解釋與理學思想，朱子後學本來就相當看重對朱子思想的關鍵字詞進行系統的「字義」解釋。如程端蒙《性理字訓》、陳淳《北溪字義》、陳普《字義》、程若庸《增廣性理字訓》等，皆屬這類型的著作。朱熹本身並不排斥這類著作。他曾稱讚程端蒙《性理字訓》說：

41　舊題〔漢〕孔安國傳，〔唐〕孔穎達等正義，〔清〕阮元校勘：《重刊宋本尚書注疏附校勘記》，卷 13，頁 15 左，總頁 190。

42　〔宋〕蔡沈：《朱文公訂正門人蔡九峯書集傳》，卷 4，頁 33 左。

　　小學字訓甚佳，言語雖不多，却是一部大《爾雅》也。[43]

換言之，朱子後學透過字義解釋的方式來呈現朱子思想的重要概念，並以之作為引介學者進入朱子學思想體系的方式。檢視這些「字義」之作，可以發現主要根據朱熹的著作、語錄加以整理，故諸家字義之書，對這些特定詞語概念的解釋有相當大的一致性。如果承認朱子的思想體系在朱子後學中有不可忽視的籠罩性，以此為線索相互參照，便可以發現在蔡沈《書集傳》中的相關詞語解釋，與這些「字義」之作的解釋，亦相當一致。而這些解釋，大抵都可以在朱熹的言論中找到依據。例如出自〈洪範〉的「皇極」一詞，在前述諸本「字義」之書，多列有條目加以說明，內容則皆根據朱熹的〈皇極辯〉一文而來。〈皇極辯〉反對孔《傳》以「大中」解「皇極」之說，[44]另提出新的解釋，說：

　　「皇」者，君之稱也。「極」者，至極之義，標準之名，常在物之中央而四外望之以取正焉者也。故以極為在中之至則可，而直謂極為中則不可。[45]

《書集傳》對「皇極」的解釋為：

43　〔宋〕朱熹撰，朱傑人等主編：《晦庵先生朱文公文集》（伍）（收於《朱子全書》（貳拾肆），上海市：上海古籍出版社，2002），頁2330。

44　舊題〔漢〕孔安國傳，〔唐〕孔穎達等正義，〔清〕阮元校勘：《重刊宋本尚書注疏附校勘記》，卷12，頁4右，總頁168。

45　〔宋〕朱熹撰，朱傑人等主編：《晦庵先生朱文公文集》（伍），頁3454。

「皇極」者，君之所以建極也。[46]

又說：

> 「皇」，君；「建」，立也。「極」，猶北極之極，至極之義，標準之名，中立而四方之所取正焉者也。言人君當盡人倫之至：語父子，則極其親，而天下之為父子者於此取則焉；語夫婦，則極其別，而天下之為夫婦者，於此取則焉；語兄弟，則極其愛，而天下之為兄弟者，於此取則焉。以至一事一物之接，一言一動之發，無不極其義理之當然，而無一毫過、不及之差，則極建矣。[47]

對照「字說」相關著作，程端蒙《性理字訓》沒有為「皇極」專列條目，陳淳《北溪字義》說：

> 《書》所謂「皇極」，「皇」者，君也。「極」者，以一身為天下至極之標準也。……人君中天下而立，則正身以為四方之標準，故謂之「皇極」。[48]

陳普《字義》說：

> 「皇」者，君之稱也。「極」者，至極之義，標準之名。蓋

---

46 〔宋〕蔡沈：《朱文公訂正門人蔡九峯書集傳》，卷4，頁18右。

47 〔宋〕蔡沈：《朱文公訂正門人蔡九峯書集傳》，卷4，頁19左。

48 〔宋〕陳淳著，熊國禎、高流水點校：《北溪字義》（《理學叢書》，北京市：中華書局，2009），頁46。

立於天下之中，事事皆盡其道之至，以為四方之標準也。[49]

程若庸《增廣性理字訓》說：

位為至尊，德為至盛，居中作則，是曰「皇極」。[50]

說法皆相當一致。又如「志」，朱熹在《朱子語類》說：

「心之所之謂之『志』，日之所之謂之『時』。『志』字從
『之』從『心』，『旹』字從『之』從『日』。如日在午時，
在寅時，制字之義由此。『志』是心之所之，一直去底。『意』
又是志之經營往來底，是那志底腳。凡營為、謀度、往來，
皆意也。所以橫渠云：『志公而意私。』」問：「『情』比
『意』如何？」曰：「『情』又是『意』底骨子。『志』與
『意』都屬『情』，『情』字較大，『性、情』字皆從『心』，
所以說『心統性情』。『心』兼體用而言。『性』是『心』
之理，『情』是『心』之用。」（僴）[51]

《書集傳》中三次提及「志」的解釋，皆一致以「心之所之」作解
釋。如〈舜典〉「詩言志」，《書集傳》說：

---

49 〔宋〕陳普：《石堂先生遺集》（收入《續修四庫全書》集部別集類第
1321 冊，上海市：上海古籍出版社，1995 年），卷 9，頁 5 右，總頁 416。

50 〔宋〕程端蒙撰，程若庸補輯：《程蒙齋性理字訓》（影印清同治至民國
間刻《西京清麓叢書》本，收於《四庫全書存目叢書》子部第 4 冊，濟南
市：齊魯書社，1995），字訓，頁 14 左，總頁 797。

51 〔宋〕黎靖德編：《朱子語類》，頁 96。

> 心之所之謂之「志」。心有所之，必形於言，故曰「詩言
> 志」。[52]

〈說命〉下「爾惟訓于朕志」，《書集傳》說：

> 心之所之謂之「志」。[53]

〈旅獒〉「玩人喪德，玩物喪志」，《書集傳》說：

> 「志」者，心之所之。[54]

而相關「字義」之書，程端蒙《性理字訓》說：

> 心之所之，趨向期必，皆由是焉，是之謂「志」。[55]

陳淳《北溪字義》說：

> 「志」者，心之所之。之猶向也，謂心之正面全向那裏去。
> 如志於道，是心全向於道；志於學，是心全向於學。一直去
> 求討要，必得這箇物事，便是志。若中間有作輟或退轉底意，
> 便不得謂之志。[56]

程若庸《增廣性理字訓》說：

52　〔宋〕蔡沈：《朱文公訂正門人蔡九峯書集傳》，卷1，頁17右。
53　〔宋〕蔡沈：《朱文公訂正門人蔡九峯書集傳》，卷3，頁36右。
54　〔宋〕蔡沈：《朱文公訂正門人蔡九峯書集傳》，卷4，頁27右。
55　〔宋〕程端蒙撰，程若庸補輯：《程蒙齋性理字訓》，總頁789。
56　〔宋〕陳淳著，熊國禎、高流水點校：《北溪字義》，頁15。

心之所之，趨向期必，能持於久，是之謂「志」。[57]

陳普《字義》說：

心之所之，如射之於的。[58]

這些解釋，很明顯都是整理朱子的說法而來的。

　　整體而言，《書集傳》的詞語解釋大多沿用前人之說而加以調整。若未涉及學派或蔡沈的特殊理解，大抵沿襲舊注，從前人的注解文字中抽取出來，並順著文脈語意的需求，予以補充說明。若相關詞語涉及學派的特殊理解，便會出現前述採用朱子學派特定字義理解的方式處理。

　　（三）文意的說明。這一部分往往放在詞語解釋之後，進行該章節文句意義的說明，說明的內容基本上與詞語解釋相配合。然而，經典文意的解釋，除了與字詞的意義有關外，實涉及解釋者對其所掌握的整體背景知識的綜合。背景知識的差異，綜合方式的不同，皆可能帶出不同的解釋結果。《書集傳》的文意說明，除了承襲舊注的部分之外，每每將《尚書》中涉及在上位者所應具備的德行與能力的經文，由孔《傳》所偏重的在上位者應如何識人、用人，如何在政治上施設以治理天下的「外王」解釋，轉為強調在上位者必須落實自我內在德行修養的「內聖」解釋，並認為在上位者自我德行的完成，自然能夠達致自化化他的「外王」結果，因而在經文的解釋方向上，與孔《傳》有明顯的差異。這種差異，應當與宋儒經

57　〔宋〕程端蒙撰，程若庸補輯：《程蒙齋性理字訓》，總頁 792。
58　〔宋〕陳普：《石堂先生遺集》，卷 9，頁 11 右，總頁 419。

書理解特別重視內在德行修養工夫的闡發，以及朱熹特別重視〈大學〉，將〈大學〉的思想架構引入《尚書》的解釋所致。

如《書集傳》中曾經朱熹改訂的〈堯典〉篇，其中「克明俊德，以親九族。九族既睦，平章百姓。百姓昭明，協和萬邦。黎民於變時雍」一節的解釋，孔《傳》說：

> 能明俊德之士任用之，以睦高祖玄孫之親。
>
> 「既」，已也。「百姓」，百官。言化九族而平和章明。
>
> 「昭」亦明也。「協」，合；「黎」，眾；「時」，是；「雍」，和也。言天下眾民皆變化化上，是以風俗大和。[59]

《書集傳》則說：

> 「明」，明之也。「俊」，大也。堯之大德，上文所稱是也。「九族」，高祖至玄孫之親，舉近以該遠，五服異姓之親，亦在其中也。「睦」，親而和也。「平」，均；「章」，明也。「百姓」，畿內民庶也。「昭明」，皆能自明其德也。「萬邦」，天下諸侯之國也。「黎」，黑也。民首皆黑，故曰「黎民」。「於」，歎美辭；「變」，變惡為善也。「時」，是；「雍」，和也。此言堯推其德，自身而家，而國，而天

---

59 舊題〔漢〕孔安國傳，〔唐〕孔穎達等正義，〔清〕阮元校勘：《重刊宋本尚書注疏附校勘記》，卷2，頁7左，總頁20。

下，所謂「放勳」者也。[60]

若不論二者對「百姓」一詞解釋的差異，孔《傳》將「克明俊德」解釋成堯「能明俊德之士任用之」，是偏向於在上位者必須有識人之明，才能任用「俊德之士」來治理天下作解說。而《書集傳》的解釋則帶入〈大學〉，將解釋的重心轉向為在上位者必須能夠自明己之明德，才能自化化他。所以，孔《傳》的解釋強調堯所治理的對象皆「變化化上」，而《書集傳》則進一步強調「皆能自明其德」。

又如〈文侯之命〉：「丕顯文、武，克慎明德，昭升于上，敷聞在下，惟時上帝集厥命于文王」句，孔《傳》說：

> 大明乎文王、武王之道，能詳慎顯用有德。
>
> 更述文王所以王也。言文王聖德明升于天而布聞在下民，惟以是故，上天集成其王命，德流子孫。[61]

蔡《傳》則說：

> 「丕顯」者，言其德之所成。「克謹」者，言其德之所脩。「昭升」、「敷聞」，言其德之所至也。文、武之德如此，故上帝集厥命於文王[62]

60　〔宋〕蔡沈：《朱文公訂正門人蔡九峯書集傳》，卷1，頁1左。

61　舊題〔漢〕孔安國傳，〔唐〕孔穎達等正義，〔清〕阮元校勘：《重刊宋本尚書注疏附校勘記》，卷20，頁2右，總頁309。

62　〔宋〕蔡沈：《朱文公訂正門人蔡九峯書集傳》，卷6，頁34右。

在解釋方向上，孔《傳》強調文王、武王之德被於世，而蔡《傳》
則強調這是對文王、武王之德的描述。蔡《傳》對於《尚書》中，
關於聖王的描述文句，往往會傾向這種強調「內聖」的解釋。

最明顯的例子為〈大禹謨〉「人心惟危，道心惟微，惟精惟一，
允執厥中」的解釋。孔《傳》說：

> 危則難安，微則難明，故戒以精、一，信執其中。[63]

並未說明「人心」、「道心」所指為何。孔穎達的說明較為清楚。
《正義》對孔《傳》的疏文，一般分為兩個部分：一是對經文先依
孔《傳》的解釋，用唐代所習用的語文表述方式，進行譯解；二是
對孔《傳》的解釋，一一指出其依據，並時而引入鄭玄、王肅等前
人之異說，說明何以孔《傳》的解釋較為可取。《正義》第一部分
對人心、道心這段經文的譯解說：

> 民心惟甚危險，道心惟甚幽微。危則難安，微則難明，汝當
> 精心，惟當一意，信執其中正之道，乃得人安而道明耳。[64]

將「人心」解為「民心」，於「道心」則未有說明。又以「精心」
釋「精」字，以「一意」釋「一」字，以「中正之道」釋「中」字。
第二部分的文字，對此有進一步的說明。《正義》說：

63　舊題〔漢〕孔安國傳，〔唐〕孔穎達等正義，〔清〕阮元校勘：《重刊宋
　　本尚書注疏附校勘記》，卷4，頁8左，總頁55。

64　舊題〔漢〕孔安國傳，〔唐〕孔穎達等正義，〔清〕阮元校勘：《重刊宋
　　本尚書注疏附校勘記》，卷4，頁9左，總頁56。

居位則治民，治民必須明道，故戒之以「人心惟危，道心惟
微」。「道」者，徑也，物所從之路也。因言「人心」，遂
云「道心」。「人心」為萬慮之主，「道心」為眾道之本。
立君所以安人，「人心」危則難安。安民必須明道，「道心」
微則難明。將欲明道，必須精心。將欲安民，必須一意。故
以戒精心、一意，又當信執其中，然後可得明道以安民耳。[65]

從「居位則治民，治民必須明道」，可知《正義》是立足於在上位
者治理人民的立場所作的解釋。經文裏的「人心」之「人」，在《正
義》的解釋脈絡中與「民」為同義詞，是指被治理的對象。「道心」
之「道」，應當是指在上位者所掌握的治人（民）之道。所以《正
義》第一部分的譯解才會說「民心惟甚危險，道心惟甚幽微」，最
後又說「人安而道明」。同樣地，第二部分的說明文字中，「立君
所以安人，人心危則難安。安民必須明道，道心微則難明」的「安
人」、「人心」、「安民」之「人」與「民」，都是指被治理的對
象。又「人心惟萬慮之主，道心為眾道之本」的「人心」被解為「萬
慮之主」，其意義應當是泛指所有人的心，意即「人心是發出各種
思慮的主體」。若就經文言，「人心」與「道心」對舉，二者應當
有一致的結構。故「人心」既解作「萬慮之主」，「道心」解作「眾
道之本」，在意思上應是指「道心是提出各種治民之道的根本」。
《正義》所說「因言人心，遂云道心」，強調因言及民心難安，故
接著言在上位者應設法找出安定民心之法。所以「民心」難安，在

65　舊題〔漢〕孔安國傳，〔唐〕孔穎達等正義，〔清〕阮元校勘：《重刊宋
本尚書注疏附校勘記》，卷 4，頁 10 右，總頁 56。

上位者必須「精心深究」治民之道，並「一意投入」安民之事。（另一種理解的可能是：「將欲明道，必須精心」強調的是在上位者欲明瞭治民之道，必須明白民心。「將欲安民，必須一意」強調的是在上位者欲安民，必須使民一意。）然後在上位者又能信實執持治民中正之原則，則可以明道安民。如果孔《傳》與《正義》的解釋是一致的，則此說的重點顯然是在強調在上位者如何掌握治民之則，「人心」、「道心」分屬於人民與在上位者。這種解釋，明顯與《書集傳》轉為「人心」、「道心」皆為在上位者之心的兩個不同層面，強調在上位者的個人內在修養工夫的理解方向是極為不同的。

（四）問題的討論與並存異說。《書集傳》中，對經書理解的相關討論，習慣用「蓋」、「按」（「今按」）、「愚謂」（「愚按」、「愚意」、「愚讀」）等提示語加以標舉。另外，若有補充說明或並存異說的情形，則以○區隔。說明如下：

1.「蓋」大抵用在說明前面的傳文之所以如此解釋的理由。如〈武成〉「惟爾有神，尚克相予，以濟兆民，無作神羞！既戊午，師渡孟津。癸亥，陳于商郊，俟天休命。甲子昧爽，受率其旅若林，會于牧野。罔有敵于我師，前徒倒戈，攻于後以北，血流漂杵。一戎衣，天下大定。」《書集傳》說：

> 「休命」，勝商之命也。武王頓兵商郊，雍容不迫，以待紂師之至而克之。史臣謂之「俟天休命」，可謂善形容者矣。「若林」，即《詩》所謂「其會如林」者。紂眾雖有如林之盛，然皆無有肯敵我師之志。紂之前徒倒戈，反攻其在後之

眾以走，自相屠戮，遂至「血流漂杵」。史臣指其實而言之。
蓋紂眾離心離德，特劫於勢而未敢動耳。一旦因武王弔伐之
師，始乘機投隙，奮其怨怒，反戈相戮，其酷烈遂至如此。
亦足以見紂積怨于民，若是其甚，而武王之兵，則蓋不待血
刃也。此所以一被兵甲，而天下遂大定乎！[66]

「蓋」字以下，旨在說明「血流漂杵」何以是「史臣指其實而言之」，
而不是文學的誇飾筆法。這種說明，背後經常隱藏著對前人不同見
解的批評。以此例而言，孔《傳》說：

> 血流漂舂杵，甚之言。[67]

《正義》說：

> 自攻其後，必殺人不多。血流漂舂杵，甚之言也。《孟子》
> 云「信書不如無書，吾於〈武成〉，取二三策而已。仁者無
> 敵於天下，以至仁伐不仁，如何其血流漂杵也。」是言不實
> 也。[68]

《書集傳》之說，顯然針對孔《傳》、《正義》而發，而特別強調
之所以會血流漂杵，是因為紂王之兵「反戈相戮」造成的。當然，

66　〔宋〕蔡沈：《朱文公訂正門人蔡九峯書集傳》，卷4，頁13左。

67　舊題〔漢〕孔安國傳，〔唐〕孔穎達等正義，〔清〕阮元校勘：《重刊宋
　　本尚書注疏附校勘記》，卷11，頁14右，總頁162。

68　舊題〔漢〕孔安國傳，〔唐〕孔穎達等正義，〔清〕阮元校勘：《重刊宋
　　本尚書注疏附校勘記》，卷11，頁14左，總頁162。

如果追溯此說的來源，當是蔡沈根據朱熹的見解所作的發揮。《朱子語類》說：

> 孟子說「盡信書不如無書」者，只緣當時恁地戰鬥殘戮，恐當時人以此為口實，故說此。然「血流漂杵」，看上文自說「前徒倒戈，攻其後以北」，不是武王殺他，乃紂之人自蹂踐相殺。荀子云：「所以殺之者，非周人也，商人也。」（賀）[69]

二者的關係，相當明確。

2.「按」、「今按」多用在發起進一步的說明和討論。如〈旅獒〉「惟克商，遂通道于九夷、八蠻。西旅底貢厥獒，太保乃作〈旅獒〉，用訓于王。」一節，《書集傳》對「獒」的解釋說：

> 犬高四尺曰「獒」。按，《說文》曰：「犬如人心可使者。」《公羊傳》曰：「晉靈公欲殺趙盾，盾躇階而走。靈公呼獒而屬之，獒亦躇階而從之。」則獒能曉解人意，猛而善搏人者，異于常犬，非特以其高大也。[70]

從形式上看，「按」之後的文字，引用《說文》和《公羊傳》之文，指出獒犬除了高大凶猛外，還能「曉解人意」，以補充「犬高四尺曰獒」的不足。值得注意的是，這些按語在形式上看似出自蔡沈的

69　〔宋〕黎靖德編：《朱子語類》，頁 1457。
70　〔宋〕蔡沈：《朱文公訂正門人蔡九峯書集傳》，卷 4，頁 26 右。

見解，事實上並非如此。以這個例子言，「犬高四尺曰獒」，出自孔《傳》。[71]「按」之後的文字，則完全出自林之奇《尚書全解》。

3.真正較能確定出自蔡沈意見的部分，是「愚謂」、「愚按」、「愚意」、「愚讀」等共 12 則資料。這些內容，絕大多數用在評論《書集傳》所明引的前人說法。如〈金縢〉「二公曰：『我其為王穆卜。』」《書集傳》說：

> 李氏曰：「『穆』者，敬而有和意。『穆卜』，猶言共卜也。」愚謂：古者國有大事卜，則公卿、百執事皆在，誠一而和同以聽卜筮，故名其卜曰「穆卜」。[72]

在引用李氏之說，然後以「愚謂」引出蔡沈對這段引文中「敬而有和意」的發揮。又如〈呂刑〉「伯夷降典」，以伯夷曾任刑官，而〈堯典〉、〈舜典〉則僅記載皋陶曾任刑官。《書集傳》說：

> 吳氏曰：「二〈典〉不載有兩刑官，蓋傳聞之謬也。」愚意皋陶未為刑官之時，豈伯夷實兼之歟？下文又言「伯夷播刑之迪」，不應如此謬誤。[73]

所引吳棫之言，認為二〈典〉不曾記錄伯夷曾任刑官，〈呂刑〉以伯夷為刑官，當為「傳聞之謬」。蔡沈則認為，〈呂刑〉言伯夷任刑官的文字有兩次，「傳聞之謬」的解釋，未必合理。

71　舊題〔漢〕孔安國傳，〔唐〕孔穎達等正義，〔清〕阮元校勘：《重刊宋本尚書注疏附校勘記》，卷13，頁1左，總頁183。

72　〔宋〕蔡沈：《朱文公訂正門人蔡九峯書集傳》，卷4，頁28右。

73　〔宋〕蔡沈：《朱文公訂正門人蔡九峯書集傳》，卷6，頁28右。

　　4.《書集傳》中，若有補充說明或並存異說的情形，習慣以○加以區隔。如〈仲虺之誥〉「成湯放桀于南巢，惟有慙德，曰：『予恐來世以台為口實。』」《書集傳》說：

> 武功成，故曰「成湯」。「南巢」，地名，廬江六縣有居巢城。桀奔于此，因以放之也。湯之伐桀，雖順天應人，然承堯、舜、禹授受之後，於心終有所不安，故愧其德之不古若，而又恐天下後世藉以為口實也。○陳氏曰：「堯、舜以天下讓，後世好名之士，猶有不知而慕之者。湯武征伐而得天下，後世嗜利之人，安得不以為口實哉！此湯之所以恐也歟？」[74]

○之後所引陳鵬飛之言，為對這段經文的經義引申。又同篇「夏王有罪，矯誣上天，以布命于下。帝用不臧，式商受命，用爽厥師。」節，《書集傳》說：

> 「矯」，與「矯制」之「矯」同。「誣」，罔；「臧」，善；「式」，用；「爽」，明；「師」，眾也。「天」以形體言，「帝」以主宰言。桀知民心不從，矯詐誣罔，託天以惑其眾。天用不善其所為，用使有商受命，用使昭明其眾庶也。○王氏曰：「夏有昏德，則眾從而昏。商有明德，則眾從而明。」○吳氏曰：「『用爽厥師』續下文『簡賢附勢』，意不相貫，

74　〔宋〕蔡沈：《朱文公訂正門人蔡九峯書集傳》，卷3，頁3右。

　　疑有脫誤。」[75]

　　此段傳文，連引兩個〇。前一個〇所引王安石之說，為此段經文的經義引申。後一個〇則引用吳棫之說，指出此段經文在文獻上可能有文字的脫誤。

　　從上述對《書集傳》注解表現形式的說明可知，《書集傳》注解形式的安排方式，有其大致一貫的規則可循。了解此一形式上的規則，有助於掌握《書集傳》的注解內容。另外，從上文所舉例證，可以看出在一貫的注解形式背後，《書集傳》的本質為「集注體」的經注。只要不違背朱子學派根本立場的理解內容，蔡沈往往不拘於一家之言，不拘於一派之著作，凡有可取者皆廣收並蓄。這一點頗符合朱熹對待前人經典著作的基本態度。整體而言，《書集傳》一方面廣泛吸收前人的注解成果，一方面對於可以發揮朱子學派的思想成分的內容，則帶入學派的見解。《書集傳》特別在對與在上位者應具備的德行的經文解釋，傾向於往「內聖」的方向理解，是與孔《傳》、《正義》等「古注」極大的分別。

第二節　《書集傳》對諸家說法的抉擇原則

　　蔡沈《書集傳》以經義的闡發為重點。關於他在注解中如何帶入朱子學派的理學思想，已略見第二節的相關說明。這一節，將試著探討《書集傳》抉擇諸家說法的原則，並根據真德秀和黃自然特

75　〔宋〕蔡沈：《朱文公訂正門人蔡九峯書集傳》，卷3，頁4右。

別標舉具特殊見解的篇章,指出《書集傳》對這些篇章的注解,未必皆出自蔡沈的一家之言。

由於現存蔡沈對《書集傳》撰寫的經過與注解原則的相關說明只有一篇自序,以致很難由蔡沈的自述之言,說明他作傳的相關細節與原則。因此,這一節主要根據《書集傳》傳文,說明蔡沈對諸家說法的抉擇方式。

依本書第一章的說明,蔡沈在自序中,說明他以朱熹對「十六字心傳」的解釋作為理解、詮釋《尚書》的綱領。朱子對「十六字心傳」的解釋雖涉及形上學的論述,但整體而言,他的解釋主要以心性論和工夫為闡發的核心。即使涉及形上的討論,最終的目標仍在於歸向心性工夫的落實與實踐上。所以蔡沈《書集傳》自序、〈大禹謨〉相關的解釋,皆著重於心性論,尤其是工夫論的解說。此外,朱熹的思想以及對「十六字心傳」的探討雖然隨著一生的不同時期而有不同的變化,但蔡沈受師命作傳,已是朱熹去世前一年的事。他在《書集傳》中所涉及的朱子思想相關內涵,大抵以朱子成熟的說法為依據,並未涉及朱子不同時期思想變化的問題。然而,《尚書》既然以文獻的形式流傳,後人在進行理解與詮釋時,必然要面對其中的文獻問題。由於《尚書》的時代極為久遠,文句難以全盤解通,所以朱熹晚年與蔡沈商定注《尚書》的原則時,曾強調以義理的掌握為優先考量。至於字義訓詁與名物制度的解釋,仍以舊注為主要依據。從上一節的說明可以看到,蔡沈的確努力地將朱熹所提示的注解原則落實在《書集傳》中。所以,《書集傳》的注解形式也按照一般經書注解的形式,未偏廢字義、句義的解釋。值得注意的是,《尚書》中畢竟有很多詰詘聱牙的篇章無法完全讀通,

面對這類篇章，蔡沈並未完全採取闕疑的方式處理，更常見的作法是跳過字義、句義的疏通，直接以通讀大義的方式略釋文意，並未逐字作注。例如〈召誥〉：「天既遐終大邦殷之命，茲殷多先哲王在天，越厥後王後民，茲服厥命。厥終智藏瘝在。夫知保抱攜持厥婦子，以哀籲天。徂厥亡，出執。嗚呼！天亦哀于四方民，其眷命用懋，王其疾敬德。」《書集傳》說：

> 「後王後民」，指受也。此章語多難解，大意謂：天既欲遠絕大邦殷之命矣，而此殷先哲王，其精爽在天，宜若可恃者，而商紂受命，卒致賢智者退藏，病民者在位。民困虐政，保抱攜持其妻子，哀號呼天，往而逃亡，出見拘執，無地自容，故天亦哀民，而眷命用歸於勉德者。天命不常如此，今王其可不疾敬德乎！[76]

蔡沈雖然認為這段經文「語多難解」，無法一一詳釋，但仍以通釋大意的方式，進行注解。這種方式，和清代以來的考據學家在從事訓詁時，強調由字而句而章，且要求由字字句句皆有文獻依據的訓詁原則，並不相同。雖然可以用《尚書》文字艱深來作為理由，但《書集傳》在進行注解時，面對這些文字艱深難解的內容，未必從語言、文獻的立場解決問題，卻也是不爭的事實。

　　這種現象，與朱子學派對經注的要求、朱熹對讀經的目的、注解的規範等問題的思考有密切的關係。朱子認為經書是生於距聖人千載之後，了解聖人之教最重要的依據。通過經書，可以了解已復

---

76 〔宋〕蔡沈：《朱文公訂正門人蔡九峯書集傳》，卷5，頁3右。

其本性的聖人，如何通過政治教化的方式，讓所有的人亦能顯露其
上天所賦予的本性。所以，讀經書並不是以追求知識，使自己成為
博學的人為目的，更重要的是要將經書中的聖人之教，落實在自身
修養上，使自己可以通過聖人的指點，成聖成賢。經注最重要的目
標即在於引導讀者通過閱讀經書，體會乃至實踐聖人之教。因此，
注解經書不僅僅只是文獻研究的問題，亦不僅僅是將注解者個人的
體會予以充分表露的問題，更重要的是要能夠使讀者通過經注的引
導，體會、開發經旨。在這個目標上，注解經書必然要涉及複雜的
理解與注釋的問題。蔡沈為《尚書》作注，自然亦無法逃避這些問
題。由於《尚書》的年代久遠，在流傳的過程中又產生了許多文獻
上的問題，這些問題在蔡沈身處的時空，無法從語言文獻學方面提
供充分的解決條件。從蔡沈在未能順利地滿足從詞義訓詁到經義發
揮，掌握一系列解經相關環節的條件時，如何考慮、安排注經的原
則，便能反映出蔡沈集諸家之說作傳時，對相關抉擇標準的反省。

一、《書集傳》以義理的闡發為最重要的目標

　　一般而言，面對一部古書（未必是經書），人們正常的閱讀方
式是以可知、已知的部分來推測不可知的部分。所以在語言文字的
理解層次，經常會以已知的語文規則來解釋文獻的內容。但由於《尚
書》語文部分難解之處，經常異於後代文言的表達用語與語法習慣，
因之在朱熹、蔡沈所身處的時代，有很多地方不易取得足夠的語文
知識來解讀經文。朱熹對這個情況是相當明白的，他在與蔡沈書信
往來討論注《尚書》的原則時，便從「文義通貫」轉移到求「聖人
之心」上。他說：

最是《書》說未有分付處，因思向日喻及《尚書》文義通貫
猶是第二義，直須見得二帝、三王之心，而通其所可通，毋
強通其所難通。即此數語，便已參到七八分。[77]

其實，要求對所注之書能作到「文義通貫」，是朱熹注經的重要訴
求。[78]從朱熹的話可知，他在與蔡沈討論注《尚書》時，曾經強調
「文義通貫」的重要性。但這一訴求，一方面在當時的語文學背景
中，恐怕無法得到滿意的解決；另一方面，朱熹所設定的讀經目標，
本來就不僅止於文義訓詁的層次。既然經書具有無法取代的特殊地
位與價值，無法捨棄不讀，那麼在面對無法圓滿達成文義通貫的基
本訴求的困擾下，他採取的方式在於強調：

（一）不強求其通。

（二）以可通的為優先注解的對象。

（三）以其對聖人之心的體會，來闡發《尚書》的義理。

---

77 〔宋〕蔡沈：《朱文公訂正門人蔡九峯書集傳》，問答，頁1右。

78 錢穆《朱子新學案·朱子論解經上》申述朱熹的解經見解說：「自出己意，
則道理易錯。作文字，則易於語言有病。移了步位，也是失了經文本意。
亦有因經文而自己推出許多道理來，如孔子十翼。然亦不得離本文，別生
說。」（錢穆著：《朱子新學案》第四冊（臺北市：三民書局股份有限公
司，1989），頁234。），又於〈朱子論解經下〉說：「朱子治經，欲求
得經中本義，一字畫之細，一音韻之末，亦不輕易放過。而在文義方面所
用之工夫則尤要，所謂名義界分之間也。」（錢穆著：《朱子新學案》第
四冊，頁269）指出朱熹反對於解經時自出己意、作文字，應於文義上下
工夫。

（一）代表朱熹解經其實相當重視客觀的理解態度。他願意保留無法解通的部分，表明了他在文義通貫的理解層次，有著極強的自覺意識。（二）他強調先讀《尚書》中可通的部分，意味他意識到解經往往是以可知或已知的部分為基礎來理解未知。通其可通，是他雖強調對經文文義完整理解的重要性，但在不得已的情況下，他仍承認部分的理解在經典解釋上具有重要的意義。（三）這種部分的理解之所以可能，是因為經書既是聖人之表現，如果相信聖聖道同，則只要通過對諸經所傳述的聖人之心整體的理解，便可以大致不偏差地把握《尚書》中所要傳達的聖人之旨。所以蔡沈在自序中強調的以「求聖人之心」為《尚書》注解的主要訴求，正是對朱熹所提的注《尚書》的意見的展現。在此一注解的反省與策略下，《書集傳》雖採「集注體」，卻不是簡單地將資料集合與羅列在一起。

在經義的闡發上，相應於蔡沈自序引朱熹〈中庸序〉對「十六字心傳」的解說，並以之為注解《尚書》的原則，《書集傳》的注解特別重視經文中涉及為政者如何去除人欲以顯發天理的內容。例如，「氣質之性」是朱子思想中的重要部分，《語類》之中曾經多次引用程子「論性不論氣，不備；論氣不論性，不明，二之則不是」[79]之言。朱子對「氣質之性」的根本說法，認為人受限於氣稟，因而障蔽了仁義禮智之性。修養的工夫，旨在克服氣稟的障蔽；

---

79 原文見《二程集・河南程氏遺書》卷6。（〔宋〕程顥、程頤：《二程集》（臺北縣：漢京文化事業有限公司，1983），頁81。）朱熹的相關引錄，主要見於〔宋〕黎靖德編：《朱子語類》卷第四「性理一」（頁56-81）之中。

在上位者設立教化的目的，亦在於使所有人皆能在在上位者的引導之下，超越氣稟的限制，回復仁義禮智之性。因此，《尚書》中雖無「氣」字，《書集傳》經常在說明在上位者自我工夫修養以及說明禮樂制度的意義、教化百姓的方式中，引入朱熹思想中關於氣質之性的相關說法。《書集傳》中，共有兩處引入「氣質」一詞，皆見於〈舜典〉。其一為「帝曰：『契，百姓不親，五品不遜。汝作司徒，敬敷五教，在寬。』」《書集傳》說：

> 「五教」，父子有親，君臣有義，夫婦有別，長幼有叙，朋友有信。以五者當然之理而為教令也。……蓋五者之理，出於人心之本然，非有強而後能者。自其拘於氣質之偏，溺於物慾之蔽，始有昧於其理，而不相親愛，不相遜順者。於是因禹之讓，又申命契仍為司徒，使之敬以敷教，而又寬裕以待之，使其優柔浸漬，以漸而入，則其天性之真，自然呈露，不能自已，而無無恥之患矣。[80]

其二為「帝曰：『夔！命汝典樂，教冑子，直而溫。寬而栗，剛而無虐，簡而無傲。詩言志，歌永言，聲依永，律和聲。八音克諧，無相奪倫，神人以和。』」《書集傳》說：

> 凡人直者必不足於溫，故欲其溫；寬者必不足於栗，故欲其栗，所以慮其偏而輔翼之也。剛者必至於虐，故欲其無虐；簡者必至於傲，故欲其無傲，所以防其過而戒禁之也。「教

80　〔宋〕蔡沈：《朱文公訂正門人蔡九峯書集傳》，卷1，頁15右。

胄子」者，欲其如此，而其所以教之之具，則又專在於樂。
如《周禮》大司樂掌成均之法，以教國子弟，而孔子亦曰：
「興於詩，成於樂。」蓋所以盪滌邪穢，斟酌飽滿，動盪血
脉，流通精神，養其中和之德，而救其氣質之偏者也。[81]

這兩則經文，皆出於舜即位命官之語，亦皆未明言「氣質之偏」的
問題。《書集傳》因著朱熹的思想，以之作為發揮經義的主要理據，
故傳文企圖說明聖人之所以要設官分職，目的在於教化百姓，以救
其氣質之偏，使百姓皆能夠自然呈露本心。另在〈洪範〉：「平康
正直。強弗友剛克，燮友柔克。沉潛剛克，高明柔克。」的傳文引
入「氣稟」一詞，《書集傳》說：

蓋習俗之偏，氣稟之過者也。故「平康正直」，無所事乎矯
拂，無為而治是也。「強弗友剛克」，以剛克剛也。「燮友
柔克」，以柔克柔也。「沉潛剛克」，以剛克柔也。「高明
柔克」，以柔克剛也。正直之用一，而剛、柔之用四也。聖
人撫世酬物，因時制宜，三德义用，用陽以舒之，陰以斂之，
執其兩端，用其中于民，所以納天下民俗於皇極者，蓋如此
也。[82]

以習俗因氣稟不同而有所偏，故在上位者必須以正直、剛、柔三種
方式加以對治。又如〈多方〉：「爾尚不忌於凶德，亦則以穆穆在
乃位，克閱于乃邑謀介。」《書集傳》說：

81　〔宋〕蔡沈：《朱文公訂正門人蔡九峯書集傳》，卷 1，頁 17 右。
82　〔宋〕蔡沈：《朱文公訂正門人蔡九峯書集傳》，卷 4，頁 22 右。

頑民誠可畏矣。然如上文所言爾多士庶幾不至畏忌頑民凶
德，亦則以穆穆和敬，端處爾位，以潛消其悍逆悖戾之氣。
又能簡閱爾邑之賢者，以謀其助，則民之頑者，且革而化矣，
尚何可畏之有哉！成王誘掖商士之善，以化服商民之惡，其
轉移感動之機微矣哉！[83]

強調成王以「穆穆和敬」的庸容氣象，來消解殷頑民之「悍逆悖戾
之氣」。這些解釋，皆有著共同的理論背景。

　　值得注意的是，《書集傳》對相關理論較全面的陳述，除自序
以及「十六字心傳」的注解外，並未以較多的文字來處理。也許，
蔡沈身為朱子學派的第一傳弟子，熟知且身體力行朱熹所主張的修
身與讀書次第。在朱子教導的讀書次第裏，《四書》必然要優先於
《尚書》。朱熹思想的基本內容，對熟讀《四書章句集注》的人而
言，應早已瞭然於心。所以，《書集傳》對朱子的思想，只需在經
文的相關部分加以提示，無須在注解《尚書》時，花費大量的文字
重新說明。他一方面繼承了朱熹晚年已經定形的思想，一方面又利
用此一思想的架構來主導其對《尚書》的解釋與經義的發揮。所以
在《書集傳》中所表現的解經特色，在於他以文意的通達以及義理
是否合宜為優先的考量。

二、文獻線索與《書集傳》對諸家說法的抉擇

　　「集注體」的經注，並不只是資料的彙集而已。從「集」諸家

83　〔宋〕蔡沈：《朱文公訂正門人蔡九峯書集傳》，卷5，頁39左。

之說的立場言，這種注解形式，一方面承認前人的解經成果而予以
兼收並蓄，相當重視經書的開放性；另一方面，若集注者不是只重
視資料的搜集和羅列，而有自己的經學立場與見解，其注解成果便
不能僅是漫無標準地並列諸家之說。蔡沈立足於朱子學派的立場，
除非前人之說牴觸了蔡沈所認定的解經標準的根本底線，否則在可
以並存的情形下，對待諸家說法的態度是較為開放的。所以《書集
傳》之中有並存異說的處理方式，對所引據的資料亦未因學派的不
同而全然加以排斥。他的集注工作，比較像是在前人諸多說法中，
抉擇出最合乎對經義的理解與體會的解釋。雖然蔡沈沒有像呂祖
謙、陳大猷兼容諸家而無餘的企圖，卻也不是採取全然排斥他說的
立場來作傳。這種表現方式，反映出朱子學派面對經書的一貫精
神。[84]

　　不過，由於《書集傳》的注解重心偏向於義理闡發，使得此書
對於可能需要通過「文獻學」的方法解決的問題，便顯得較無積極
作為而趨於保守。以《書集傳》中的字義解釋為例，由於蔡沈以義
理為最重要的考量，對字詞意義與名物制度的探討，大多只作到「前
有所承」、「有所據」的要求，卻未著重於以文獻、語文學知識的
積極運用來解決問題。所謂的「前有所承」、「有所據」，是指《書
集傳》的詞語解釋，大多根據前人已經出現過的注解為準。若蔡沈
有不同的解釋，亦多從文意上作考慮，然後在既有的訓詁材料（如

84　由此，或許能較合理的說明朱子學派及其後學的注經觀念及所呈現的特
　　色。也可以解釋，何以朱子的三、四傳學者之後，自宋末以來，對經書的
　　注解，多以「輯錄纂註」、「纂疏」、「大全」、「傳說彙纂」等為注經
　　體式。

《爾雅》、《說文》等）中找依據。如〈武成〉：「丁未，祀于周廟，邦甸、侯、衛駿奔走，執豆、籩。」孔《傳》「駿」解作「大」。[85]《正義》指出「駿」解作「大」為《爾雅》「〈釋詁〉文」。[86]《書集傳》說：

> 「駿」，《爾雅》曰：「速也。」[87]

就文意的比較上，「速奔走」應比「大奔走」合宜。蔡沈不採用孔《傳》之說，而是從《爾雅》找到「駿」作「速」解之依據。又如〈說命〉上：「王宅憂亮陰，三祀。既免喪，其惟弗言。」《書集傳》說：

> 「亮」，一作諒。「陰」，古作「闇」。按，〈喪服・四制〉：「高宗諒闇三年。」鄭氏注云：「『諒』，古作『梁』，楣謂之梁。『闇』，讀如『鶉鷚』之『鷚』。『闇』謂廬也。」即「倚廬」之「廬」。《儀禮》：「翦屏柱楣。」鄭氏謂：「『柱楣』，所謂『梁闇』」是也。「宅憂亮陰」，言居喪於梁闇也。先儒以「亮陰」為「信默不言」，則於「諒陰三年不言」為語複而不可解矣。[88]

---

85 舊題〔漢〕孔安國傳，〔唐〕孔穎達等正義，〔清〕阮元校勘：《重刊宋本尚書注疏附校勘記》，卷11，頁19左，總頁160。

86 舊題〔漢〕孔安國傳，〔唐〕孔穎達等正義，〔清〕阮元校勘：《重刊宋本尚書注疏附校勘記》，卷11，頁21右，總頁161。

87 〔宋〕蔡沈：《朱文公訂正門人蔡九峯書集傳》，卷4，頁11左。

88 〔宋〕蔡沈：《朱文公訂正門人蔡九峯書集傳》，卷3，頁32右。

以「亮陰」為「梁闇」，實為朱熹晚年的見解。[89]傳文所謂「語複而不可解」，是指「亮陰」若依孔《傳》解為「居憂信默」（信默即不言之意），則經文「諒陰三年不言」的文意就變成「居憂信默（不言），三年不言」而讀不通了。所以《書集傳》以此為理由，認為先儒對「亮陰」一詞的解釋不當，因而引用鄭玄《禮記》、《儀禮》注的解釋作傳。又如〈大誥〉：「猷！大誥爾多邦」，《書集傳》說：

> 「猷」，發語辭也。猶〈虞書〉「咨」、「嗟」之例。按，《爾雅》「猷」訓最多，曰「謀」，曰「言」，曰「已」，曰「圖」，未知此何訓也。[90]

蔡沈一方面從《尚書》文例判定「猷」為發語辭，又試圖從《爾雅》中找根據。只是在《爾雅》眾多符合將「猷」解為發語辭的訓解材料中，無法判定何說最為合適，只得存疑。或許，「猷」字的解釋

---

89 〔元〕詹道傳《四書纂箋·憲問十四》「子張曰：『《書》云：「高宗諒陰，三年不言」，何謂也？』」章引蔡氏模曰：「〈喪服四制〉『諒闇三年』，鄭注云：『「諒」，古作「梁」，楣謂之梁。「闇」，讀如「鶉鷃」之「鷃」，「闇」謂廬也。』即「倚廬」之「廬」。《儀禮》『翦屏柱楣』，鄭氏註：『「柱楣」，所謂「梁闇」是也。《書》云：「王宅憂諒陰」，言居喪於梁闇也。』模按，諒陰之義，先人得於先師晚年面命者如此。」（〔元〕詹道傳撰：《四書纂箋》（收於《索引本通志堂經解》第38冊，臺北市：漢京文化事業有限公司，1971），論語集注纂箋卷7，頁34右，總頁22063）可知此說為朱熹晚年的見解。

90 〔宋〕蔡沈：《朱文公訂正門人蔡九峯書集傳》，卷4，頁33左。

並不影響蔡沈對〈大誥〉義理的掌握，故蔡沈於此並未企圖從文獻、語文學的方向，作進一步的解決。

然而，這並不是說，蔡沈全然不在乎文獻線索對經書解釋的重要性。他在義理詮釋的大前提下，文獻學的原則仍然可能對蔡沈的注解有所影響。例如第三章曾舉出的〈甘誓〉「予則孥戮汝」的例子，歷來的注解者，皆共同認定啟為大禹之子，不可能連坐殺人。對於大禹聖人形象的認定，可以歸入義理的標準。蔡沈亦認同此點。孔《傳》以「權以脅之使勿犯」的說法，來解決疑難。但此說之所以不被認可，是因為若只是「權以脅之」，實在不合常理。如啟作為聖人之後，是否會以這種脅迫的方式帶兵？又若兵士一旦真的違犯，而沒有按照先前約定的法令處置，恐怕無法真正服眾。所以後來的注解，多不主孔《傳》之說。但諸儒所提出的新說中，有些將兩個「戮」字一個解作「殺」，一個則解作「辱」。蔡沈面對前人諸說，從語文的規則指出連接在一起的兩個句子中的「戮」字，不應作「殺」又作「辱」兩種不同的解釋。強調在同一段文字的兩個「戮」字「不應一戮而二義」，便是從文獻的原則提出的質疑。在蔡沈看來，這裏的兩個「戮」字應當有相同的解釋，但將兩個「戮」字皆解作「殺」，坐實了當時有連坐殺人的惡法，又不合義理。所以他提出「軍法」為特別法的解釋。他在義理詮釋的大原則下，利用語文的規律來否決前人的解釋。只是整體而言，《書集傳》用來考定經旨的依據，並不僅限於文獻。蔡沈於傳文中明確標明「以……考之」的，就有〈禹貢〉的「以經文考之」[91]、「以事理情勢考

91　〔宋〕蔡沈：《朱文公訂正門人蔡九峯書集傳》，卷2，頁24右。

之」[92]、「以地勢考之」[93]，〈甘誓〉的「以上句考之」[94]，〈泰誓中〉的「以〈武成〉考之」[95]，〈梓材〉「以觀禮考之」[96]，〈洛誥〉「考之〈費誓〉」[97]，〈周官〉「讀書者參互而考之（《周禮》）」[98]。從文獻的通例、事理、地勢、觀禮，到《尚書》的篇章、其他經書，皆可用來考定經旨。在朱子學派的立場，經書義理的發掘，畢竟不僅是文獻上的探討，經書中的義理與真實世界之真理，二者應當是一致的。相對而言，文獻線索並不是蔡沈所最重視的部分。

　　我們如果承認經書的解讀具有一定的開放性，經書所內蘊的義理具有豐富的探索空間，則讀者通過注解對經書的體會，不可能只限制在注解已注出的文字之中。即使是同一學派的讀者，在共同承認的理解基礎上，不同的讀者仍可以從同一部經書引申出不同的體會。所以承認經書這種開放性的注解者，對注解的安排，除了根據語文知識以解決經書作為古代文獻的解讀問題外，亦必然要根據注解者自己的體會確立釋經的根本原則，以規範讀注者對經義的理解方向。注解者所設立標準不同，必然影響注解的成果。《書集傳》在這個部分，往往與前述朱熹所建議的作傳原則「（二）以可通的為優先注解的對象。（三）以其對聖人之心的體會，來闡發《尚書》

92　〔宋〕蔡沈：《朱文公訂正門人蔡九峯書集傳》，卷2，頁24右。

93　〔宋〕蔡沈：《朱文公訂正門人蔡九峯書集傳》，卷2，頁28右。

94　〔宋〕蔡沈：《朱文公訂正門人蔡九峯書集傳》，卷2，頁30右。

95　〔宋〕蔡沈：《朱文公訂正門人蔡九峯書集傳》，卷4，頁4左。

96　〔宋〕蔡沈：《朱文公訂正門人蔡九峯書集傳》，卷4，頁56右。

97　〔宋〕蔡沈：《朱文公訂正門人蔡九峯書集傳》，卷5，頁11右。

98　〔宋〕蔡沈：《朱文公訂正門人蔡九峯書集傳》，卷6，頁1右。

的義理。」相關。從《書集傳》的內容來看，蔡沈的原則大致可以
歸納為：

1. 以朱熹所建立的思想為解釋的根本依據。

2. 與根本依據相衝突的解釋，必不能成立。（即使有著文獻上
   的根據，亦然。）

3. 在不違背根本依據的前提下，諸家說法可以兼容並蓄。

4. 在不違背根本依據的前提下，有助於闡發經旨的種種方面
   （如前所引述的事理、地勢、觀禮、文獻等），皆可以作為
   經義闡發的理據。故蔡沈發揮較少，而為後世《尚書》研究
   所重視的文獻語文知識的線索，對《書集傳》的注解仍具意
   義。

所以，諸家注解只要不違背朱熹思想的根本原則，蔡沈未必會
強勢要求只有一種「正確」的經義闡發，而《書集傳》中未直接明
文闡發的意思，也不等於被蔡沈所全然否定。

三、朱熹與蔡沈對〈咸有一德〉「主善、協一」解釋之異同

根據本書第一章所說，真德秀〈九峯先生蔡君墓表〉指出〈洪
範〉、〈洛誥〉、〈秦誓〉三篇「往往有先儒所未及者」。然可惜
的是真德秀並未進一步說明這些篇章中「先儒所未及」的具體內容
為何。[99]另外，蔡沈的弟子黃自然特別記錄針對《書集傳》注〈咸

99　很可能是指〈洛誥〉「周公留後」之說，以及〈秦誓〉「惟截截善論言」
　　中的「論言」指杞子，「昧昧我思之」之斷句屬下讀之說。至於〈洪範〉

有一德〉「主善、協一」異於朱熹之說，與蔡沈討論的對話內容。故上述四個篇章，最足以用來突顯蔡沈注解原則的，當為黃自然所指出的〈咸有一德〉「主善、協一」之說。

在《尚書》的篇章中，〈咸有一德〉是宋儒極為重視的一篇，若不論真偽問題，此篇的內容為伊尹訓太甲之言。在《尚書》之中，太甲曾在即位之初，因所為「不順義理」，被伊尹安排至「桐宮居憂」。待太甲改過，伊尹又迎回太甲。後伊尹致仕之前，特別以此篇訓戒太甲。所謂「主善、協一」，是指經文「德無常師，主善為師。善無常主，協于克一。」朱熹的討論，見於《朱子語類》卷第七十九：

> 01 問：「『德無常師，主善為師；善無常主，協于克一。』或言主善人而為師，若仲尼無常師之意，如何？」曰：「非也。橫渠說『德主天下之善，善原天下之一』，最好。此四句三段，一段緊似一段。德且是大體說，有吉德，有凶德，然必主於善始為吉爾。善亦且是大體說，或在此為善，在彼為不善；或在彼為善，在此為不善；或在前日則為善，而今日則為不善；或在前日則不善，而今日則為善。惟須『協于克一』，是乃為善，謂以此心揆度彼善爾。故橫渠言『原』，則若善定於一耳，蓋善因一而後定也。德以事言，善以理言，一以心言。大抵此篇只是幾箇『一』字上有精神，須與細看。此心纏一，便終始不變而有常也。『協』字雖訓『合』字，

篇，蔡沈除了朱熹的師承外，尚有其傳自西山的家學淵源。真德秀所指為何，較難確定。

卻是如『以此合彼』之『合』，非『已相合』之『合』，與
《禮記》『協於分藝』，《書》『協時月正日』之『協』同
義，蓋若揆度參驗之意耳。<u>張敬夫謂虞書『精一』四句與此
為《尚書》語之最精密者，而《虞書》為尤精。</u>」（大雅）

02「『德無常師，主善為師；善無常主，協于克一。』上兩
句是教人以其所從師，下兩句是教人以其所擇善而為之師。」
道夫問：「『協于克一』，莫是能主一則自默契于善否？」
曰：「『協』字難說，只是箇比對裁斷之義。蓋如何知得這
善不善，須是自心主宰得定，始得。蓋有主宰，則是是非非，
善善惡惡，瞭然於心目間，合乎此者便是，不合者便不是。
橫渠云：『德主天下之善，善原天下之一。』這見得它說得
極好處。蓋從一中流出者，無有不善。所以他伊尹從前面說
來，便有此意，曰『常厥德』，曰『庸德』，曰『一德』，
常、庸、一，只是一箇。」蜚卿謂：「一，恐只是專一之『一』」？」
曰：「如此則絕說不來。」道夫曰：「上文自謂『德惟一，
動罔不吉；德二三，動罔不凶』。」曰：「纔尺度不定，今
日長些子，明日短些子，便二三。」道夫曰：「到底說得來，
只是箇定則明，明則事理見；不定則擾，擾則事理昏雜而不
可識矣。」曰：「只是如此。」又曰：「看得道理多後，於
這般所在，都寬平開出，都無礙塞。如蜚卿恁地理會數日，
卻只恁地，這便是看得不多，多少被他這十六箇字礙。」又
曰：「今若理會不得，且只看自家每日一與不一時，便見。
要之，今卻正要人恁地理會，不得，又思量。但只當如橫渠

所謂『濯去舊見，以來新意』。且放下著許多說話，只將這
四句來平看，便自見。」又曰：「這四句極好看。南軒云：
『自「人心惟危，道心惟微」數語外，惟此四句好。但舜大
聖人，言語渾淪；伊尹之言，較露鋒鋩得些。』說得也好。」
頃之，又曰：「舜之語如春生，伊尹之言如秋殺。」（道夫）

03 問：「橫渠言『德主天下之善，善原天下之一』，如何？」
曰：「言一故善。一者，善之原也。『善無常主』，如言『前
日之不受是，今日之受非也』；『協于克一』，如言『皆是
也』。蓋均是善，但易地有不同者，故無常主。必是合于一，
乃為至善。一者，純一於理，而無二三之謂。一，則無私欲，
而純乎義理矣。」（銖）

04 「協于克一」，協，猶齊也。（升卿）[100]

另外，據董鼎《書蔡氏傳輯錄纂註》，可補入兩則：

05 此言於天下之德，無一定之師，惟善是從，則凡有善皆
可師也。於天下之善無一定之主，惟一其心，則其所取者無
不善矣。<u>協猶齊也，如所謂協時月</u>。[101]

100　〔宋〕黎靖德編：《朱子語類》，頁 2033-2035。

101　〔元〕董鼎撰：《書蔡氏傳輯錄纂註》（「中華再造善本」，北京市：
　　　北京圖書館出版社，2006），卷3，頁 27 右。又見〈答石子重〉，〔宋〕
　　　朱熹撰，劉永翔、朱幼文點校：《晦庵先生朱文公文集》（參），頁
　　　1936-1937。

06 問：「善字不知主何而言？」曰：「這只是主良心。」
（道夫）[102]

《書集傳》的傳文為：

> 上文言用人，因推取人為善之要。「無常」者，不可執一之
> 謂。「師」，法；「協」，合也。「德」者，善之總稱；「善」
> 者，德之實行。「一」者，其本原統會者也。德兼眾善，不
> 主於善，則無以得一本萬殊之理。善原於一，不協于一，則
> 無以達萬殊一本之妙。謂之「克一」者，能一之謂也。博而
> 求之於不一之善，約而會之於至一之理，此聖學始終條理之
> 序，與夫子所謂「一貫」者幾矣。太甲至是而得與聞焉，亦
> 異乎常人之改過者歟！張氏曰：「〈虞書〉精一數語之外，
> 惟此為精密。」[103]

整理朱熹與蔡沈的意見，可注意者有下列數點：

（一）孔《傳》釋「德無常師，主善為師」說：「德非一方，
以善為主乃可師。」[104]釋「善無常主，協于克一」說：「言以合於
能一為常德。」[105]（孔穎達《正義》於此未有解釋。）孔《傳》的

102　〔元〕董鼎撰：《書蔡氏傳輯錄纂註》，卷3，頁27左。又見〔宋〕黎
　　靖德編：《朱子語類》，頁2263。

103　〔宋〕蔡沈：《朱文公訂正門人蔡九峯書集傳》，卷3，頁20右。

104　舊題〔漢〕孔安國傳，〔唐〕孔穎達等正義，〔清〕阮元校勘：《重刊
　　宋本尚書注疏附校勘記》，卷8，頁27左，總頁121。

105　舊題〔漢〕孔安國傳，〔唐〕孔穎達等正義，〔清〕阮元校勘：《重刊
　　宋本尚書注疏附校勘記》，卷8，頁27左，總頁121。

解釋，並不是非常的明確。但若將「以善為主乃可師」之「師」的解釋落實到可學習效法之人，意思便和 01 所說「或言主善人而為師，若仲尼無常師之意」之說相合。所以，可以視孔《傳》為「主善人而為師」之說的來源。林之奇的意見也與「主善人而為師」之說相近。《尚書全解》說：

> 「德無常師」者，言欲日新其德，故無一定之師。凡主於善者，皆在所師也。善亦無一定之主，苟「協于克一」而可以成就吾之常德者，皆在所主也。《孟子》曰：「大舜有大焉，善與人同。舍己從人，樂取諸人以為善。」《中庸》曰：「舜其大智也與！舜好問而好察邇言，隱惡而揚善，執其兩端，用其中於民，其斯以為舜乎！」此有以見其德之無常師，而善之無常主也。苟使德有常師，善有常主，則其心必有所繫吝而不為公心。有所繫吝而不公，則小人得以窺伺其意之所在，以迎合其意而投其所好。如此則偏聽而不能并謀兼智與天下為公，而民之不服者多矣！[106]

以「無一定之師」來說明「德無常師」，則將「師」解作可學習效法之人。其所引用的《孟子》、《中庸》，舜所學習效法之對象亦皆是指人而言。林之奇的解釋，強調在上位者若有一定之師，便易為小人投其私心之所好而不公。相較之下，朱熹並不贊同將「師」解作具體的「善人」，所以前面所引錄的朱熹語錄 06 則便指出「善」

106　〔宋〕林之奇：《尚書全解》，卷 17，頁 14 右-14 左，總頁 6723。

字「主良心」而言。《書集傳》接受朱熹的判斷,亦不取孔《傳》或《尚書全解》將「師」解作具體的對象,而將「師」解作「法」。

(二)蔡沈顯然也參考了上列朱熹語錄 01、02 之說,所以《書集傳》亦特別引用張栻「〈虞書〉精一數語之外,惟此為精密」之語。

(三)朱熹所引張載之言,出自《正蒙·有德篇第十二》。原文作:

> 德主天下之善,善原天下之一。善同歸治,故王心一。言必主德,故王言大。[107]

朱熹相關的發揮,皆以橫渠此說為據。朱熹認為「德以事言,善以理言,一以心言」。「德」有吉凶,必須「以善為主」,才是吉德。然而,善亦是隨著情境的變化而有不同的判斷,因此須「『協于克一』,謂以此心揆度彼善。」強調必須合於心的「對比裁斷」。心要有合宜的「對比裁斷」,則必須經過工夫的修養,使心合於一。從工夫而言,此說乃與朱子思想中的「心統性情」、「格物致知」的相關說法相連結。

(四)蔡沈《書集傳》並未完全依照朱熹之說。其中的差異,主要有兩個方面:首先朱熹純就此節經文立說,著重在為善之要,並未顧及〈咸有一德〉全篇的文脈。蔡沈則指出「上文言用人,因推取人為善之要。」所說的上文,是指經文前一節「任官惟賢才,左右惟其人。臣為上為德,為下為民。其難其慎,惟和惟一。」的

---

107 〔宋〕張載:《張載集》,頁 44。

文字。他認為「德無常師」這一節，在文脈上乃順著前一節，在談「取（用）人為善」之要。其次，朱熹在概念上，指出經文中的「德以事言，善以理言，一以心言。」而蔡沈則以「一本萬殊」之理，來統合「德」、「善」、「一」的關係，說：「德者，善之總稱；善者，德之實行。一者，其本原統會者也。」認為「德」與「善」是「一本（德）萬殊（善）」的關係。「善」與「一」是「萬殊（善）一本（一）」的關係。他強調所謂的「克一」，是指能由不一之善，會歸於「至一之理」。如此，則朱熹與蔡沈對經文中「德」、「善」、「一」的解釋是全然不同的。所以黃自然質疑說：

> 獨「主善、協一」之旨，《語錄》所記，若有合於橫渠，《書傳》之云，乃少異於文公。揆之內心，亦有未釋然者。間竊從而質〔焉〕。[108]

蔡沈的回答為：

> 「一」，以心言，純粹不雜之義。「一」，以理言，融會貫通之名也。從《語錄》之說，逆上經文，既或未明；「協」下「克」字，復為長語。味《書傳》之訓，惟能合而一之，故始雖主於一善，終則無一之不善，自渙然而無疑矣。審乎此，則文公釋經不盡同於程子者，非求異也，〔意〕蓋有在也。[109]

---

108 〔宋〕蔡沈：《朱文公訂正門人蔡九峯書集傳》，書跋，頁2右。
109 〔宋〕蔡沈：《朱文公訂正門人蔡九峯書集傳》，書跋，頁2右。

朱熹之釋「一」，僅就心言。而蔡沈之釋「一」，則除了以心言之「一」，亦涵括了以理言之「一」。蔡沈認為，朱熹的說法，較不合經文之文脈。事實上，上引朱熹之說，的確未將「克」字納入解釋。在解經而非單純發揮義理的訴求下，蔡沈認為這樣的解釋，較能貼合經文的文意。從蔡沈的回應，可知他頗能自覺解經的工作與純粹思想的發揮之間，應有所區隔。就著作的性質言，前述朱熹相關解釋，皆來自《語錄》。《語錄》是朱熹教學的問答記錄，其中的文脈與情境，較單純而嚴格的經書注解複雜，未必全然扣合著經文。因此，站在朱子學派的立場，雖然可以探討蔡沈之說是否合宜，卻不應過應誇大朱、蔡異同的問題。

（五）以此例而言，《書集傳》的解釋雖然與朱熹不同，但蔡沈所引入的「一本萬殊」之說，仍是朱子學說中的重要觀念。因此，整體而言，蔡沈這段傳文的解釋雖異於朱熹，卻未違背朱子思想。於此，前述蔡沈作傳的抉擇原則，應當可以得到較清楚的了解。

第三節　《書集傳》的解經特色

綜上所述，蔡沈《書集傳》的解經特色與其「集注體」注經體式有著密切的關聯。若無法回到「集注體」經注的立場，重視蔡沈所引據的資料來源，以及蔡沈「集注」的原則，僅觸及《書集傳》表面上看似一家之言的注經形式，並不能合宜地說明其解經的特色。為了更清楚地說明《書集傳》的解經特色，並補充第四章第二節以表格形式呈現的不足，這一節以〈湯誥〉篇的傳文為例進行分析。以〈湯誥〉為例，除了篇幅的考量外，主要的理由在於《書集

傳》注解「商書」相關篇章時，有較多的義理發揮的內容。從〈湯誥〉傳文的對比研究，可以明顯看出這些義理發揮的主要依據，正是朱熹的意見。

一、《書集傳·湯誥》所引據的資料

　　蔡沈注〈湯誥〉，將經文分成九節，加上篇題的說明，全篇分成十個節次。為了說明的方便，以下詳錄〈湯誥〉的經、傳文字，然後配合第四章表格所標注的內容，以注解的形式詳細注明所能夠找到的蔡沈傳文的依據，然後進行整體的討論。對於找到引據出處的傳文，依其所據材料不同，於相關傳文下加線標注。又為特別突顯傳文義理發揮的成分與朱熹的關係，凡源自朱熹見解的部分，統一於整體討論的部分進行列舉。

00〔經〕〈湯誥〉

〔蔡傳〕<u>湯伐夏歸亳</u>[110]，<u>諸侯率職來朝，湯作誥以與天下更始</u>[111]。今文無，古文有。

01〔經〕王歸自克夏，至于亳，誕告萬方。

110　〈書序〉：「湯既黜夏命，復歸于亳，作〈湯誥〉。」（舊題〔漢〕孔安國傳，〔唐〕孔穎達等正義，〔清〕阮元校勘：《重刊宋本尚書注疏附校勘記》，卷8，頁9左，總頁112。）

111　〔宋〕林之奇《尚書全解》：「湯武既從征伐得天下，其反國也，諸侯皆率職來朝，致禮於君，此亦禮之常也。……此二篇〔指〈湯誥〉、〈武成〉〕雖記載之體不同，而其辭則皆是始攝大位而告諸侯以正始也。」（卷15，頁1右-2右，總頁6679）

〔蔡傳〕「誕」，大也[112]。「亳」，湯所都[113]，在宋州穀
熟縣。

02〔經〕王曰：「嗟！爾萬方有眾，明聽予一人誥。惟皇上
帝，降衷于下民，若有恒性。克綏厥猷惟后。

〔蔡傳〕「皇」，大[114]；「衷」，中[115]；「若」，順也[116]。
天之降命，而具仁、義、禮、智、信之理，無所偏
倚，所謂「衷」也。人之稟命，而得仁、義、禮、
智、信理，與心俱生，所謂「性」也。[117]「猷」，

112　孔傳：「誕，大也。」（舊題〔漢〕孔安國傳，〔唐〕孔穎達等正義，
　　〔清〕阮元校勘：《重刊宋本尚書注疏附校勘記》，卷8，頁10右，總
　　頁112。）

113　〔宋〕林之奇《尚書全解》：「亳者，湯之都也。」（卷15，頁2左，
　　總頁6679）

114　孔傳：「皇，天。」阮元《校勘記》：「閩本、葛本同。毛本天作大。」
　　（舊題〔漢〕孔安國傳，〔唐〕孔穎達等正義，〔清〕阮元校勘：《重
　　刊宋本尚書注疏附校勘記》，卷8，頁9左，總頁123。）

115　〔宋〕陳大猷《書集傳》：「王氏曰：衷，中之謂也。民受天地之中以
　　生。」（卷4，頁10左，總頁59）程元敏《三經新義輯考彙評（一）
　　——尚書》：「衷，中也。」（頁79）

116　孔傳：「順人有常之性。」（舊題〔漢〕孔安國傳，〔唐〕孔穎達等正
　　義，〔清〕阮元校勘：《重刊宋本尚書注疏附校勘記》，卷8，頁10右，
　　總頁112。）

117　《正義》：「天生烝民，與之五常之性，使有仁、義、禮、智、信，是
　　天降善於下民也。」（舊題〔漢〕孔安國傳，〔唐〕孔穎達等正義，〔
　　清〕阮元校勘：《重刊宋本尚書注疏附校勘記》，卷8，頁10右，總頁

道也。[118]由其理之自然，而有仁、義、禮、智、信之行，所謂「道」也。以「降衷」而言，則無有偏倚，順其自然，固有常性矣。以「稟受」而言，則不無清濁純雜之異，故必待君師之職，而後能使之安於其道也，故曰「克綏厥猷惟后」。夫「天生民有欲」[119]，以情言也。上帝「降衷于下民」，以性言也。仲虺即情以言人之欲，成湯原性以明人之善，聖賢之論，互相發明[120]，然其意則皆言君道之係於天下者如此之重也。

03〔經〕夏王滅德作威，以敷虐于爾萬方百姓。爾萬方百姓，罹其凶害，弗忍荼毒，並告無辜于上下神祇。天道福善禍淫，降災于夏，以彰厥罪。

〔蔡傳〕言桀無有仁愛，但為殺戮。天下被其凶害，如荼之苦，如毒之螫，不可堪忍，稱冤於天地鬼神，以冀

112。)蔡沈之說雖不同，然「仁、義、禮、智、信」云云，顯然與《正義》之說有關。

118 《尚書正義》孔傳：「能安立其道教。」(舊題〔漢〕孔安國傳，〔唐〕孔穎達等正義，〔清〕阮元校勘：《重刊宋本尚書注疏附校勘記》，卷8，頁10右，總頁112。)

119 語出《尚書·仲虺之誥》。

120 〔宋〕呂祖謙撰，陳金生、王煦華點校：《東萊書說二種》：「仲虺於情言之，自末以及本；湯於性言之，自本以及末。理歸于一，而聖賢之間亦見矣。」(頁121。)

其拯己。[121]屈原曰：「人窮則反本，故勞苦倦極，
未嘗不呼天也。」天之道，善者福之，淫者禍之。
桀既淫虐，故天降災以明其罪[122]。[123]意當時必有
災異之事，如〈周語〉所謂「伊洛竭而夏亡」[124]之
類。

04〔經〕肆台小子，將天命明威，不敢赦。敢用玄牡，敢昭
告于上天神后，請罪有夏。聿求元聖，與之戮力，以與爾有
眾請命。

〔蔡傳〕「肆」，故也。故我小子，奉將天命明威，不敢赦

---

121 孔《傳》：「罹，被；荼，苦也。不能堪忍，虐之甚。」《正義》：「〈釋
草〉云：『荼，苦菜。』此菜味苦，故假之以言人苦。毒，謂螫人之蟲，
蛇虺之類，車是人之所苦，故并言荼毒以喻苦也。」（舊題〔漢〕孔安
國傳，〔唐〕孔穎達等正義，〔清〕阮元校勘：《重刊宋本尚書注疏附
校勘記》，卷8，頁10右-10左，總頁112。）

122 孔《傳》：「政善，天福之。淫過，天禍之。故下災異以明桀罪惡，譴
寤之，而桀不改。」（舊題〔漢〕孔安國傳，〔唐〕孔穎達等正義，〔
清〕阮元校勘：《重刊宋本尚書注疏附校勘記》，卷8，頁10左，總頁
112。）

123 〔宋〕林之奇《尚書全解》：「百姓被其凶害，如荼之苦，如毒之螫，
不可堪忍也。……屈原曰：『人窮則反本，故勞苦倦極，則未嘗不呼天；
疾痛慘怛，未嘗不呼父母。』桀之虐政加於民，民既苦於虐政，……惟
稱冤於天地鬼神，以冀其拯己也。……天之常道，於有善者則福之，淫
則禍之。桀既虐民如此，故天於是降其災異不祥之事以彰其獲罪於天也。」
（卷15，頁5左-6左，總頁6681）又所引屈原語出《史記·屈原列傳》。

124 語出《國語·周語上》。

桀之罪也。「玄牡」，夏尚黑，未變其禮也。[125]「神后」，后土也。[126]「聿」，遂也。「元聖」，伊尹也。[127]

05〔經〕上天孚佑下民，罪人黜伏。天命弗僭，賁若草木，兆民允殖。

〔蔡傳〕「孚」、「允」，皆信也。「僭」，差也。「賁」，文之著也[128]。「殖」，生也。上天信佑下民[129]，故夏桀竄亡而屈服。天命無所僭差，燦然若草木之敷榮，兆民信乎其生殖矣。

125　《正義》：「〈檀弓〉云：『殷人尚白，牲用白。』今云『玄牡』，夏家尚黑，于時未變夏禮，故不用白也。」（舊題〔漢〕孔安國傳，〔唐〕孔穎達等正義，〔清〕阮元校勘：《重刊宋本尚書注疏附校勘記》，卷8，頁10左，總頁112。）

126　〔宋〕林之奇《尚書全解》：「故我小子，將天所命之威以致天誅而不敢赦也。……神后者，后土皇，地祇也。」（卷15，頁6左-7右，總頁6681-6682）

127　孔《傳》：「聿，遂也。大聖陳力，謂伊尹。」（舊題〔漢〕孔安國傳，〔唐〕孔穎達等正義，〔清〕阮元校勘：《重刊宋本尚書注疏附校勘記》，卷8，頁11右，總頁113。）

128　〔宋〕呂祖謙撰，陳金生、王煦華點校：《東萊書說二種》：「賁者粲然有文，其理甚明，若草木栽者培之，傾者覆之，咸其自取也。」（頁123。）

129　孔《傳》：「浮〔孚〕，信也。天信佑助下民，……僭，差。……民信樂生。」（舊題〔漢〕孔安國傳，〔唐〕孔穎達等正義，〔清〕阮元校勘：《重刊宋本尚書注疏附校勘記》，卷8，頁11右，總頁113。）

06〔經〕俾予一人，輯寧爾邦家，茲朕未知獲戾于上下，慄
慄危懼，若將隕于深淵。

〔蔡傳〕「輯」，和；「戾」，罪；「隕」，墜也。[130]天使
我「輯寧爾邦家」，其付予之重，恐不足以當之，
未知已得罪於天地與否，驚恐憂畏，若將墜于深淵。
蓋責愈重則憂愈大也。

07〔經〕凡我造邦，無從匪彞，無即慆淫，各守爾典，以承
天休。

〔蔡傳〕夏命已黜，湯命惟新，侯邦雖舊，悉與更始，故曰
「造邦」。「彞」，法；「即」，就；「慆」，慢
也。「非彞」，指法度言。「慆淫」，指逸樂言。
「典」，常也。[131]各守其典常之道，以承天之休命
也。

08〔經〕爾有善，朕弗敢蔽。罪當朕躬，弗敢自赦，惟簡在
上帝之心。其爾萬方有罪，在予一人。予一人有罪，無以爾
萬方。

---

130 孔《傳》：「此伐桀，未知得罪于天地，……若墜深淵，……」（舊題
〔漢〕孔安國傳，〔唐〕孔穎達等正義，〔清〕阮元校勘：《重刊宋本
尚書注疏附校勘記》，卷8，頁11左，總頁113。）

131 孔《傳》：「戒諸侯與之更始。……慆，慢也。……守其常法，……。」
（舊題〔漢〕孔安國傳，〔唐〕孔穎達等正義，〔清〕阮元校勘：《重
刊宋本尚書注疏附校勘記》，卷8，頁11左，總頁113。）

〔蔡傳〕「簡」，閱也[132]。人有善，不敢以不達。己有罪，不敢以自恕。簡閱一聽於天。然天以天下付之我，則民之有罪，實君所為；君之有罪，非民所致。非特聖人厚於責己而薄於責人，是乃理之所在，君道當然也。[133]

09 〔經〕嗚呼！尚克時忱，乃亦有終。」

〔蔡傳〕「忱」，信也[134]。歎息言：庶幾能於是而忱信焉，「乃亦有終」也[135]。吳氏曰：「此兼人己而言。」[136]

二、《書集傳·湯誥》所體現的解經特色

　　〈湯誥〉為東晉梅賾所獻上的偽《古文尚書》二十五篇中的一篇，故蔡沈於篇題下的傳文注明「今文無，古文有」。關於此篇的背景，《書序》說：「湯既黜夏命，復歸于亳，作〈湯誥〉。」蔡

132　《正義》：「鄭玄注《論語》云：簡閱在天心。」（舊題〔漢〕孔安國傳，〔唐〕孔穎達等正義，〔清〕阮元校勘：《重刊宋本尚書注疏附校勘記》，卷8，頁12右，總頁113。）

133　〔宋〕陳大猷《書集傳》：「王氏曰：此非躬自厚之言，理固然也。」（卷4，頁13右，總頁60）

134　《東坡書傳》：「庶幾能信此也。」（〔宋〕蘇軾撰，舒大剛、張尚英校點：《東坡書傳》，頁18。）

135　〔宋〕呂祖謙撰，陳金生、王煦華點校：《東萊書說二種》：「再三嗟嘆，庶幾惟此是信，乃亦可以有其終。」（頁124。）

136　此吳氏當即吳棫。

沈對此序的內容，並無異議，故於《書集傳》書末所附之《書序》
辨，並無辨說，於〈湯誥〉標題之注解，亦無異說，僅根據林之奇
《尚書全解》補充說明「諸侯率職來朝，湯作誥以與天下更始。」
強調本篇「與天下更始」的意旨。

此篇傳文，根據上文疏理的結果，可知蔡沈注明出處的部分，
只有《國語·周語》和「吳氏曰」兩處。未注明出處，卻可以找到
明確依據的傳文，實占了極高的比例。蔡沈所引據的資料尚有：《尚
書·仲虺之誥》、孔《傳》、《正義》、《尚書新義》、《東坡書
傳》、《尚書全解》、《東萊書說》。

另外，上文疏理的成果未注明出處的傳文，除了可能有相關資
料來源已不可考的情形外，尚有兩種情況：一是由於〈湯誥〉的經
文並不艱澀，因此，如 08「爾有善，朕弗敢蔽。罪當朕躬，弗敢
自赦。」孔《傳》解作「不蔽善人，不赦己罪」[137]，與蔡沈「人有
善，不敢以不達。己有罪，不敢以自恕」的解釋，文字雖然沒有直
接承襲的關係，在根本的意思上卻無太大的不同。這當是因《書集
傳》為全經的注解，即使是較為淺易的經文，為滿足注解形式的需
求，蔡沈仍會盡量順著經文進行說解。二是蔡沈根據朱熹的見解所
作的傳。這部分經常會涉及義理上發揮。以〈湯誥〉而言，朱熹的
相關意見，《朱子語類》卷七十九「尚書二」收錄四則，另外，據
董鼎《書蔡氏傳輯錄纂註》可以補入九則，共計十三則。朱熹所論，
涉及下列五個部分：

---

137 舊題〔漢〕孔安國傳，〔唐〕孔穎達等正義，〔清〕阮元校勘：《重刊
宋本尚書注疏附校勘記》，卷8，頁12右，總頁113。

（一）泛論

01 湯、武征伐，皆先自說一段義理。（必大）[138]

（二）「降衷下民」

02 蔡懋問：《書》所謂「降衷」。曰：「古之聖賢，才說出便是這般話。成湯當放桀之初，便說『惟皇上帝降衷于下民，若有常性，克綏厥猷惟后。』武王伐紂時便說：『惟天地萬物父母，惟人萬物之靈。亶聰明，作元后。元后作民父母。』傅說告高宗便說：『明王奉若天道，建邦設都，樹后王君公，承以大夫師長，不惟逸豫，惟以亂民。惟天聰明，惟聖時憲。』見古聖賢朝夕只見那天在眼前。」（賀孫）[139]

03 孔安國以「衷」為「善」，便無意思。「衷」只是「中」，便與「民受天地之中」一般。（泳）[140]

04 問：「降衷于下民」云云。先生曰：「何故不說『降善』，卻說『降衷』？看得『衷』字是箇無過不及，恰好底道理。天之生物，箇箇有一精當恰好底道理，此與程子所謂『天然自有之中』，劉子所謂『民受天地之中』相似。與《詩》所

138　〔宋〕黎靖德編：《朱子語類》，頁 2029。

139　〔宋〕黎靖德編：《朱子語類》，頁 2029-2030。又見〔元〕董鼎撰：《書蔡氏傳輯錄纂註》，卷 3，頁 8 左。

140　〔宋〕黎靖德編：《朱子語類》，頁 2030。又見〔元〕董鼎撰：《書蔡氏傳輯錄纂註》，卷 3，頁 8 左。

謂『秉彝』，張子所謂『萬物一原』，又自不同。『彝』是
常道。『有物有則』，『則』字却似『衷』字。天之生物必
有箇當然之則，蓋君有君之則，臣有臣之則，耳有耳之則，
目有目之則。止於仁，君之則也。止於敬，臣之則也。視曰
明，目之則也。聽曰聰，耳之則也。故民執以為常道也。若
說『降衷』便是『秉彝』則不可。若說便是萬物一原，亦不
可。萬物一原，自說萬物皆出此也。若統論道理，固是一般，
然其中名字位分又自不同。若只一般，聖賢何故說許多名
字？若曉得名字訓義之不同，方見其所謂同。『衷』只是
『中』，今人言『折衷』者，蓋以是為準則而取正也。[141]

05《詩》、《書》所說，便是有箇人在上，恁地分付，如『帝
乃震怒』之類。然這箇亦只是理如此，天下莫尊於理，故以
帝名之。『降衷』便是有主宰意。」（淳）[142]

06 天地自有箇無心之復卦，一陽生於下，這便是生物之心。
如「惟皇上帝，降衷于下民」、「天道福善禍淫」，便自分
明有箇人在裏主宰相似。（道夫）[143]

07 陶安國問：「『降衷』與『受中』之『中』，二字義同

---

141 〔元〕董鼎撰：《書蔡氏傳輯錄纂註》，卷3，頁8左。又見〔宋〕黎靖
德編：《朱子語類》，頁 409-411。

142 〔元〕董鼎撰：《書蔡氏傳輯錄纂註》，卷3，頁9右。又見〔宋〕黎靖
德編：《朱子語類》，頁 63。

143 〔元〕董鼎撰：《書蔡氏傳輯錄纂註》，卷3，頁9右。又見〔宋〕黎靖
德編：《朱子語類》，頁 60。

異?」先生曰:「《左氏》云:『始、終、衷皆舉之』,又
云:『衷甲以見』。看此『衷』字義本是『衷甲以見』之義,
為其在衷而當中也。『終中』字大槩因無過不及而立名。如
六藝折衷於夫子,蓋是折兩頭而取其中之義。後人以『衷』
為『善』,却說得未親切。」[144]

08 又曰:「此蓋指大本之中也。此處《中庸》說得甚明。
他日考之自見。」[145]

09「自天而言則謂之『降衷』,自人受此中而言則謂之『性』。
『猷』即『道』也。道者,性之發用處。能安其道者惟后也。」
(僩)[146]

(三)「天道福善禍淫」

10 問:「『天道福善禍淫』,此理定否?」曰:「如何不
定?自是道理當如此。賞善罰惡,亦是理當如此。不如此,
便是失其常理。」又問:「或有不如此者,何也?」曰:「福
善禍淫,其常理也。若不如此,便是天也 把捉不定了。」
又曰:「天莫之為而為,它亦何嘗有意?只是理自如此。且

---

144 〔元〕董鼎撰:《書蔡氏傳輯錄纂註》,卷3,頁9右。又見〔宋〕黎靖
德編:《朱子語類》,頁409。

145 〔元〕董鼎撰:《書蔡氏傳輯錄纂註》,卷3,頁9右。又見〔宋〕黎靖
德編:《朱子語類》,頁411。

146 〔元〕董鼎撰:《書蔡氏傳輯錄纂註》,卷3,頁9右。又見〔宋〕黎靖
德編:《朱子語類》,頁410。

如冬寒夏熱，此是常理當如此。若冬熱夏寒，便是失其常理。」
又問：「失其常者，皆人事有以致之耶？抑偶然耶？」曰：
「也是人事有以致之，也有是偶然如此時。」又曰：「大底
物事也不會變，如日月之類。只是小小底物事會變。」如冬
寒夏熱之類。如冬間大熱，六月降雪是也。近年徑山嘗六七
月大雪。（僩）[147]

（四）「賁若草木」

11　賁若，言草木之美。允殖，言兆民信安其生。罪人既黜
伏，天命既弗差，故草木華美，百姓豐殖，謂人物皆遂。（《東
齊集傳》）[148]

12「『賁若草木，兆民允殖』，諸家說多不同，未知當如何
看？」曰：「連上句『天命不僭』，明白易見，故人得遂其
生也。（僩）[149]

（五）「簡在帝心」

13　楊尹叔問：「『簡在帝心』註『簡，閱也。』如何？」

147　〔宋〕黎靖德編：《朱子語類》，頁 2030。又見〔元〕董鼎撰：《書蔡
　　氏傳輯錄纂註》，卷 3，頁 9 左。

148　〔元〕董鼎撰：《書蔡氏傳輯錄纂註》，卷 3，頁 10 右。又見〔宋〕陳
　　大猷撰：《書集傳》，或問上，頁 40 右，總頁 196。

149　〔元〕董鼎撰：《書蔡氏傳輯錄纂註》，卷 3，頁 9 右。又見〈答潘子善〉，
　　〔宋〕朱熹撰，劉永翔、朱幼文點校：《晦庵先生朱文公文集》（肆），
　　頁 2913。

曰:「善與罪,天皆知之,如天檢點數過相似。爾之有善也
在帝心,我之有惡也在帝心。」(寓)[150]

這十三則材料中,01、02、05、06、10 皆屬朱熹對經義的引申發
揮,未直接解釋經文的文意。其餘八則,所論涉及經文「降衷下民」、
「賁若草木」、「簡在帝心」的解釋。與《書集傳》相對照,蔡沈
對這三處經文的解釋皆用了朱熹的意見。其中,較值得注意的是朱
熹對「賁若草木」和「降衷下民」的解釋。

朱熹對「賁若草木」句有兩種說法,一是 11 陳大猷《書集傳
或問》所引朱子之說,將「罪人黜伏,天命弗僭,賁若草木,兆民
允殖」解為因果句(「罪人黜伏,天命弗僭」為因,「賁若草木,
兆民允殖」為果)。一是 12 引沈僴所記朱子晚年之說[151],將「賁
若草木」解為對「天命弗僭」的形容。蔡沈用了朱熹晚年的見解。

朱熹對「降衷下民」的討論最多。他認為「衷」應解為「中」,
不應依孔《傳》解為「善」。依前文對傳文的整理,將「衷」解為
「中」,源於王安石。朱熹繼承此說,並將相關概念與朱熹所建立
的學說相結合進行發揮。相關意見,最重要的當是十三則材料中的
04、07、08、09 四則。綜合朱熹的意見,重點為:「衷」,「是
箇無過不及,恰好底道理」,即《中庸》所說的「大本之中」。「降
衷」是「從天而言」,指「天之生物,箇箇有一精當恰好底道理」,

---

150 〔元〕董鼎撰:《書蔡氏傳輯錄纂註》,卷3,頁10左。又見〔宋〕黎
靖德編:《朱子語類》,頁1215。

151 此則當為朱熹在1198年時說。見許華峰:《董鼎〈書傳輯錄纂註〉研究》,
頁145。

與「有物有則」之「則」，意義相近。從人之「受中」而言，謂之「性」。「性」之發用處為「道」，在〈湯誥〉「克綏厥猷」之「猷」字即解作「道」。可以看出，蔡沈在傳文中對「衷」、「性」、「猷」（道）的分析，正是從朱熹的見解而來。只是朱熹在上述語錄中並未強調此一精當恰好之理的具體內容，蔡沈則參照了朱熹《中庸章句》對「天命之謂性，率性之謂道，脩道之謂教」的解釋：「天以陰陽五行化生萬物，氣以成形，而理亦賦焉，猶命令也。於是人物之生，因各得其所賦之理，以為健順五常之德，所謂性也。」[152]所說的「健順五常之德」，以及《尚書正義》的說解，補入了「仁、義、禮、智、信」，進行說明。

從本書第四章的引證以及這一節對〈湯誥〉的分析，可知雖然絕大部分的《書集傳》傳文皆未注明其注解的依據，卻可以找到大量的例證證明蔡沈作傳，確實引據了許多的資料。由於《書集傳》係蔡沈奉朱熹之命所作，書中對朱熹的意見相當重視，「集注」的標準以及關鍵性的義理發揮，皆以朱熹的思想為主要依據。相對而言，蔡沈個人意見的發揮較少。他主要的用心，在於以一貫的原則，為《尚書》進行「集傳」。然而，由於《書集傳》依循朱子所立定的注經體式，有意不一一注明傳文的資料依據，使得此書貌似一般的注解。這種形式的安排，比較上更照顧到讀者閱讀的流暢度，可以方便讀者快速掌握經文的意旨和基本義理；卻對想要深入了解《書集傳》底蘊的讀者帶來不便，甚至忽略此書為「集注體」的根本性質。

152　〔宋〕朱熹著：《四書章句集注》，頁 17。

　　從「集注」體的特色言，《書集傳》作為《尚書》全經的注解，
不可能採取狹隘的學派立場來解經。而事實上，經書的注解也不可
能被漫無限制地以學派思想加以發揮。其中必然有許多部分，必須
受到前人注解、詞語、文脈等的規範。因之，同一部經典的不同注
解，必然有許多注解內容因襲自共同的語文基礎與經典解釋傳統，
亦不可能全然排斥不同學派對同一經典的詮釋。經書的內容必然是
超出學派限制的。所以蔡沈對諸家之說，除了特別引錄並予以破斥
的情況外，常見的是在諸家說法中選擇較優長的解釋。亦即大多數
的注解內容，並非在「排斥」他說的前提下認同某說，而是在比較
之下，突出或接受最為優長的某說。這一點在理解「集注體」經注
時，是頗應注意的。尤其是未注明出處的部分，恐怕有許多的引錄，
是立足於此一立場下完成的。依體例，這些未注明出處的資料文字，
大抵曾經蔡沈的改動。在《書集傳》書中的呈現方式，則大多未再
加上批評，原則上應為贊同的意見。大體上，對原注文並未有較明
顯的反對意見。這是與注明出處，且加上批評的資料，最大的不同。
如果以蔡沈對所引用諸家見解的認同程度為序，應當是：注明出處
未批評、未注明出處未改動——未注明出處微調——注明出處批
評。所以，蔡沈集傳的過程中，對諸家異說雖然也根據朱熹的思想
進行了抉擇，乃至駁斥「誤說」；從經書理解的一般狀況言，若不
涉及學派的特殊理解，他的根本態度應當是兼容並蓄的。尤其是對
詞義訓詁、名物制度的解釋，相較於清儒的《尚書》研究，《書集
傳》雖然沒有如清儒般在訓詁、考據有積極的發展與貢獻，卻也謹
守著應有的分寸，對蔡沈之前的注解成果，相當尊重。《書集傳》
之中，涉及名物制度的解釋，多以古注（孔《傳》、《正義》、《釋

文》）為據。以〈湯誥〉而言，蔡沈對「玄牡」的解釋，便採《正義》之說。

　　另外，從〈湯誥〉的例子可以很清楚地看到，身為朱熹的重要弟子，蔡沈對朱熹的崇敬，決無可疑。即使如此，蔡沈引朱熹的意見作傳，仍然不是無條件地全文錄入。《書集傳》作為經書的注解，必須受注經體式的規範，不可能將所有朱熹解經的相關內容完全納入傳文之中，也不可能完全保留朱熹的文字。而未列入傳文內容的語錄，也不等於蔡沈持反對或者不認同的意見。同理，蔡沈對前人的《尚書》注解雖有所抉擇，但未被《書集傳》直接採入的內容，並不必然為蔡沈所排斥或反對。重視此一「兼容並蓄」的根本態度，不僅可以較合宜地說明《書集傳》兼收諸家注解的形式，也是了解朱子學派經典解釋傳統的重要基礎。

第六章　結論

　　傳統的經書注解，是研究中國思想與文化所應當資取的重要材料。由於以注解的形式流傳於世的經注，較一般著作更為複雜，若不能了解經注的注經體式、注解者的注經原則，乃至注解者注經的精神之所在，將難以進行合宜的研究與評價。相較於歷代所留下的大量經注及其影響，現代學者對經書注解的關注較為不足。間有論及者，亦多承清代考據訓詁之立場，特重兩漢、清代之經注，而於宋人之經注未能有較客觀深入的理解與反省。以《書集傳》的研究而言，清代以來的評論，多帶有評論者鮮明的意識形態，不太容易看到較為持平而相應的理解。如本書第一章所舉出的《四庫全書總目》、《東塾讀書記》、《經學歷史》等，皆有類似的表現。近年來，雖已有學者注意到宋人經書注解的思想意義，開始關注《書集傳》與理學思想的關係，然亦由於對注解體式的了解有限，在研究的表現上，大抵只能從注文中羅列可能具有思想意義的內容，略加鋪敘引申而已。像姜廣輝《中國經學思想史》、王春林《蔡沈〈書集傳〉校注與研究》等等，皆有類似的問題。這對蔡沈《書集傳》的研究，畢竟有所不足。

　　為了補正這一缺憾，本書以《書集傳》的注經體式為探討的重點，試圖從蔡沈對注經體式的安排、資料的引據、諸家說法的抉擇

等方面，說明《書集傳》的注經特色。除去結論，全書分為五章。

　　第一章指出，《書集傳》的研究，以「《書集傳》如何理解並注解《尚書》」以及「相較於之前的《尚書》注解，《書集傳》有何特色」最為基本而重要。然而，清代以來對《書集傳》的相關評述，多忽略了注經體式的問題，以至於無法以合宜的標準來進行評價與討論。因此，特別針對明太祖〈七曜天體循環論〉、《四庫全書總目》、江聲《尚書集註音疏》、陳澧《東塾讀書記》、皮錫瑞《經學歷史》等論述進行比較分析，指出前人因未能正視《書集傳》注經體式的問題，使得相關評價多不能真正符合《書集傳》的具體內容。然後根據現存最早保存最完善的宋刊本《朱文公訂正門人蔡九峯書集傳》所收錄關於蔡沈著書的資料，配合真德秀〈九峯先生蔡君墓表〉，建立全書的論述架構，指出《書集傳》的研究，至少應涉及四個項目：

　　一、《書集傳》注解體式的學派淵源。

　　二、《書集傳》所依據的資料。

　　三、《書集傳》的注解原則。

　　四、《書集傳》注解原則的實際表現。

　　《書集傳》的版本極多，但現存的宋版卻極少。為了使全書的分析有正確的資料依據，第二章特別先就本書的研究底本《朱文公訂正門人蔡九峯書集傳》的版本來源進行說明，然後指出清代以來學者對《書集傳》異文的研究概況，以臺灣現存一種宋代殘本，兩種元代刊本進行對校，指出其中的異文狀況。最後評述現存四種《書集傳》點校本的缺失，指出目前流通極廣的世界書局本實即清儒所指責的俗本，在研究或整理上，不應以此為據。另外，在點校的工

作上，這四種點校本的缺失甚多，又不能作到最基本的引文核對要求。所以，研究《書集傳》仍應以《朱文公訂正門人蔡九峯書集傳》為據，不宜輕信這些點校本。

　　第三章至第五章，針對第一章所提出的四個項目，具體回應。

　　第三章先根據現代訓詁學專著，說明目前學界對「集注體」經注的來源與發展概況的認識。然後從呂祖謙和朱熹間的交誼和著作間的關係，指出呂祖謙和朱熹皆喜歡用「集注體」注經，但在形式上呂祖謙特別標明所引據的資料，而朱熹則往往省略出處。最後經由蔡沈和陳大猷的同名經注《書集傳》的比較，說明兩種《書集傳》「集注體」經注的特徵，分別繼承自朱熹和呂祖謙。蔡沈所採用的注經體式，應納入朱子學派對經書與經注的反省與立場加以了解。

　　《書集傳》既然為「集注體」經注，在研究上無可避免地要討論其引據的資料。故第四章第一節，先評論蔡根祥和游均晶的研究成果，然後第二節以溯源的方式，分為「注明出處」和「未注明出處」兩種情形，表列出所能考知《書集傳》每一節傳文所引據的資料，以作為第五章綜合探討與評價的基礎。第三節以第二節引據資料的溯源基礎，強調《書集傳》集注體經注的特徵，並指出《書集傳》所引據資料的方式、數量，大抵皆符合朱熹所交代的原則。另外，從蔡沈大量引錄了「古注」（孔《傳》、《正義》、《釋文》）以及宋人的重要《尚書》注，如王安石《尚書新義》、蘇軾《東坡書傳》、林之奇《尚書全解》、呂祖謙《東萊書說》、吳棫《書裨傳》、夏僎《尚書詳解》，這些注解分屬於不同的學派，可知蔡沈並未排斥不同學派的《尚書》注解。其所表現的注解精神，是兼收並蓄的。

　　第五章綜合探討《書集傳》的注經體式與解經特色。

　　第一節從蔡沈的注解形式，說明題解、字詞解釋、名物制度解釋、按語等表現方式。並在說明的過程中，指明蔡沈將朱子學派的思想置入注解之中，主要有兩個方面：一是對特殊的「字義」解釋，主要取自朱熹之說。二是在解釋方向上，較古注強調「內聖」方面的發揮。由於《書集傳》以闡發思想為優先條件，又受限於當時語文學的發展，《書集傳》對文獻、訓詁的闡發，大抵只能做到前有所據，整體而言，偏於消極。

　　第二節進一步討論蔡沈對諸家說法的抉擇原則，指出在朱子學派的思想前提下，蔡沈的原則大致為：

　　（一）以朱熹所建立的思想為解釋的根本依據。

　　（二）與根本依據相衝突的解釋，必不能成立。（即使有著文獻上的根據，亦然。）

　　（三）在不違背根本依據的前提下，諸家說法可以兼容並蓄。

　　（四）在不違背根本依據的前提下，有助於闡發經旨的種種方面，皆可以作為經義闡發的理據。

　　值得注意的是，在經義的求索過程中，文獻線索對蔡沈的經書解釋雖有影響，卻非蔡沈最重視的。在朱子學派的立場，經書中義理的發掘，畢竟不僅是文獻上的探討，所以經書中的義理與真實世界之真理，二者應當是一致的。對蔡沈而言，從事理、地勢、觀禮、文獻的通例，到《尚書》的篇章、其他經書，皆可用來考定經旨。最後以〈咸有一德〉「主善、協一」的例子，以蔡沈和弟子黃自然的問答，進一步說明蔡沈抉擇原則的具體表現情形。

　　第三節以〈湯誥〉為例，詳細說明其注解的表現以及特色，以與本書所論相印證。

　　從本書的相關討論，可知《書集傳》作為「集注體」經注，其思想內容，主要源自朱熹；其注解的文字，則多取自前人的注解。其中，真正屬於蔡沈獨特見解的部分，可能不是很多。即使為蔡沈所承認，明顯與朱熹說法不同的「主善、協一」的例子，在整體思想上，仍未與朱熹相違。從注經體式的選擇，至思想內涵的安排，皆明確反應出朱子學派經注的特色。其所依據的資料，頗能將古注及宋代的重要《尚書》注解兼收並蓄，從這一點而言，的確可謂為「集大成」。但此書亦不僅是整理前人的意見，從他對前人相關說法的抉擇與注解的安排，可知蔡沈一方面要求符合朱子學的體系，一方面亦兼顧了經注的文脈需求。惟較為不足的，是在文獻、訓詁部分，《書集傳》並未有較積極的發揮。然「集注體」經注，本來就是以「集」為主，不應以此苛責《書集傳》。從《書集傳》的整體表現言，蔡沈以相當一致的原則對《尚書》進行全面的注解，頗能呈現思想一貫的理路。就宋代當時的學術背景言，蔡沈能如此疏理一部時代久遠，問題紛繁的經書，成果是值得肯定的。而《書集傳》所呈現的「兼容並蓄」的態度，亦不應僅用來說明傳文兼收諸家注解的形式，此一態度所代表的，其實是蔡沈繼承自朱熹對經典解釋傳統的根本立場。

參考書目

（一）傳統文獻（依《四庫全書總目》分類法編排）

經部

書類

舊題〔漢〕孔安國傳，〔唐〕孔穎達等正義，〔清〕阮元校勘，《重刊宋本尚書注疏附校勘記》，臺北市：藝文印書館，1997

〔宋〕胡瑗撰，《洪範口義》，《景印文淵閣四庫全書》第 54 冊，臺北市：臺灣商務印書館，1983

〔宋〕蘇軾撰，舒大剛、張尚英校點，《東坡書傳》，《三蘇全書》第一、二冊，北京市：語文出版社，2001

〔宋〕薛季宣撰，《書古文訓》，《索引本通志堂經解》，臺北市：漢京文化事業有限公司，1980 年。

〔宋〕林之奇撰，《尚書全解》，《索引本通志堂經解》，臺北市：漢京文化事業有限公司，1980

〔宋〕程大昌撰，《禹貢論》，《景印文淵閣四庫全書》第 56 冊，臺北市：臺灣商務印書館，1983

〔宋〕史浩撰，《尚書講義》，《景印文淵閣四庫全書》第 56 冊，臺北市：臺灣商務印書館，1983

〔宋〕夏僎撰《尚書詳解》，《景印文淵閣四庫全書》第 56 冊，臺北市：臺灣商務印書館，1983

〔宋〕呂祖謙撰，陳金生、王煦華點校，《東萊書說二種》，《呂祖謙全集》第 3 冊，杭州市：浙江古籍出版社，2008

〔宋〕黃度撰，《尚書說》，《景印文淵閣四庫全書》第 57 冊，臺北市：臺灣商務印書館，1983

〔宋〕楊簡，《五誥解》，《景印文淵閣四庫全書》第 57 冊，臺北市：臺灣商務印書館，1983

〔宋〕袁燮撰，《絜齋家塾書鈔》，《景印文淵閣四庫全書》第 57 冊，臺北市：臺灣商務印書館，1983

〔宋〕蔡沈撰，《朱文公訂正門人蔡九峰書集傳》，《古逸叢書》3 編之 35，影印南宋淳祐 10 年呂遇龍上饒郡庠刻本，北京市：中華書局，1987

〔宋〕蔡沈撰，《朱文公訂正門人蔡九峯書集傳》，中華再造善本影印宋淳祐 10 年上饒郡學呂遇龍刻本，北京市：北京圖書館出版社，2003

〔宋〕蔡沈撰，《書集傳》（存〈書傳問答拾遺〉及〈後序〉），南宋刊八行本，藏臺北國家圖書館善本書室

〔宋〕蔡沈撰，《書集傳》，元建刊初印本，藏國家圖書館善本書室

〔宋〕蔡沈撰，〔元〕鄒季友音釋，《書集傳》，中華再造善本影印元至正 11 年德星堂刻本，北京市：北京圖書館出版社，2005

〔宋〕蔡沈撰，《書集傳》，元至正 26 年梅隱精舍刊本，臺北故宮博物院圖書館藏

〔宋〕蔡沈撰，《書經集傳》，臺北市：世界書局，1980

〔宋〕蔡沈注，《書經集傳》，上海市：上海古籍出版社，1987

〔宋〕蔡沈注，黎明、李煒、秦靜、蘇闊、張寅春、趙燕頤點校，《新刊四書五經·書經集傳》，北京市：中國書店，1994

〔宋〕蔡沈注，錢宗武、錢忠弼整理，《書集傳》，南京市：鳳凰出版社，2010

〔宋〕蔡沈撰，〔宋〕朱熹授旨，嚴文儒校點，《書集傳》，《朱子全書外編》

（1），上海市：華東師範大學出版社，2010

〔宋〕黃倫撰，《尚書精義》，《景印文淵閣四庫全書》第 58 冊，臺北市：
臺灣商務印書館，1983

〔宋〕陳大猷撰，《書集傳》，《續修四庫全書》經部・書類第 42 冊，上海
市：上海古籍出版社，1995

〔元〕陳櫟撰，《書集傳纂疏》，《景印文淵閣四庫全書》第 61 冊，臺北市：
臺灣商務印書館，1983

〔元〕董鼎撰，《書蔡氏傳輯錄纂註》中華再造善本影印元延祐 6 年建安余氏
勤有堂刊本，北京市：北京圖書館出版社，2006

〔元〕董鼎撰，《書集傳》，《四部叢刊三編》影印元至正 14 年翠巖精舍刊
本，臺北市：臺灣商務印書館，1981

〔元〕陳師凱撰，《書蔡傳旁通》，元至正 5 年建安余氏勤有堂刊本，臺北國
家圖書館藏

〔元〕鄒季友撰，《書經集傳音釋》，影印光緒己丑江南書局刊本，北京市：
中國書店，1993

〔清〕朱彝尊原著，許維萍等點校，林慶彰等編審，《點校補正經義考》，臺
北市：中研院文哲所，1997

〔清〕江聲撰，《尚書集注音疏》，《皇清經解》冊 6，據清道光 9 年廣東學
海堂刊咸豐 11 年補刊本影印，臺北市：藝文印書館，1959

〔清〕戴鈞衡撰，《書傳補商》，《續修四庫全書》經部・書類第 50 冊，上
海市：上海古籍出版社，1995

〔清〕皮錫瑞撰，盛冬鈴、陳抗點校，《今文尚書考證》，北京市：中華書局，
1989

詩類

〔宋〕朱熹撰；朱傑人點校，《詩集傳》，《朱子全書》第 1 冊，上海市：上
海古籍出版社，2002

〔宋〕呂祖謙撰；梁運華點校，《呂氏家塾讀詩記》，《呂祖謙全集》第 4
　　冊，杭州市：浙江古籍出版社，2008

禮類

〔漢〕鄭玄注，〔唐〕賈公彥疏，《重刊宋本周禮注疏附校勘記》，據清嘉慶
　　20 年江西南昌府學本影印，臺北市：藝文印書館，1997
〔漢〕鄭玄注，〔唐〕賈公彥疏，《重刊宋本儀禮注疏附校勘記》，據清嘉
　　慶 20 年江西南昌府學本影印，臺北市：藝文印書館，1997
〔漢〕鄭玄注，〔唐〕孔穎達等正義，〔清〕阮元校勘，《重刊宋本禮記注疏
　　附校勘記》，臺北市：藝文印書館，1997
〔漢〕戴德撰，〔北周〕盧辯注，《大戴禮記》，《景印文淵閣四庫全書》第
　　128 冊，臺北市：臺灣商務印書館，1983

春秋類

〔晉〕杜預注，〔唐〕孔穎達等正義，〔清〕阮元校勘，《重刊宋本左傳注疏
　　附校勘記》，臺北市：藝文印書館，1997
〔漢〕何休注，〔唐〕徐彥疏，《重刊宋本公羊注疏附校勘記》，據清嘉慶
　　20 年江西南昌府學本影印，臺北市：藝文印書館，1997
〔晉〕范寧集解，〔唐〕楊士勛疏，《重刊宋本穀梁注疏附校勘記》，據清嘉
　　慶 20 年江西南昌府學本影印，臺北市：藝文印書館，1997
〔宋〕葉夢得撰，《春秋考》，《景印文淵閣四庫全書》第 149 冊，臺北市：
　　臺灣商務印書館，1983

孝經類

〔唐〕玄宗注，〔宋〕邢昺疏，《重刊宋本孝經注疏附校勘記》，據清嘉慶
　　20 年江西南昌府學本影印，臺北市：藝文印書館，1997

五經總義類

〔宋〕劉敞撰,《公是七經小傳》,《景印文淵閣四庫全書》第 183 冊,臺北
　　市:臺灣商務印書館,1983

〔宋〕鄭樵撰,《六經奧論》,《景印文淵閣四庫全書》第 184 冊,臺北市:
　　臺灣商務印書館,1983

〔清〕皮錫瑞著,周春健校注,《經學通論》,北京市:華夏出版社,2011

〔清〕皮錫瑞撰,周予同注,《經學歷史》,臺北:漢京文化事業有限公司,
　　1983

沈知方輯,《五經讀本》,據粹芬閣藏本影印,臺北:臺灣啓明書局,1953

四書類

〔漢〕趙歧注,〔宋〕孫奭疏《重刊宋本孟子注疏附校勘記》,據清嘉慶 20
　　年江西南昌府學本影印,臺北市:藝文印書館,1997

〔魏〕何晏集解,〔宋〕邢昺疏,《重刊宋本論語注疏附校勘記》,據清嘉慶
　　20 年江西南昌府學本影印,臺北市:藝文印書館,1997

〔宋〕朱熹撰,朱傑人等主編,《四書或問》,《朱子全書》(陸),上海市:
　　上海古籍出版社,2002

〔宋〕朱熹著,《四書章句集注》,臺北市:長安出版社,1991

〔元〕詹道傳撰,《四書纂箋》,《索引本通志堂經解》第 38 冊,臺北:漢
　　京文化事業有限公司,1971

小學類

〔晉〕郭璞注,〔宋〕邢昺疏,《重刊宋本爾雅注疏附校勘記》,據清嘉慶
　　20 年江西南昌府學本影印,臺北市:藝文印書館,1997

〔漢〕揚雄撰,〔晉〕郭璞注,《輶軒使者絕代語釋別國方言》,《景印文淵
　　閣四庫全書》第 221 冊,臺北市:臺灣商務印書館,1983

〔漢〕許慎撰，〔宋〕徐鉉增釋，《說文解字》，《景印文淵閣四庫全書》第
　　223 冊，臺北市：臺灣商務印書館，1983
〔南唐〕徐鍇撰，〔南唐〕朱翱反切，《說文繫傳》，《景印文淵閣四庫全書》
　　　第 223 冊，臺北市：臺灣商務印書館，1983
〔宋〕不著撰人，《原本廣韻》，《景印文淵閣四庫全書》第 236 冊，臺北市：
　　臺灣商務印書館，1983

史部

正史類

〔漢〕司馬遷等撰，《新校本史記三家注并附編二種》，臺北市：鼎文書局，
　　1987
〔漢〕班固撰 ，〔唐〕顏師古注，《新校本漢書并附編二種》，臺北市：鼎
　　文書局，1987
〔南朝宋〕范曄撰，〔唐〕李賢等注，《新校本後漢書并附編十三種》，臺北
　　市：鼎文書局，1987
〔唐〕房玄齡撰，《新校本晉書并附編六種》，臺北市：鼎文書局，1987
〔梁〕沈約撰，《新校本宋書附索引》，臺北市：鼎文書局，1980
〔唐〕魏徵等撰，《新校本隋書附索引》，臺北市：鼎文書局，1987
〔唐〕李延壽撰，《新校本北史并附編三種》，臺北市：鼎文書局，1987
〔元〕脫脫等撰，《新校本宋史并附編三種》，臺北市：鼎文書局，1983
〔明〕宋濂等撰，《新校本元史并附編二種》，臺北市：鼎文書局，1990 年

編年類

〔宋〕司馬光撰，〔元〕胡三省音註，《資治通鑑》，《景印文淵閣四庫全書》
　　第 304-310 冊，臺北市：臺灣商務印書館，1983

別史類

〔晉〕孔晁注，《逸周書》，《景印文淵閣四庫全書》第 370 冊，臺北市：臺
　　灣商務印書館，1983

雜史類

〔吳〕韋昭注，《國語》，《景印文淵閣四庫全書》第 406 冊，臺北市：臺灣
　　商務印書館，1983
〔漢〕高誘注，〔宋〕姚宏續注，《戰國策》，《景印文淵閣四庫全書》第
　　406 冊，臺北市：臺灣商務印書館，1983

傳記類

〔清〕王懋竑撰，何忠禮點校，《朱子年譜》，《年譜叢刊》，北京市：中華
　　書局，1998
〔漢〕劉向，《古列女傳》，《景印文淵閣四庫全書》第 448 冊，臺北市：臺
　　灣商務印書館，1983
〔宋〕李幼武撰，《宋名臣言行錄外集》，《景印文淵閣四庫全書》第 449
　　冊，臺北市：臺灣商務印書館，1983

載記類

〔晉〕常璩撰，《華陽國志》，《景印文淵閣四庫全書》第 463 冊，臺北市：
　　臺灣商務印書館，1983
〔唐〕樊綽撰，《蠻書》，《景印文淵閣四庫全書》第 464 冊，臺北市：臺灣
　　商務印書館，1983

地理類

〔唐〕李吉甫，《元和郡縣志》，《景印文淵閣四庫全書》第 468 冊，臺北市：

· 蔡沈《朱文公訂正門人蔡九峯書集傳》的注經體式與解經特色 ·

臺灣商務印書館，1983

〔宋〕樂史撰《太平寰宇記》，《景印文淵閣四庫全書》第 469-470 冊，臺北市：臺灣商務印書館，1983

〔宋〕歐陽忞撰，《輿地廣記》，《景印文淵閣四庫全書》第 471 冊，臺北市：臺灣商務印書館，1983

〔後魏〕酈道元，《水經注》，《景印文淵閣四庫全書》第 573 冊，臺北市：臺灣商務印書館，1983

〔宋〕程大昌撰，《雍錄》，《景印文淵閣四庫全書》第 587 冊，臺北市：臺灣商務印書館，1983

職官類

〔宋〕陳騤、佚名撰，張富祥點校，《南宋館閣錄・續錄》，北京市：中華書局，1998

政書類

〔唐〕杜佑，《通典》，《景印文淵閣四庫全書》第 603-605 冊，臺北市：臺灣商務印書館，1983

〔唐〕長孫無忌等奉敕撰，《唐律疏議》，《景印文淵閣四庫全書》第 672 冊，臺北市：臺灣商務印書館，1983

目錄類

〔清〕朱彝尊原著，許維萍等點校，林慶彰等編審，《點校補正經義考》，臺北市：中國文哲研究所，1997

〔清〕永瑢、紀昀等撰，《欽定四庫全書總目》（殿本），臺北市：臺灣商務印書館，1983

〔清〕允祥藏並編，《怡府書目》，《中國著名藏書家書目匯刊・明清卷》22 冊，北京市：商務印書館，2005

〔清〕陳鱣撰,《經籍跋文》,影印清道光 17 年海昌蔣光煦刻本,《宋版書考錄》,北京市:北京圖書館出版社,2003

〔清〕歐陽泉撰,《歐陽省堂點勘記》,《書目類編》93,臺北市:成文出版社,1978

子部

儒家類

〔周〕荀況撰,〔唐〕楊倞注,《荀子》,《景印文淵閣四庫全書》第 695 冊,臺北市:臺灣商務印書館,1983

〔漢〕賈誼,《新書》,《景印文淵閣四庫全書》第 695 冊,臺北市:臺灣商務印書館,1983

舊題〔漢〕揚雄撰,〔晉〕李軌〔唐〕柳宗元注,〔宋〕宋咸、吳祕、司馬光重添注,《揚子法言》,《景印文淵閣四庫全書》第 696 冊,臺北市:臺灣商務印書館,1983

〔宋〕黎靖德編,《朱子語類》,臺北市:文津出版社,1986

〔宋〕真德秀,《西山讀書記》,《景印文淵閣四庫全書》第 705-706 冊,臺北市:臺灣商務印書館,1983

〔宋〕陳淳著,熊國禎、高流水點校,《北溪字義》,《理學叢書》,北京市:中華書局,2009

〔宋〕程端蒙撰,程若庸補輯,《程蒙齋性理字訓》,影印清同治至民國間刻《西京清麓叢書》本,《四庫全書存目叢書》子部第 4 冊,臺南縣:莊嚴文化事業有限公司,1995

法家類

舊題〔周〕管仲撰,〔唐〕房玄齡注,《管子》,《景印文淵閣四庫全書》第

729 冊，臺北市：臺灣商務印書館，1983

天文算法類

〔北周〕甄鸞撰，〔唐〕李淳風注，《五經算術》，《景印文淵閣四庫全書》
　　第 797 冊，臺北市：臺灣商務印書館，1983

術數類

〔宋〕邵雍，《皇極經世》，《景印文淵閣四庫全書》第 803 冊，臺北市：臺
　　灣商務印書館，1983
〔隋〕蕭吉撰，錢杭點校，《五行大義》，上海市：上海書店出版社，2001

雜家類

舊題〔秦〕呂不韋撰，〔漢〕高誘注，《呂氏春秋》，《景印文淵閣四庫全書》
　　第 848 冊，臺北市：臺灣商務印書館，1983
〔漢〕班固，《白虎通義》，《景印文淵閣四庫全書》第 850 冊，臺北市：臺
　　灣商務印書館，1983
〔漢〕應劭，《風俗通義》，《景印文淵閣四庫全書》第 862 冊，臺北市：臺
　　灣商務印書館，1983
〔宋〕沈括撰，《夢溪筆談》，《景印文淵閣四庫全書》第 862 冊，臺北市：
　　臺灣商務印書館，1983
〔清〕陳澧著，楊志剛編校，《東塾讀書記(外一種)》，香港：三聯書店，1998

小說家類

〔清〕吳任臣注，《山海經廣注》，《景印文淵閣四庫全書》第 1042 冊，臺
　　北市：臺灣商務印書館，1983

道家類

〔魏〕王弼注，《老子道德經》，《景印文淵閣四庫全書》第 1055 冊，臺北市：臺灣商務印書館，1983

〔周〕莊周撰，〔晉〕郭象注，《莊子注》，《景印文淵閣四庫全書》第 1056 冊，臺北市：臺灣商務印書館，1983

集部

楚辭類

〔漢〕王逸，《楚辭章句》，《景印文淵閣四庫全書》第 1062 冊，臺北市：臺灣商務印書館，1983

別集類

〔漢〕揚雄撰，〔明〕鄭樸編，《揚子雲集》，《景印文淵閣四庫全書》第 1063 冊，臺北市：臺灣商務印書館，1983

〔唐〕韓愈，〔宋〕魏仲舉編，《五百家注昌黎文集》，《景印文淵閣四庫全書》第 1074 冊，臺北市：臺灣商務印書館，1983

〔唐〕柳宗元，〔宋〕韓醇音釋，《柳河東集》，《景印文淵閣四庫全書》第 1076 冊，臺北市：臺灣商務印書館，1983

〔宋〕歐陽修撰，《文忠集》，《景印文淵閣四庫全書》第 1102-1103 冊，臺北市：臺灣商務印書館，1983

〔宋〕曾鞏，《元豐類稿》，《四部叢刊初編》第 42 冊，據上海涵芬樓借烏程蔣氏密韻樓藏元黑口本景印，臺北市：臺灣商務印書館，1979

〔宋〕周敦頤撰，〔清〕周沈珂編，《周元公集》，《景印文淵閣四庫全書》第 1101 冊，臺北市：臺灣商務印書館，1983

〔宋〕張載，《張載集》，北京市：中華書局，1978

〔宋〕程顥、程頤，《二程集》，臺北市：漢京文化事業有限公司，1983

〔宋〕蘇軾，《東坡全集》，《景印文淵閣四庫全書》第 1107-1108 冊，臺北市：臺灣商務印書館，1983

〔宋〕李復撰，《潏水集》，《景印文淵閣四庫全書》第 1121 冊，臺北市：臺灣商務印書館，1983

〔宋〕胡寅撰，《斐然集》，《景印文淵閣四庫全書》第 1137 冊，臺北市：臺灣商務印書館，1983

〔宋〕胡宏著，吳仁華點校，《胡宏集》，《理學叢書》，北京市：中華書局，2009

〔宋〕朱熹撰，朱傑人等主編，《晦庵先生朱文公文集》（壹），《朱子全書》（貳拾），上海市：上海古籍出版社，2002

〔宋〕朱熹撰，朱傑人等主編，《晦庵先生朱文公文集》（參），《朱子全書》（貳拾貳），上海市：上海古籍出版社，2002

〔宋〕朱熹撰，朱傑人等主編，《晦庵先生朱文公文集》（肆），《朱子全書》（貳拾參），上海市：上海古籍出版社，2002

〔宋〕朱熹撰，朱傑人等主編，《晦庵先生朱文公文集》（伍），《朱子全書》（貳拾肆），上海市：上海古籍出版社，2002

〔宋〕蔡元定等撰，《蔡氏九儒書》，臺北市：廣文書局，1994

〔宋〕呂祖謙撰，黃靈庚點校，《東萊呂太史文集》，《呂祖謙全集》第 1 冊，杭州市：浙江古籍出版社，2008

〔宋〕陳藻撰，林希逸編，《樂軒集》，《景印文淵閣四庫全書》第 1152 冊，臺北市：臺灣商務印書館，1983

〔宋〕真德秀《西山真文忠公文集》，景印明正德刊本，《四部叢刊》正編 61 冊，臺北市：臺灣商印書館，1979

〔宋〕陳普，《石堂先生遺集》，《續修四庫全書》第 1321 冊，上海市：上海古籍出版社，1995 年

〔明〕朱元璋撰，〔明〕姚士觀、沈鈇編校，《明太祖集》，《景印文淵閣四庫全書》第 1223 冊，臺北市：臺灣商務印書館，1983

〔明〕朱元璋撰，《高皇帝御製文集》，明嘉靖 14 年序刊本，「東京大學東洋文化研究所所藏漢籍善本全文影像資料庫」（http://shanben.ioc.u-tokyo.ac.jp/list.php）收錄

〔明〕朱元璋撰，胡士萼點校，《明太祖集》，《安徽古籍叢書》，合肥市：黃山書社，1991

〔清〕江聲撰，陳鴻森輯，〈江聲遺文小集〉，《中國經學》第 4 輯，桂林市：廣西師範大學出版社，2009

〔清〕錢泰吉，《甘泉鄉人稿》，據華東師範大學圖書館藏清同治 11 年刻光緒 11 年增修本影印，《續修四庫全書》第 1519 冊，上海市：上海古籍出版社，1995

（二）今人專著（依作者姓名筆劃編排）

丁延峰著，《海源閣藏書研究》，《國家哲學社會科學成果文庫》，北京市：商務印書館，2012

王紹曾、崔國光等整理訂補，《訂補海源閣書目五種》，濟南市：齊魯書社，2002

王寧主編，《訓詁學（第 2 版）》，北京市：高等教育出版社，2010

〔日〕本田成之著；孫俍工譯，《中國經學史》，上海市：上海書店出版社，2001 年 7 月

甘鵬雲，《經學源流攷》，臺北市：維新書局，1983

何耿鏞，《經學簡史》，廈門市：廈門大學出版社，1993

吳雁南等主編，《中國經學史》，福州市：福建人民出版社，2001

宋鼎宗著，《拙齋經義論叢》，《中國學術思想研究輯刊》五編·第 19 冊，臺北縣：花木蘭文化出版社，2009

李威熊，《中國經學發展史論（上）》，臺北市：文史哲出版社，1988

李家樹著，《詩經的歷史公案》，臺北市：大安出版社，1990

〔日〕安井小太郎等著；林慶彰、連清吉譯，《經學史》，臺北市：萬卷樓圖書有限公司，1996

束景南，《朱子大傳》，福州市：福建教育出版社，1992

束景南，《朱熹佚文輯考》，南京市：江蘇古籍出版社，1991

周大璞著，《訓詁學要略》，武漢市：湖北人民出版社，1984

林維杰著，《朱熹與經典詮釋》，臺北市：國立臺灣大學出版中心，2008

林慶彰主編，《朱子學研究書目（1900-1991）》，臺北市：文津出版社，1992

林慶彰主編，《經學研究論著目錄（1912~1987）》，臺北市：漢學研究中心，1989

林慶彰主編，《經學研究論著目錄（1988~1992）》，臺北市：漢學研究中心，1995

姜廣輝主編，《中國經學思想史（第三卷）》，北京市：中國社會科學出版社，2010

孫永選、闞景忠主編，《新編訓詁學綱要》，濟南市：齊魯書社，2007

郝桂敏著，《宋代〈詩經〉文獻研究》，北京市：中國社會科學出版社，2006

馬宗霍著，《中國經學史》，《中國文化史叢書》02，臺北市：臺灣商務印書館，2006

張舜徽著，《中國古代史籍校讀法》，臺北市：里仁書局，2000

章權才，《宋明經學史》，廣州市：廣東人民出版社，1999

許道勛等著，《中國經學史》，上海市：上海人民出版社，2006

郭伯恭，《四庫全書纂修考》，《民國叢書》據國立北平研究院史學研究會1937年版影印，上海市：上海書店，1992年。

陳來，《朱子書信編年考證》，上海市：上海人民出版社，1989

陳逢源，《朱熹與四書章句集注》，臺北市：里仁書局，2006

陳榮捷，《朱子門人》，臺北市：臺灣學生書局，1982

傅璇琮主編，《宋登科記考》，南京市：江蘇教育出版社，2005

程元敏，《書序通考》，臺北市：臺灣學生書局，1999 年 4 月

程元敏著，《三經新義輯考彙評（一）》，臺北市：國立編譯館，1986

馮浩菲著，《中國古籍整理體式研究》，北京市：北京圖書館出版社，1997

黃愛平，《四庫全書纂修研究》，《清史研究叢書》，北京市：中國人民大學
　　出版社，1989 年。

楊守敬撰，王重民輯，《日本訪書誌補》，《國家圖書館藏古籍題跋叢刊》第
　　23 冊影印民國 19 年中華圖書館協會北平鉛印本，北京市：北京圖書館出
　　版社，2002 年

楊筠如著，黃懷信標校，《尚書覈詁》，西安市：陝西人民出版社，2005

葉國良等著，《經學通論》，臺北市：大安出版社，2005

虞坤林編，《王國維在一九一六》，太原市：山西古籍出版社，2008

趙振鐸著，《訓詁學綱要　（修訂本）》，成都市：巴蜀書社，2003

劉師培著，陳居淵注，《經學教科書》，上海市：上海古籍出版社，2006

劉起釪，《尚書源流及傳本考》，瀋陽市：遼寧大學出版社，1987

劉起釪，《尚書學史》，北京市：中華書局，1989

蔡方鹿著，《中國經學與宋明理學研究》，北京市：人民出版社，2011

蔡方鹿著，《朱熹經學與中國經學》，北京市：人民出版社， 2004

錢穆著，《朱子新學案》，臺北市：三民書局股份有限公司，1989

（三）學位論文（依作者姓名筆劃編排）

王春林，《蔡沈〈書集傳〉校注與研究》，中國人民大學哲學院博士論文，2009

梁霈云，《楊筠如及其〈尚書覈詁〉之研究》，高雄師範大學經學研究所碩士
　　論文，2009

許育龍，《宋末至明初蔡沈〈書集傳〉文本闡釋與經典地位的提升》，國立臺
　　灣大學文學院中國文學研究所博士論文，2012

許華峰，《董鼎〈書傳輯錄纂註〉研究》，中央大學中國文學研究所博士論文，
　　2001。又《中國學術思想研究輯刊九編，第 11 冊》，臺北縣：花木蘭文
　　化出版社，2010
陳良中，《朱子〈尚書〉學研究》，華東師範大學人文學院古籍研究所博士論
　　文，2007
游均晶，《蔡沈〈書集傳〉研究》，東吳大學中國文學研究所碩士論文，1996
　　又《中國學術思想研究輯刊七編，第 6 冊》，臺北縣：花木蘭文化出版社，
　　2010
黃洪明，《宋代〈尚書〉學》，暨南大學中國古典文獻學碩士論文，2006
劉　景，《蔡沈〈書集傳〉訓詁研究》，揚州大學碩士論文，2011
蔡根祥，《宋代尚書學案》，國立臺灣師範大學國文研究所博士論文，1994
　　又《古典文獻研究輯刊三編·第 13 冊》，臺北縣：花木蘭文化出版社，
　　2006
謝曉東，《朱子道心人心思想探微》，陝西師範大學碩士論文，2003

（四）單篇論文（依作者姓名筆劃編排）

丁瑜，〈宋刻《蔡九峰書集傳》與《春秋公羊經傳解詁》〉，《文獻》1988
　　年第 4 期，總第 38 期，頁 231-235。
丁瑜，〈影印宋本《朱文公訂正門人蔡九峰書集傳》說明〉，《古逸叢書三編·
　　朱文公訂正門人蔡九峰書集傳》，北京市：中華書局，1987。
王奕然，〈試約論朱門第子蔡元定父子的義理思想──以對朱子理學思想之繼
　　承與發揮為主旨〉，成大中文學報第 32 期，2011 年 3 月，頁 61-86。
王春林，〈《書集傳》版本源流〉，《中國哲學史》，2010 年第 2 期，頁 101-105。
王春林，〈《書集傳》的民本思想及其當代價值〉，《蘭州學刊》總第 186
　　期，2009 年第 3 期，頁 37-39。

王春林，〈蔡沈《書集傳》對周公形象的再造〉，《學術論壇》總第 214 期，
　　2008 年 11 期，頁 19-22。

古國順，〈蔡沈書集傳之研究論著述評〉，《臺北師專學報》第 12 期，1980
　　年 6 月，頁 77-95。

任鋒，〈經世精神和皇極觀念：宋儒的洪範思想傳統〉，《漢學研究》第 23
　　卷第 1 期，2005 年 6 月，頁 193-226。

吳哲夫，〈善本書志·書集傳〉，《故宮季刊》第 9 卷 3 期，1975 年春，頁
　　59-61。

吳展良，〈聖人之書與天理的恆常性：朱子的經典詮釋之前提假設〉，《臺大
　　歷史學報》第 33 期，2004 年 6 月，頁 71-95。

吳銳，〈蔡沈的《尚書》學研究〉，《經學今詮初編——中國哲學》第 22 輯，
　　2000 年 6 月，頁 513-531。

宋鼎宗，〈尚書蔡傳匡謬篇〉，《成功大學學報（人文篇）》第 14 卷，1979
　　年 5 月，頁 99-122。

李明輝，〈朱子對「道心」、「人心」的詮釋〉，《東亞朱子學的詮釋與發展》，
　　蔡振豐編，臺北市：國立臺灣大學出版中心，2009，頁 75-100。

李致忠，〈朱文公訂正門人蔡九峰書集傳六卷（蔡沈撰）〉，《宋版書敘錄》，
　　北京市：書目文獻出版社，1994 年，頁 71-76。

昌彼得，〈跋武英殿本《四庫全書總目提要》〉，《增訂蟫菴群書題識》，臺
　　北市：臺灣商務印書館，1997，頁 99-119。

姜國柱、朱葵菊，〈蔡沈的人性善論〉，《中國人性論史》，鄭州市：河南人
　　民出版社，1997，頁 173-176。

唐翠芳，〈《書經集傳》之訓詁內容〉，《安徽文學》，2009 年第 4 期，頁
　　178-180。

高令印、陳其芳，〈蔡元定、蔡沈〉，《福建朱子學》，福州市：福建人民出
　　版社，1986 年 10 月，頁 87-108。

高令印、陳其芳,〈蔡沈的哲學思想〉,《複印報刊資料（中國哲學史》1985
　　年第 1 期,1985 年 1 月）,頁 96-99。

許華峰,〈《四庫全書總目》對宋、元之際「《尚書》學」的評述〉,《中
　　央大學人文學報》第二十二期,2000 年 12 月,頁 97-136。

許華峰,〈《甘誓》「予則孥戮汝」的解釋與經學〉,《勵耘學刊》（文學
　　卷）,2006 年第 2 輯,總第四輯,2007 年 6 月,頁 87-99。

許華峰,〈《朱文公訂正門人蔡九峰書集傳》的板本價值——以兩種元代《書
　　集傳》刊本互校〉,《第六屆中國經學研究會全國學術研討會論文集》,
　　輔仁大學中國文學系、中國經學研究會,2009,頁 391-408。

許華峰,〈《朱熹集》卷六十五中與《尚書》相關諸篇之寫作時間考〉,《中
　　央大學人文學報》第二十三期,2001 年 6 月,頁 131-157。

許華峰,〈《孟子》在《尚書正義》中的作用與地位〉,國立臺灣師範大學「儒
　　道國際學術研討會——（四）隋唐」,2010 年 10 月

許華峰,〈陳大猷《書集傳》的解經原則及其意義〉,《文獻學叢刊——古典
　　文獻的考證與詮釋》,臺北市:臺灣學生書局,2006,頁 121-138。

許華峰,〈陳大猷《書集傳》與《書集傳或問》的學派歸屬問題〉,《宋代經
　　學國際研討會論文集》,臺北市:中央研究院中國文哲研究所,2006,頁
　　229-248。

許華峰,〈蔡沈《書集傳》所引據的資料分析〉,《東華漢學》第 16 期,2012
　　年 12 月,頁 185-220。

許華峰,〈蔡沈《書集傳》的注解形式析論〉,國立臺灣師範大學「儒道國際
　　學術研討會——(五)宋元」,2012 年 10 月

許華峰,〈論陳櫟《書傳折衷》與《書蔡氏傳纂疏》對《書集傳》的態度——
　　駁正《四庫全書總目》的誤解〉,《元代經學國際研討會論文集》,臺北
　　市:中央研究院中國文哲研究所籌備處印行,2000 年,頁 395-424。

陳良中,〈東陽陳大猷《書集傳》學術價值讞議〉,《圖書情報工作》第 54
　　卷第 23 期,2010 年 12 月,頁 144-148。

陳良中，〈蔡沈《洪範皇極內外篇》義理研究〉，《重慶師範大學學報（哲學
　　社會科學版）》，2010 年第 5 期，頁 72-77。

陳恆嵩，〈劉三吾編纂《書傳會選》研究〉，《經學研究論叢》第九輯，臺
　　北市：臺灣學生書局，2001，頁 57-94。

喬秀岩（橋本秀美），〈版本的缺壞或歷史概念的形成〉，《中國典籍與文
　　化》2005 年第 4 期（總第 55 期），頁 16-24。

游均晶，〈蔡沈書集傳考述〉，《東吳中文研究集刊》第 3 期，1996 年 5
　　月，頁 97-125。

程元敏，〈朱熹、蔡沈師弟子書序辨說版本徵孚〉，《經學研究論叢》第 3
　　輯，中壢市：聖環圖書公司，1995 年 4 月，頁 37-80。

黃忠慎，〈經典的重構：論呂祖謙《呂氏家塾讀詩記》在《詩經》學史上的承
　　衍與新變〉，《清華學報》新 42 卷第 1 期，2002 年 3 月，頁 45-77。

劉家和，〈《春秋三傳》與其底本《欽定春秋傳說滙纂》〉，收於《史學、經
　　學與思想》，北京市：北京師範大學出版社，2005 年，頁 241-246。

蔡安定，〈蔡沈《書集傳》及其版本〉，（《武夷文化研究——武夷文化學術
　　研討會論文集》，福州市：福建省炎黃文化研究會，2002，頁 377-384。

蔡根祥，〈蔡元定之《尚書》學及其相關問題之研究〉，《高雄師大學報：人
　　文與藝術類》第十七期，2004 年 12 月，頁 173-196。

蔣秋華，〈明人對蔡沈書集傳的批評初探〉，《明代經學國際研討會論文集》，
　　臺北市：中央研究院中國文哲研究所籌備處，1996 年 6 月，頁 269-294。

韓梅，〈清宮《影堂陳設書目錄》與怡府藏書〉，《紫禁城》，北京市：紫禁
　　城出版社，2005 年 04 期，頁 122-125。

簡明，〈邵雍、蔡沈理數哲學芻議〉，《華中師範大學學報(哲學社會科學版)》，
　　1994 年第 5 期，總第 111 期。1994 年 9 月，頁 75-79。

（五）古籍檢索系統

《中央研究院漢籍子文獻瀚典全文檢索系統》（http://hanji.sinica.edu.tw/），
　　　（臺北市：中央研究院）
《中國基本古籍庫》，北京愛如生數字化技術研究中心
《文淵閣四庫全書電子版》，迪志文化出版有限公司，1999

後記

本書為個人博士論文《董鼎〈書傳輯錄纂註〉研究》後續研究的成果。相關內容，曾接受國科會「蔡沈《書集傳》的整理與研究（Ⅰ）」（計劃編號：NSC 94-2411-H-030-009-）、「蔡沈《書集傳》的整理與研究（Ⅱ）」（計劃編號：NSC 95-2411-H-003-050-）、「蔡沈《書集傳》的整理與研究（Ⅲ）（計劃編號：NSC 96-2411-H-003-019-）、「蔡沈《書集傳》的整理與研究（Ⅳ）（計劃編號：NSC 97-2410-H-003-071-），以及國立臺灣師範大學新進教師研究計劃「從陳師凱《書蔡氏傳旁通》論蔡沈《書集傳》的注解體例」（2007.01-2007.12）的補助。

書中的第二章第二節，係據〈《朱文公訂正門人蔡九峰書集傳》的版本價值──以兩種元代《書集傳》刊本互校〉（收於《第六屆中國經學研究會全國學術研討會論文集》，輔仁大學中國文學系、中國經學研究會，2009）一文增補而成。第四章第三節以及第五章第一節的主要內容，由〈蔡沈《書集傳》所引據的資料分析〉（《東華漢學》第十六期，2012年12月出刊）和〈蔡沈《書集傳》的注解形式析論〉（國立臺灣師範大學和中研院文哲所合辦「儒道國際學術研討會──宋元」會議論文，2012年10月20、21日）二文改寫而成。

　　本書的完成，要感謝輔仁大學中國文學系碩士班王巧如同學幫助完成《朱文公訂正門人蔡九峯書集傳》與「南宋刊八行本（殘本）」、「元建陽刊初印本」的初校工作。又本書初稿完成後，曾麻煩國立臺灣師範大學國文學系博士班的沈明謙、沈信甫同學校讀，在此一併致謝。

　　「蔡沈《書集傳》的整理與研究」的整體成果，尚有《朱文公訂正門人蔡九峯書集傳》點校一種，然因涉及的資料龐雜，待日後校對定稿，再行刊布。

國家圖書館出版品預行編目資料

蔡沈《朱文公訂正門人蔡九峯書集傳》
的注經體式與解經特色

許華峰著.－ 初版.－ 臺北市：臺灣學生，2013.02
面；公分

ISBN 978-957-15-1586-1 (平裝)

1. 書經 2. 注釋

621.112   102003225

蔡沈《朱文公訂正門人蔡九峯書集傳》
的注經體式與解經特色

著　作　者：許　　　華　　　峰
出　版　者：臺 灣 學 生 書 局 有 限 公 司
發　行　人：楊　　　雲　　　龍
發　行　所：臺 灣 學 生 書 局 有 限 公 司
　　　　　　臺北市和平東路一段七十五巷十一號
　　　　　　郵 政 劃 撥 帳 號：00024668
　　　　　　電　話：(02)23928185
　　　　　　傳　眞：(02)23928105
　　　　　　E-mail：student.book@msa.hinet.net
　　　　　　http：//www.studentbook.com.tw
本 書 局 登
記 證 字 號：行政院新聞局局版北市業字第玖捌壹號

印　刷　所：長 欣 印 刷 企 業 社
　　　　　　新北市中和區永和路三六三巷四二號
　　　　　　電　話：(02)22268853

定價：新臺幣四五〇元

西 元 二 〇 一 三 年 二 月 初 版

62103   有著作權・侵害必究
ISBN 978-957-15-1586-1 (平裝)

臺灣 學生書局 出版

經學研究叢刊